老科学家学术成长资料采集工程
中国科学院院士传记丛书

巨穹大业赤子心
梁思礼传

石磊 梁红 杨利伟 ◎ 著

1941年	1949年	1963年	1980年	1993年
赴美国嘉尔顿学院留学	获美国辛辛那提大学博士学位	任东风2号导弹控制系统主任设计师	作为主任设计师，主持东风5号洲际导弹控制系统设计	当选中国科学院院士

老科学家学术成长资料采集工程
中国科学院院士传记 丛书

苍穹大业赤子心
梁思礼 传

石磊 梁红 杨利伟 ◎ 著

中国科学技术出版社
上海交通大学出版社

图书在版编目（CIP）数据

苍穹大业赤子心：梁思礼传/石磊，梁红，杨利伟著．
—北京：中国科学技术出版社，2017.4
（老科学家学术成长资料采集工程丛书．中国科学院院士传记丛书）
ISBN 978-7-5046-7441-8

Ⅰ.①苍… Ⅱ.①石… ②梁… ③杨… Ⅲ.①梁思礼（1924—2016）-传记 Ⅳ.①K826.16

中国版本图书馆 CIP 数据核字（2017）第 091213 号

责任编辑	韩　颖　龚梓健
责任校对	杨京华
责任印制	张建农
版式设计	中文天地

出　　版	中国科学技术出版社　上海交通大学出版社
发　　行	中国科学技术出版社发行部
地　　址	北京市海淀区中关村南大街 16 号
邮　　编	100081
发行电话	010-62173865
传　　真	010-62173081
网　　址	http://www.cspbooks.com.cn

开　　本	787mm×1092mm　1/16
字　　数	400 千字
印　　张	20.25
彩　　插	2
版　　次	2017 年 5 月第 1 版
印　　次	2017 年 5 月第 1 次印刷
印　　刷	北京华联印刷有限公司
书　　号	ISBN 978-7-5046-7441-8 / K・222
定　　价	85.00 元

（凡购买本社图书，如有缺页、倒页、脱页者，本社发行部负责调换）

老科学家学术成长资料采集工程领导小组专家委员会

主　任：杜祥琬
委　员：（以姓氏拼音为序）
　　　　巴德年　　陈佳洱　　胡启恒　　李振声
　　　　齐　让　　王礼恒　　王春法

老科学家学术成长资料采集工程丛书组织机构

特邀顾问（以姓氏拼音为序）
　　　　樊洪业　　方　新　　谢克昌

编委会
主　编：王春法　　张　藜
编　委：（以姓氏拼音为序）
　　　　艾素珍　　崔宇红　　定宜庄　　董庆九　　郭　哲
　　　　韩建民　　何素兴　　胡化凯　　胡宗刚　　刘晓勘
　　　　罗　晖　　吕瑞花　　秦德继　　王　挺　　王扬宗
　　　　熊卫民　　姚　力　　张大庆　　张　剑　　周德进

编委会办公室
主　任：孟令耘　　张利洁
副主任：许　慧　　刘佩英
成　员：（以姓氏拼音为序）
　　　　董亚峥　　冯　勤　　高文静　　韩　颖　　李　梅
　　　　刘如溪　　罗兴波　　沈林苣　　田　田　　王传超
　　　　余　君　　张海新　　张佳静

老科学家学术成长资料采集工程简介

老科学家学术成长资料采集工程（以下简称"采集工程"）是根据国务院领导同志的指示精神，由国家科教领导小组于2010年正式启动，中国科协牵头，联合中组部、教育部、科技部、工信部、财政部、文化部、国资委、解放军总政治部、中国科学院、中国工程院、国家自然科学基金委员会等11部委共同实施的一项抢救性工程，旨在通过实物采集、口述访谈、录音录像等方法，把反映老科学家学术成长历程的关键事件、重要节点、师承关系等各方面的资料保存下来，为深入研究科技人才成长规律，宣传优秀科技人物提供第一手资料和原始素材。

采集工程是一项开创性工作。为确保采集工作规范科学，启动之初即成立了由中国科协主要领导任组长、12个部委分管领导任成员的领导小组，负责采集工程的宏观指导和重要政策措施制定，同时成立领导小组专家委员会负责采集原则确定、采集名单审定和学术咨询，委托科学史学者承担学术指导与组织工作，建立专门的馆藏基地确保采集资料的永久性收藏和提供使用，并研究制定了《采集工作流程》《采集工作规范》等一系列基础文件，作为采集人员的工作指南。截至2016年6月，已启动400多位老科学家的学术成长资料采集工作，获得手稿、书信等实物原件资料73968件，数字化资料178326件，视频资料4037小时，音频资料4963小时，具有重要的史料价值。

采集工程的成果目前主要有三种体现形式，一是建设"中国科学家博物馆网络版"，提供学术研究和弘扬科学精神、宣传科学家之用；二是编辑制作科学家专题资料片系列，以视频形式播出；三是研究撰写客观反映老科学家学术成长经历的研究报告，以学术传记的形式，与中国科学院、中国工程院联合出版。随着采集工程的不断拓展和深入，将有更多形式的采集成果问世，为社会公众了解老科学家的感人事迹，探索科技人才成长规律，研究中国科技事业的发展历程提供客观翔实的史料支撑。

总序一

中国科学技术协会主席 韩启德

老科学家是共和国建设的重要参与者,也是新中国科技发展历史的亲历者和见证者,他们的学术成长历程生动反映了近现代中国科技事业与科技教育的进展,本身就是新中国科技发展历史的重要组成部分。针对近年来老科学家相继辞世、学术成长资料大量散失的突出问题,中国科协于2009年向国务院提出抢救老科学家学术成长资料的建议,受到国务院领导同志的高度重视和充分肯定,并明确责成中国科协牵头,联合相关部门共同组织实施。根据国务院批复的《老科学家学术成长资料采集工程实施方案》,中国科协联合中组部、教育部、科技部、工业和信息化部、财政部、文化部、国资委、解放军总政治部、中国科学院、中国工程院、国家自然科学基金委员会等11部委共同组成领导小组,从2010年开始组织实施老科学家学术成长资料采集工程。

老科学家学术成长资料采集是一项系统工程,通过文献与口述资料的搜集和整理、录音录像、实物采集等形式,把反映老科学家求学历程、师承关系、科研活动、学术成就等学术成长中关键节点和重要事件的口述资料、实物资料和音像资料完整系统地保存下来,对于充实新中国科技发展的历史文献,理清我国科技界学术传承脉络,探索我国科技发展规律和科技人才成长规律,弘扬我国科技工作者求真务实、无私奉献的精神,在全社会营造爱科学、学科学、用科学的良好氛围，是一件很有意义的事情。采集工程把重点放在年龄在80岁以上、学术成长经历丰富的两院院士，以及虽然不是两院院士、但在我国科技事业发展中作出突出贡献的老科技工作者，充分体现了党和国家对老科学家的关心和爱护。

自2010年启动实施以来，采集工程以对历史负责、对国家负责、对科技事业负责的精神，开展了一系列工作，获得大量反映老科学家学术成长历程的文字资料、实物资料和音视频资料，其中有一些资料具有很高的史料价值和学术价值，弥足珍贵。

以传记丛书的形式把采集工程的成果展现给社会公众，是采集工程的目标之一，也是社会各界的共同期待。在我看来，这些传记丛书大都是在充分挖掘档案和书信等各种文献资料、与口述访谈相互印证校核、严密考证的基础之上形成的，内中还有许多很有价值的照片、手稿影印件等珍贵图片，基本做到了图文并茂，语言生动，既体现了历史的鲜活，又立体化地刻画了人物，较好地实现了真实性、专业性、可读性的有机统一。通过这套传记丛书，学者能够获得更加丰富扎实的文献依据，公众能够更加系统深入地了解老一辈科学家的成就、贡献、经历和品格，青少年可以更真实地了解科学家、了解科技活动，进而充分激发对科学家职业的浓厚兴趣。

借此机会，向所有接受采集的老科学家及其亲属朋友，向参与采集工程的工作人员和单位，表示衷心感谢。真诚希望这套丛书能够得到学术界的认可和读者的喜爱，希望采集工程能够得到更广泛的关注和支持。我期待并相信，随着时间的流逝，采集工程的成果将以更加丰富多样的形式呈现给社会公众，采集工程的意义也将越来越彰显于天下。

是为序。

总序二

中国科学院院长　白春礼

由国家科教领导小组直接启动，中国科学技术协会和中国科学院等12个部门和单位共同组织实施的老科学家学术成长资料采集工程，是国务院交办的一项重要任务，也是中国科技界的一件大事。值此采集工程传记丛书出版之际，我向采集工程的顺利实施表示热烈祝贺，向参与采集工程的老科学家和工作人员表示衷心感谢！

按照国务院批准实施的《老科学家学术成长资料采集工程实施方案》，开展这一工作的主要目的就是要通过录音录像、实物采集等多种方式，把反映老科学家学术成长历史的重要资料保存下来，丰富新中国科技发展的历史资料，推动形成新中国的学术传统，激发科技工作者的创新热情和创造活力，在全社会营造爱科学、学科学、用科学的良好氛围。通过实施采集工程，系统搜集、整理反映这些老科学家学术成长历程的关键事件、重要节点、学术传承关系等的各类文献、实物和音视频资料，并结合不同时期的社会发展和国际相关学科领域的发展背景加以梳理和研究，不仅有利于深入了解新中国科学发展的进程特别是老科学家所在学科的发展脉络，而且有利于发现老科学家成长成才中的关键人物、关键事件、关键因素，探索和把握高层次人才培养规律和创新人才成长规律，更有利于理清我国科技界学术传承脉络，深入了解我国科学传统的形成过程，在全社会范围内宣传弘扬老科学家的科学思想、卓越贡献和高尚品质，推动社会主义科学文化和创新文化建设。从这个意义上说，采集工程不仅是一项文化工程，更是一项严肃认真的学术建设工作。

中国科学院是科技事业的国家队，也是凝聚和团结广大院士的大家庭。早在1955年，中国科学院选举产生了第一批学部委员，1993年国务院决定中国科学院学部委员改称中国科学院院士。半个多世纪以来，从学部委员到院士，经历了一个艰难的制度化进程，在我国科学事业发展史上书写了浓墨重彩的一笔。在目前已接受采集的老科学家中，有很大一部分即是20世纪八九十年代当选的中国科学院学部委员、院士，其中既有学科领域的奠基人和开拓者，也有作出过重大科学成就的著名科学家，更有毕生在专门学科领域默默耕耘的一流学者。作为声誉卓著的学术带头人，他们以发展科技、服务国家、造福人民为己任，求真务实、开拓创新，为我国经济建设、社会发展、科技进步和国家安全作出了重要贡献；作为杰出的科学教育家，他们着力培养、大力提携青年人才，在弘扬科学精神、倡树科学理念方面书写了可歌可泣的光辉篇章。他们的学术成就和成长经历既是新中国科技发展的一个缩影，也是国家和社会的宝贵财富。通过采集工程为老科学家树碑立传，不仅对老科学家们的成就和贡献是一份肯定和安慰，也使我们多年的夙愿得偿！

鲁迅说过，"跨过那站着的前人"。过去的辉煌历史是老一辈科学家铸就的，新的历史篇章需要我们来谱写。衷心希望广大科技工作者能够通过"采集工程"的这套老科学家传记丛书和院士丛书等类似著作，深入具体地了解和学习老一辈科学家学术成长历程中的感人事迹和优秀品质；继承和弘扬老一辈科学家求真务实、勇于创新的科学精神，不畏艰险、勇攀高峰的探索精神，团结协作、淡泊名利的团队精神，报效祖国、服务社会的奉献精神，在推动科技发展和创新型国家建设的广阔道路上取得更辉煌的成绩。

总序三

中国工程院院长　周　济

由中国科协联合相关部门共同组织实施的老科学家学术成长资料采集工程，是一项经国务院批准开展的弘扬老一辈科技专家崇高精神、加强科学道德建设的重要工作，也是我国科技界的共同责任。中国工程院作为采集工程领导小组的成员单位，能够直接参与此项工作，深感责任重大、意义非凡。

在新的历史时期，科学技术作为第一生产力，已经日益成为经济社会发展的主要驱动力。科技工作者作为先进生产力的开拓者和先进文化的传播者，在推动科学技术进步和科技事业发展方面发挥着关键的决定的作用。

新中国成立以来，特别是改革开放30多年来，我们国家的工程科技取得了伟大的历史性成就，为祖国的现代化事业作出了巨大的历史性贡献。两弹一星、三峡工程、高速铁路、载人航天、杂交水稻、载人深潜、超级计算机……一项项重大工程为社会主义事业的蓬勃发展和祖国富强书写了浓墨重彩的篇章。

这些伟大的重大工程成就，凝聚和倾注了以钱学森、朱光亚、周光召、侯祥麟、袁隆平等为代表的一代又一代科技专家们的心血和智慧。他们克服重重困难，攻克无数技术难关，潜心开展科技研究，致力推动创新发展，为实现我国工程科技水平大幅提升和国家综合实力显著增强作出了杰出贡献。他们热爱祖国，忠于人民，自觉把个人事业融入到国家建设大局之中，为实现国家富强而不断奋斗；他们求真务实，勇于创新，用科技为中华民族的伟大复兴铸就了辉煌；他们治学严谨，鞠躬尽瘁，具有崇高的科学精神和科学道德，是我们后代学习的楷模。科学家们的一生是一本珍贵的教科书，他们坚定的理想信念和淡泊名利的崇高品格是中华民族自强不息精神的宝贵财富，永远值得后人铭记和敬仰。

通过实施采集工程，把反映老科学家学术成长经历的重要文字资料、实物资料和音像资料保存下来，把他们卓越的技术成就和可贵的精神品质记录下来，并编辑出版他们的学术传记，对于进一步宣传他们为我国科技发展和民族进步作出的不朽功勋，引导青年科技工作者学习继承他们的可贵精神和优秀品质，不断攀登世界科技高峰，推动在全社会弘扬科学精神，营造爱科学、讲科学、学科学、用科学的良好氛围，无疑有着十分重要的意义。

中国工程院是我国工程科技界的最高荣誉性、咨询性学术机构，集中了一大批成就卓著、德高望重的老科技专家。以各种形式把他们的学术成长经历留存下来，为后人提供启迪，为社会提供借鉴，为共和国的科技发展留下一份珍贵资料。这是我们的愿望和责任，也是科技界和全社会的共同期待。

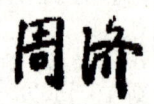

周济

梁思礼

2014年7月7日，梁思礼和采集小组成员一起访问童志鹏院士

2015年3月16日，梁思礼和采集小组成员合影

序

梁思礼是我国著名的火箭控制专家，中国科学院院士、国际宇航科学院院士。曾任航天工业部总工程师、科技委副主任、国际宇航联合会（IAF）副主席、中国航天科技集团公司科技委顾问。

梁思礼 1924 年 8 月出生于北京。他是我国著名启蒙思想家、资产阶级改良运动创始人之一——梁启超最小的儿子。虽然他与父亲相处的时间不长，但从小就受到父亲深厚的爱国思想和情感、勇于变革救国的责任与担当以及中华优良文化的熏陶，对他人生观、世界观的形成产生了积极的影响。

1937—1941 年，他在被日军占领下的天津当了 4 年"亡国奴"，于 1941 年怀揣"工业救国"的梦想去美国开始了半工半读、又苦又乐的留学生活，1949 年获得辛辛那提大学博士学位后，响应新中国的召唤毅然回国。回国后，他参加了国际广播电台的建设；又参加了"越南之声"电台的建设，并受到胡志明主席的接见。1956 年 10 月，中国航天事业开始创建，他是第一批调入国防部第五研究院的科技人员，并被任命为控制系统研究室副主任，从此开始了他 60 年奉献祖国航天的职业生涯。他当过导弹教导大队的教官，参加过多个重大型号的研制，特别是参与了"两弹结合"的历史性试验；他治学严谨、勇于开拓，是某些领域的开拓者之一，作出了重要的贡献；他富于战略思考，善于凝练前瞻的思路，勇于直言进谏；他为人坦荡磊落，遇到重大技术问题乐于发表自己意见甚至争论，但又诚恳待人；他关注青少年成长、积极推动科普，从他身上可以看到航天人的情怀与老科学家的优秀品质。

为了记述老科学家的成长、成就，完整地诠释中国科技发展史，特别是在中国共产党的领导下，老一辈科学家为新中国科学技术发展所做出的不可磨灭的伟大贡献，2010年中国科协启动了老科学家学术成长采集工程。2013年梁思礼院士被列入采集计划，一年多来，经过采集小组的努力，整理了比较完整的资料，并在此基础上撰写了这部《苍穹大业赤子之心：梁思礼传》。传记比较系统、详实地展现了梁思礼成长的人生轮廓和轨迹，是梁思礼院士平凡而又不平凡人生的记述。他的成长与奉献中，闪现出了中国航天人的"两弹一星"精神和"载人航天精神"的耀眼光辉。

我愿年轻的航天人从他身上汲取科学的方法与航天精神的素养，为实现航天强国、圆中国梦再创辉煌。

中国工程院院士 王礼恒
2015年1月

目 录

老科学家学术成长资料采集工程简介

总序一 ··· 韩启德

总序二 ··· 白春礼

总序三 ··· 周　济

序 ··· 王礼恒

导　言 ··· 1

| 第一章 | 新会梁氏 ··· 9

　　父亲梁启超 ··· 9
　　两位母亲 ··· 14
　　满门俊秀 ··· 18

| 第二章 | 幼承庭训 | 23 |

童趣"老白鼻" ………………………………………… 23
"饮冰室"记忆 …………………………………………… 29
天津沦陷 …………………………………………………… 34
打造"毛坯" ……………………………………………… 41
母亲为他凑了 400 美元留学路费 ………………………… 44

| 第三章 | 海外求学 | 49 |

勤工俭学的穷学生 ………………………………………… 49
企盼工业报国 ……………………………………………… 53
初入自动控制技术之门 …………………………………… 59
CSCA 的"铁杆" ………………………………………… 62
五星红旗船头飘扬 ………………………………………… 67

| 第四章 | 拥抱新中国 | 71 |

祖国需要我去哪儿,我就去哪儿 ………………………… 71
老八决不会做这种事 ……………………………………… 74
援建"越南之声" ………………………………………… 77
为国家发展大计出谋划策 ………………………………… 79
1956 年,带着甜味 ………………………………………… 85

| 第五章 | 成为第一代中国航天人 | 88 |

惊天动地 …………………………………………………… 88
探底瑞士军火商 …………………………………………… 93
担任炮兵教导大队副大队长 ……………………………… 97

梁思礼消失了 …………………………………… 100
　　访苏求援 ……………………………………… 103
　　八百里秦川淬炼敲门砖 ………………………… 106

第六章 | 逼上梁山 …………………………………… 112

　　杀开一条血路 …………………………………… 112
　　导弹在眼前爆炸 ………………………………… 120
　　失败的教训 ……………………………………… 124
　　打造令西方惊颤的杀手锏 ……………………… 129
　　割掉导弹的"洋尾巴" ………………………… 137

第七章 | 八千里路云和月 …………………………… 141

　　"文化大革命"来了 …………………………… 141
　　乱世苦战 ………………………………………… 145
　　拿下"平台—计算机"新系统 ………………… 151
　　闯关速率捷联惯导系统 ………………………… 157
　　给导弹配上精明的体检师 ……………………… 162
　　走出"作坊" …………………………………… 165

第八章 | 水头如箭破夔门 …………………………… 171

　　提出可靠性工程新思路 ………………………… 171
　　推广 CAD/CAM 技术 …………………………… 181
　　力挺航天软件工程化 …………………………… 187
　　中国要有自己的"心" ………………………… 193

目 录　III

第九章	国防高科技发展的战略思考	200

    参加联合国核裁军谈判 ························· 200

    空间安全是大国之要务 ························· 205

    航天发展要有顶层设计 ························· 210

第十章	大师风范	216

    用前瞻的思想引领精英团队 ····················· 216

    良师益友 ····································· 222

    家乡情 ······································· 225

    "80后"志愿者 ································ 229

    多一个视角就少一个死角 ······················· 236

第十一章	七彩人生	240

    乐观积极的心态 ······························· 240

    福大命大 ····································· 245

    幸福家庭 ····································· 249

    九龄"老童"传家风 ··························· 253

结　语　苟利国家生死以 ··························· 263

附录一　梁思礼年表 ······························· 269

附录二　梁思礼主要论著目录 ······················· 293

参考文献 ··· 295

后　记 ··· 297

图片目录

图 1-1　新会梁启超故居 …………………………………………………… 10
图 1-2　父亲梁启超 ………………………………………………………… 11
图 1-3　李端蕙 1918 年前后与孩子们合影 ……………………………… 15
图 1-4　母亲王桂荃 ………………………………………………………… 16
图 1-5　1936 年秋，梁思礼与五哥梁思达、五姐梁思懿、
　　　　六姐梁思宁在饮冰室合影 …………………………………………… 19
图 1-6　1955 年春节陈叔通与梁家合影 ………………………………… 21
图 2-1　梁思礼在北京协和医院出生时的脚印 …………………………… 24
图 2-2　梁思礼周岁照 ……………………………………………………… 24
图 2-3　1927 年 3 月 30 日梁启超给子女们的信 ………………………… 27
图 2-4　梁启超把着梁思礼的手给大姐梁思顺写的信（一）…………… 27
图 2-5　天津梁启超故居——饮冰室 ……………………………………… 29
图 2-6　1935 年夏，梁思礼与五姐梁思懿摄于饮冰室前台阶上 ……… 30
图 2-7　梁启超《欧洲战役史论》手稿 …………………………………… 32
图 2-8　梁启超把着梁思礼的手给大姐梁思顺写的信（二）…………… 33
图 2-9　梁思礼在培植小学时期的照片 …………………………………… 34
图 2-10　1936 年，梁思礼在饮冰室门前留影 …………………………… 35
图 2-11　1936 年，梁思礼在北京十三陵游玩 …………………………… 35
图 2-12　刊登在 1936 年校刊《南开初中》上梁思礼的作文《露营》… 36
图 2-13　耀华学校 1941 年年刊 …………………………………………… 39
图 2-14　梁思礼在耀华学校读书时的成绩单 …………………………… 40
图 2-15　1940 年秋，梁思礼与母亲王桂荃、六姐梁思宁合影 ………… 42
图 2-16　1936 年，梁思礼与母亲王桂荃在饮冰室合影 ………………… 43

图 2-17	1940 年 12 月 28 日，耀华中学校长为梁思礼留学写给嘉尔顿学院的推荐信	46
图 2-18	1941 年，梁思礼、梁思懿、张炜逊在去往美国的"克利夫兰总统号"邮轮上合影	47
图 3-1	梁思礼在嘉尔顿学院期间的成绩单	50
图 3-2	1945 年，梁思礼在嘉尔顿学院参加游泳队	51
图 3-3	1947 年，梁思礼重返嘉尔顿学院与肖氏夫妇合影	52
图 3-4	《嘉尔顿人》报道梁思礼作为 SWIC 组织的成员参加周一收集废品为第二次世界大战做贡献的活动	54
图 3-5	1943 年 9 月 8 日，梁思礼写给嘉尔顿学院的转学申请	54
图 3-6	1945 年 6 月 24 日，梁思礼获得普渡大学电机工程学士学位证书	55
图 3-7	梁思礼写给陆孝颐的信件	59
图 3-8	1948 年，梁思礼与陆孝颐在美国辛辛那提	60
图 3-9	梁思礼硕士论文《一种用于测试有机防护涂层和金属之间黏合度的电磁超高速离心机》	60
图 3-10	梁思礼在辛辛那提大学学习期间的成绩单	62
图 3-11	1948 年，CSCA 在纽约的成员合影	64
图 3-12	1949 年，CSCA 中西部执行局成员合影	67
图 3-13	1949 年 9 月，梁思礼与陈辉在旧金山登上回祖国的"克利夫兰总统号"	68
图 3-14	1949 年 9 月 23 日，梁思礼回国前写给陆孝颐的信	70
图 4-1	1953 年年初，梁思礼在北京家中留影	77
图 4-2	1956 年，梁思礼援建"越南之声"电台	78
图 4-3	1956 年，越南民主共和国为感谢梁思礼做出的贡献，特授予友谊证书一张	79
图 4-4	1956 年，梁思礼与参加十二年科学规划会的专家们合影	80
图 4-5	赵菁	85
图 4-6	1956 年 11 月 17 日，梁思礼与赵菁结婚照	86
图 4-7	1956 年结婚宴会上，梁思礼夫妇与母亲和朋友合影	87
图 5-1	1957 年，梁思礼在瑞士与张济舟合影	94
图 5-2	1957 年，梁思礼在瑞士收到赵菁抱着儿子的照片	95

图 5-3	1957 年，梁思礼与张济舟、陆大钧、陈景棠在联邦德国科隆大教堂前合影	96
图 5-4	1958 年 1 月 16 日，国防部部长彭德怀授予梁思礼技术少校军衔	99
图 5-5	梁思礼少校时期照片	99
图 5-6	1959 年，梁思礼等人在二院与苏联专家合影	105
图 5-7	1960 年，苏联专家撤离前与中国科研人员合影	110
图 6-1	梁思礼任中校时的照片	117
图 6-2	在中国人民革命军事博物馆展览的东风 1 号导弹	119
图 6-3	1962 年 3 月 21 日，东风 2 号导弹首飞爆炸	123
图 6-4	东风 2 号导弹	127
图 6-5	东风 2 号甲导弹与核弹头"联姻"	132
图 6-6	1966 年 10 月 27 日，两弹试验获得圆满成功	135
图 6-7	1966 年 10 月 27 日，聂荣臻在一望无际的茫茫戈壁上与参加导弹核武器试验的科技人员们在一起	135
图 6-8	1966 年，参加"两弹结合"部分试验人员合影	136
图 7-1	东风 5 号洲际导弹	149
图 7-2	梁思礼与沈绪榜讨论问题	153
图 7-3	1985 年，梁思礼参与研制的液体地地战略武器及运载火箭项目荣获国家科学技术进步奖特等奖	157
图 7-4	1988 年 10 月，梁思礼参加某型号 CAMAC 测试发控系统鉴定会	167
图 7-5	1987 年 7 月，梁思礼率队研制的卫星、导弹通用计算机自动测量和控制系统项目荣获国家科学技术进步奖二等奖	170
图 8-1	1992 年梁思礼调研长二 E 火箭质量问题	178
图 8-2	1983 年，梁思礼在美国与国外专家讨论问题	182
图 8-3	1994 年，梁思礼撰写的《并行工程的实践》考察报告手稿	186
图 8-4	2003 年 10 月，梁思礼与载人航天工程总师王永志合影	191
图 8-5	2003 年 10 月"神舟五号"载人飞船发射成功后，梁思礼与杨利伟等 5 名中国航天员在返回舱前合影	193
图 8-6	1993 年梁思礼当选为中国科学院学部委员	195
图 9-1	梁思礼在第 41 届普格瓦什科学与世界事务会议上的发言手稿	205

图 9-2	1991 年，梁思礼在 12 所综合实验室进行故障审查工作时与屠守锷、林宗棠讨论问题	206
图 10-1	1996 年 10 月，梁思礼获何梁何利奖后与夫人合影	217
图 10-2	2013 年 4 月 26 日，梁思礼在办公室与大运载公司隋国发讨论三精方案	219
图 10-3	1992 年，梁思礼与老朋友张克诚、陆孝彭在家中合影	224
图 10-4	2001 年 11 月 28 日，梁思礼和家人在新会梁启超故居前合影	225
图 10-5	航天英雄杨利伟和我国第一位飞天女航天员刘洋在参加新会市举办的纪念梁思礼院士诞辰 92 周年图片展期间，与梁氏家族成员合影留念	229
图 10-6	2003 年梁思礼撰写出版的航天科普图书《向太空的长征》	230
图 10-7	2013 年 6 月，梁思礼向学校赠送《向太空的长征》一书	230
图 10-8	2006 年 8 月，梁思礼在北京大学做报告	231
图 10-9	2000 年，梁思礼与庄逢甘、谢光选、任新民、崔国良院士在酒泉卫星发射中心参加逃逸塔试验	238
图 11-1	1984 年冬，梁思礼与女儿梁旋合影	241
图 11-2	1974 年，梁思礼在河南正阳"五七"干校当猪倌	242
图 11-3	2010 年，梁思礼和陆元九在航天科技集团公司举办的春节茶话会上	244
图 11-4	2001 年，梁思礼与夫人赵菁合影	249
图 11-5	2015 年 9 月 3 日，梁思礼夫妇与女儿梁红、梁旋合影	251
图 11-6	2015 年 9 月 3 日，赵菁荣获抗战胜利 70 周年纪念章，梁思礼与赵菁合照纪念照	251
图 11-7	2014 年 8 月 24 日，梁思礼 90 大寿时与家人合影	256
图 11-8	2017 年 7 月 15 日，梁思礼夫人赵菁（中）率两个女儿、女婿及孙辈在梁思礼骨灰安葬仪式上	262
图 11-9	2017 年 7 月 15 日，梁思礼的两个女儿为父亲的墓碑落成揭幕	262

导 言

传主简介

梁思礼，著名导弹火箭控制系统专家，中国导弹火箭控制系统研制领域的创始人之一，中国航天质量可靠性工程理论的开创者和学科带头人之一，中国航天 CAD/CAM、软件工程化技术的倡导者和奠基人，为中国航天事业做出了突出贡献。

1924年8月24日，梁思礼出生于北京。他的父亲是中国近代著名启蒙思想家梁启超。梁思礼从小受到家庭熏陶和爱国主义教育。他1929—1941年，就读于天津培植小学、天津南开中学、天津耀华中学。1941年11月—1949年9月，他先后在美国嘉尔顿学院、普渡大学、辛辛那提大学学习，获得无线电专业学士学位和自动控制硕士、博士学位。1949年9月，在美国求学8年后，他回到祖国，投入新中国的建设。1956年，他参加国务院主持的十二年科学规划的制定，同年9月，作为技术骨干被调入正在筹建的国防部第五研究院，成为我国第一代航天人。1959年，作为导弹控制系统仿制工作的主要负责人之一，参加苏联援助我国的 P-2 地地导弹的仿制工作。1960年在 P-2 导弹试射成功后，又参加了我国第一个自行设计的中近程地地导弹的研制并取得成功。1965年被任命为该导弹改进型号控制系统的主任设计师，领导研制了具有中国特色的全惯性制导系统，参与了13发导弹的飞行鉴定试验并取得了成功。1966年10月，他参加了导弹核武器即"两弹结合"型号的研制及飞行试验，结束了中国"有弹无枪"的历史。1966年，他主持东风5号洲际导弹控制系统的研究和方案制定工作。1976—1978年，他兼任长征三号运载火箭控制系统技术负责人，在确定"长征三号"控制系统方案中发挥了重要的技术领导作用。1978年，他主持研制远程导弹和长征二号运载火箭工作，并参加了上述型号的多次飞行试验。1980年，他参加洲际导弹的研制工作及向太平洋海域发射洲际导弹的飞行试验并取得成功，为我国洲际导弹的研制做出了卓越贡献。

1980年他被任命为七机部总工程师、七机部一院副院长，1981年任通用测试设备（CAMAC系统）总设计师，负责部标准化、模块化、通用化的计算机自动化测试系统的研制工作。1983年任航天部总工程师、科技委常委，他大力倡导、规划、推广、普及计算机辅助设计和制造（CAD/CAM）技术的应用，是CAD/CAM技术带头人和奠基者。他还是航天可靠性工程学的学科带头人，曾任航天部科学技术委员会质量可靠性专业组组长、中国宇航学会可靠性专业委员会主任、航天部质量协会副理事长和《质量与可靠性》杂志编委会主任。

1988年他作为国防科工委组织的"核裁军研究组"的成员，开始进行核战略导弹和外空武器裁军的研究工作。曾作为中国代表参加联合国1989年在苏联召开的防止意外核发射研讨会以及1991年9月在北京召开的第41届"普格瓦什"科学与世界事务年会，并围绕"争取和平安全与发展"做主题发言。

20世纪80年代以来，梁思礼关注青少年教育和科普活动，弘扬航天精神、提倡素质教育，宣传爱国主义思想，为国内外大、中学校学生做报告百余场，用自己的亲身经历和奋斗事迹现身说法，培养、激发广大青少年的爱国热情。

梁思礼于1987年当选国际宇航科学院院士，1993年当选中国科学院院士、第八届全国政协委员，1994年当选国际宇航联合会副主席。1985年获得国家科学技术进步奖特等奖，1987年获国家科学技术进步奖二等奖和航天部科技进步奖一等奖，1996年获何梁何利科学与技术进步奖，同年获中国老教授科教兴国奖，2013年荣获"中国侨界杰出人物"称号。

重要采集成果

自梁思礼学术成长资料采集工程启动以来，采集小组积极开展工作，经过多方面的共同努力，历时一年多时间，采集到梁思礼的各类资料，包括口述访谈、音视频、图书、证书、证章、各种往来信件、手稿及各类笔记、著作及论文、新闻报道、照片、档案等方面共12类1500余份，获得了丰硕的采集成果。

自2011年8月，采集小组开始进行口述访谈工作。对梁思礼本人进行了13次采访，其中12次为视频采访、1次为音频采访，共获得视频资料500分钟、音频资料50分钟。访谈提前列出若干主题，请梁思礼围绕主题谈其家事、青少时期求学经历、海外留学生涯、回国后参加国家建设等经历。梁思礼虽已90岁高龄，但记忆力尚好、思维敏捷，每个主题均谈得深入、全面。通过访谈，笔者采集到丰富、珍贵的第一手资料，重点梳理了已有文献材料中未记录、记录不详及有出入的地方，有助于发掘其学术成长经历的具体细节。同时，笔者还从梁思礼家中获得了各电视台等媒体对其进行访谈的影像资料45份，时长1500分钟左右，如CCTV《东方之子》栏目、CCTV《大家》栏目、CCTV-9《Up Close》专访（英文）、BTV《今日话题》等。

笔者有幸采访到载人航天工程总设计师王永志院士、航天科技集团公司九院的沈绪榜院士，他们对"东风5号""两弹结合""载人航天"等国家重大型号的研制中与梁思礼一起工作的经历进行了详尽介绍。采访到工信部的童志鹏院士，他回忆了1956年国家十二年科技发展远景规划制定时与梁思礼的共同经历。另外，还采访了曾经和梁思礼一起工作的同事，如宗绍录、林金、谌潜、车玫、李锋、孟汉城、张成铭、吕槐根等20余人，他们真情回忆了与梁思礼一起为航天事业奋斗的鲜为人知的往事；采访了梁思礼的中学同学徐永强，在美国CSCA时期的老朋友陈秀霞，故乡新会的老朋友黎力行、何羡松，老教授协会的张慕津、贺峰等，其中两位老同学、老朋友已经90高龄。此外，还采访了梁思礼的女儿梁红、梁旋，梁思礼外甥女吴荔明和侄女梁忆冰以及秘书杨利伟，他们从另一个侧面叙述了与梁思礼一起工作、生活的点点滴滴。这些采访为传记的写作提供了大量翔实、宝贵的资料，清晰地勾画出梁思礼不同时期的学术成长轨迹和性格特征，使笔者对我国航天事业尤其是导弹控制技术从无到有的发展历程以及梁思礼在其中做出的重要贡献有了更加全面、深入的理解。

图书资料的采集方面

有关梁思礼的传记比较少，采集小组查找到的公开出版物只有清华大学出版社出版的《一个火箭设计师的故事——梁思礼院士自述》，其他还有一些传略方面的资料，比如浙江科学技术出版社出版的《1993中国科学院院士 1994中国科学院外籍院士》、中国科学技术出版社出版的《何梁何利奖》、机械工业出版社出版的《中国科学技术专家传略》、科学出版社出版的《20世纪中国知名科学家学术成就概览（信息科学与技术卷第一分册）》等14本，此外笔者还收集到了梁思礼亲笔所写的个人大事记、中英版的个人简介、个人获奖情况等手稿12份，这些书籍和手稿对于了解梁思礼的一生的奋斗历程提供了大量信息。

证书、证章的收集方面

2013年8月开始，笔者多次前往梁思礼的家中及他工作过的办公室收集资料，收获颇丰，共采集到各类证书、证件、证章等100份，其中非常珍贵的是梁思礼1944—1949年在美国求学期间获得学士、硕士、博士学位的证书和"金钥匙"证书，还有他两次获得国家科学技术进步奖的证书及中国科学院院士证书等资料。

各种往来信件的采集方面

笔者共采集到梁思礼的信件84封，其中值得一提的是2014年2月，笔者多次与中国第一历史档案馆联系，终于复制到与梁思礼有关的梁启超写给子女们的10余封亲笔信，这对我们了解传主的父亲梁启超对他的深厚感情及其成长背景起到了重要作用。

笔者还从梁思礼家获得他于1947—1949年在美国留学期间与同学陆孝颐等人的珍贵书信，20世纪80年代与航天部郑天翔部长的通信，写给朱镕基总理、习近平总书记、李克强总理等国家领导人的信件等。

手稿及各类笔记的采集方面

笔者从梁思礼的家中及办公室共采集到梁思礼的手稿及各类笔记152份，其中包括论文手稿、工作记录、研究笔记、学习笔记、考察记录、绘制的草图等。这些手稿反映了梁思礼的研究领域及研究过程，对于研究传主的学术发展历程很有帮助，为研究报告的编写提供了更为坚实的基础。

著作及论文的采集方面

由于受到严格的国防军工系统保密规定限制，梁思礼公开发表的著作及论文不是很多，20世纪80年代之前的文献资料几乎是空白。收集到2003年以后的著作两部，分别为中国宇航出版社出版的《梁思礼文集》及《向太空的长征》，另外收集到论文16篇，其中包括梁思礼在美国辛辛那提大学的硕士毕业生论文。我们认真研究了这些著作与论文，通过这些文字了解到梁思礼的学术传承、研究历程、研究方法等。

有关新闻报道资料的采集方面

笔者共收集到有关梁思礼的新闻报道163份，包括《光明日报》《人民日报》《CHINA DAILY》《人民政协报》《科技日报》等报纸、《当代中国》《数字军工》《航天制造技术》等刊物以及《嘉尔顿人》《马来西亚》《南洋商报》《星洲日报》等海外报道。

照片的采集方面

照片是此次采集工作收获最丰富的一类资料，共采集到771张照片，涵盖了梁思礼人生的每一个时期。其中拍摄时间最早的照片是梁思礼1924年出生时的脚印，拍摄时间最晚的照片是2015年9月梁思礼的夫人赵菁获抗日战争70周年纪念奖章后梁思礼与家人的合影。2014年1月，笔者联系到梁思礼的海外亲朋好友，从美国嘉尔顿学院获得1941—1949年梁思礼在海外留学期间参加学校各种俱乐部、获得"金钥匙"奖、参加CASC先进组织的照片，还从航天档案馆、航天12所资料室收集到很多梁思礼早前工作、考察的照片，还有梁思礼与老领导、国家领导人的合影等。

档案资料的采集方面

2013年7月起，笔者从中国航天科技集团公司人力资源部、航天档案馆、12 所资料室获得梁思礼大量珍贵的人事档案、任职通知、出国申请、思礼评选等档案资料；2013 年 8 月，从南开中学、耀华学校校史馆采集到梁思礼初中时期的同学录、成绩单、校刊等；2014 年 6 月，从美国嘉尔顿学院、普渡大学、辛辛那提大学获得梁思礼在海外留学时期的成绩单等若干宝贵资料。

研究报告的结构与思路

在已经公开发行的传记中，只有梁思礼的自述传记《一个火箭设计师的故事——梁思礼院士自述》，还有机械工业出版社的《中国科学技术专家传略》等一些传略类作品以及报刊、杂志上的一些文章。其中《一个火箭设计师的故事——梁思礼院士自述》内容比较丰富和详实，但由于该传记的写作时间是 2005 年，距离本书的写作时间已有 10 年之久，有一些新的信息未能涉及；另一方面由于该书是自述性质，故对梁思礼在导弹火箭研制方面的贡献描述得比较简略；其三梁思礼除了是火箭控制系统专家，同时还是一位具有前瞻思想和战略眼光的学者，他的学术兴趣和造诣并不仅仅局限在航天控制理论和工程学的研究方面，他还在太空安全、核裁军、网络安全等国家战略问题以及微电子技术发展等基础技术研究问题上有很多独到的见解和建树，原书对此挖掘得尚不充分，缺失较多。

本传记充分利用此次采集工程获得的大量资料，以时间为纵线，以传主学术成长的重要时间节点和阶段作为章节划分的依据，将他的学术成长经历融入中国乃至世界科学、经济、社会、教育发展变迁的大背景，置于中国航天事业从无到有、从弱到强发展的大背景之下进行考察研究，不仅对于他的求学和航天控制工程方面的科研经历进行探讨，而且对他其他方面诸多关注点进行全面、充分的分析探究。与《一个火箭设计师的故事——梁思礼院士自述》相比，本书有四大突破。第一，在信息量上，大大丰富了原书的信息，文字量从 8 万字增加到了 18 万字；第二，在时间链上，补充了原书中没有的、从 2005—2015 年 10 年间梁思礼新的思想、工作、建树和生活信息，涵盖了传主 90 余年的人生经历；第三，在内容上，更加丰富、准确、全面地介绍了梁思礼的学术成长历史，充实了原书一些略写的内容，弥补了原书未涉及的领域；第四，在体例上，研究报告按传记的体例谋篇布局，以史为纲，尽可能全面反映传主的求学历程、师承关系、科研活动、学术成就等学术成长中关键节点和重要事件，力求做到结构完整、主线清晰、叙事准确、表述流畅。

传记分为新会梁氏、幼承庭训、海外求学、拥抱新中国、成为第一代中国航天人、逼上梁山、八千里路云和月、水头如箭破夔门、国防高科技发展的战略思考、大师风范、七彩人生共11章，比较客观、真实地还原了传主作为一位中国航天事业的创业者、奠基人以及具有前瞻性思想的学者，拼搏奋斗的学术人生。可以说，这是迄今为止关于梁思礼的一部最为完整、客观、更具有史料价值的成长史研究著作。

第一章
新会梁氏

在梁思礼的履历表上写着，籍贯：广东新会。

但是那个位于国土南方的地方并不是他的出生地，他出生在距离新会千里之遥的北京。故乡对他来说是模糊的，直到成年以后，在他了解了自己拥有一个非常值得骄傲的父亲后，故乡才在他的心里逐渐地清晰起来。因为那里养育了父亲，根植了父辈的基因，滋润了梁氏一族，也深深影响了他的一生。而他的父亲，就是中国近代历史上杰出的知识分子——梁启超。

父亲梁启超

广东珠江三角洲的西南端，有个傍南海之滨、依凤山之麓、河流蜿蜒、地沃民丰的新会县城。那里古榕葱郁、花开四季、温润多湿、寒冬无雪，盛产柑橘、陈皮，还有行销八方的蒲葵扇。从县城再往南二三十千米，便是美丽的西江和潭江汇入南海之处。两江入海口冲积而成一块平地，又因河海常年冲刷，平地产生裂隙，逐渐形成了七个小岛，小岛的中央部分便是新会县熊子乡茶坑村（现广东省新会市会城镇茶坑村）。

图1-1 新会梁启超故居

受地理位置和气候影响，茶坑村常遭台风侵扰，《新会县志》载道："夏秋之间，时有飓风。或一岁数发，或数岁一发。又有石龙风，其作则黑云翔海，猝起俄倾。"特定的自然环境造就了茶坑人抗拒灾难、善于应变、不惊不慌的性格；又因为世居小岛，常被外面的世界所吸引，因此好读书、尚学问、求仕途、向往光宗耀祖便成了茶坑世风。在这样的人文地理风貌中，1873年2月23日诞生了一位影响中国近代史的重要人物——梁启超。

他就是梁思礼的父亲。

梁启超自幼受教育于祖父、父亲和母亲。他聪颖强记、文思敏捷，5岁即熟读四书五经，9岁能写千字文，12岁中秀才，17岁中举人，县试、府试皆名列第一，在新会自幼便有"神童"的美誉。

他从儿时起接受传统文化教育的同时，还接受着爱国主义教育和诚信教育。梁氏家庭教育不可能不受新会人性格和世风的影响，但是从他们的教育实践来看，他们已经超越了世俗，不再囿于"学而优则仕"的终极目标，"梁家的家教，从梁维清到梁宝瑛，再到赵夫人，重点都不在知识的灌输和功利的诉求，而是要强调立志和做人"[①]。足见其祖辈庭训之严格和教育思想之远见，这对梁启超的成长和走向社会并为国家命运奔走呼号打下了坚实的思想文化根基。

1889年（清光绪十五年），17岁的梁启超参加广东乡试，考中举人，榜中第八名。经同学陈千秋介绍，梁启超于1891年进入康有为在广州开办的万木草堂，正式成为康门弟子。同年与康有为同赴京师参加会试。

---

① 谢玺璋：《梁启超传》。上海：上海文化出版社，2012年，第14页。

走出新会的梁启超，正处在中华民族最悲惨的历史阶段，朝廷腐败、外敌入侵、国力衰微、民生凋敝。1894年，中日"甲午战争"之后，中国从一个泱泱大国陷入了被外国列强瓜分、凌辱的惨境，民族尊严丧失殆尽。清政府于1895年4月17日被迫与日本签订了丧权辱国的《马关条约》。当《马关条约》中割让台湾及澎湖列岛、赔款白银2亿两的消息被披露后，在北京应试的举人群情激愤。4月22日，康有为写成18000字的《上今上皇帝书》（以下简称《上书》），力言"拒和、迁都、练兵、变法"，即要求清政府拒绝和议、拒绝割让国土、下诏鼓天下之气、迁都定天下之本、练兵强天下之势、变法成天下之治。

图1-2 父亲梁启超

梁启超为此昼夜奔走呼号，并联络18省1300名举人在康有为的万言书上签字。5月2日，康、梁二人带领各路举人与数千市民聚集在朝廷都察院门前，请愿将《上书》上奏皇帝（史称"公车上书"）。《上书》被清政府拒绝后，康有为对《上书》的内容做了修改，提出了更为详细的建议，撰成《公车上书记》[①]并多次上呈清廷，最终获得光绪皇帝的赏识。

康有为从制造舆论和组织社团入手来推动变法维新。1895年7月，他创办了《中外纪闻》，梁启超担任主要撰稿人，写了大量介绍西方各国政治、经济、思想、文化的文章，鼓吹变法维新。同年8月，康有为组织"强学会"，梁启超任书记。后《中外纪闻》被清政府勒令停刊、解散。1896年3月，梁启超秉承康有为旨意，与黄遵宪、汪康年在上海创办《时务报》，由梁启超任总撰述，通过刊物传播他的政治主张。其间，梁启超发表了《变法通议》等一系列重要文章，涉及中国当时的政治、经济、文化、教育等各个方面。文中大胆批评清廷腐败，抨击顽固保守思想，提出拯救办法。文章思想深刻、观点鲜明、感情充沛、文字流畅，表现出爱国志士的变法决心和勇气，受到社会各界的关注。

[①] 孔祥吉：《康有为变法奏章辑考》。北京：北京图书馆出版社，2008年，第73页。

1895年，维新运动达到高潮，各地学堂、报馆、学会如雨后春笋，维新思想广泛传播，此时的梁启超担任了湖南时务学堂的总教习。光绪皇帝于1898年下达《明定国是诏》，宣布维新变法。是年5月5日，光绪皇帝召见梁启超，命呈《变法通议》，赏六品衔，掌管京师大学堂译书局事务。由于维新运动触犯了以慈禧为代表的顽固势力的利益，最终在变法的第103天后被慈禧扼杀，史称"百日维新"。

变法失败后，梁启超于1898年10月16日流亡日本，是年12月在华侨资助下创办《清议报》，1902年又创办《新民丛报》。在这两份刊物上，梁启超发表了《新民说》《新民议》等政论以及经济研究、历史研究方面的论文，还有人物传记、游记、诗歌、小说等。他饱蘸爱国热情，以简洁的文笔深入浅出地释理，为读者所喜闻乐见，产生了巨大影响。自那时起直至20世纪初，梁启超与许多志士仁人一样，以改革中国政治制度为目标，倾注满腔爱国热情，为"广民智"的启蒙民智而殚精竭虑、四处奔走、大声疾呼；努力将西方政治、哲学、文学艺术等领域中的新知识、新思想介绍给国人并躬行实践，在数千年长期禁锢于僵化的封建传统思想的国人眼前，展现出一个生机勃勃的中国以外的新世界。他在开启民智，放眼看世界，介绍、引进西方制度、思想、文化方面取得的成就，无人能望其项背。可以说，梁启超是从旧时代向新时代迈进的承前启后的拓荒者，是新知识、新文化、新思想、新制度的建树者。

1911年辛亥革命胜利后，梁启超一改过去立场，支持民国，企盼有所作为。1912年梁启超回国后，曾先后担任北洋政府司法总长、币制总裁、财政总长等职，但面对袁世凯称帝、张勋复辟、军阀割据、混战的残酷现实，他救国夙愿难酬，民族复兴无望，满怀抱负无从施展。最终，他辞职退出政坛，转而著书讲学、专心学术研究。1918年，他与蒋百里、丁文江等一行前往欧洲游历。1919年1月18日巴黎和会，梁启超代表中国报界进行舆论宣传。参会中国代表曾向和会提出，收回战前德国在山东的一切权益，取消日本强加于中国的"二十一条"及外国在华一切特权。梁启超为此走访了美国总统威尔逊及英、法参会代表，希望得到他们的支持。但由于中国政府早在1918年9月已经与日本密谈，同意日本占据胶州湾的要求，各国代表对此也爱莫能助。梁启超对北洋政府的无能深感失望和气愤。1919年，他致电身在北京的汪伯棠、林长民，通报了巴黎和会关于山东问题的消息。3月24日，《申报》刊登了梁启超的电文，随后他受国内国民外交协会委托，负责向巴黎和会请愿事宜，力争收回山东主权。但和会于4月29日做出决议，将德国在山东的一切权益转让日本。听到这一消息，梁启超立刻致电汪伯棠、林长民转国民外交协会，说明和会此项决议对中国极不公平，警告政府、民众严责中国参会代表，务必拒绝在和约上签字。5月2日，《晨报》发表林长民《山东休矣》一文；5月3日，北京13所高校学生决定，在次日（5月4日）举行游行示威，反对政府在巴黎和会上的软弱态度；5月4日《申报》发表梁启超巴黎电报全文。自此，轰轰烈烈的"五四运动"从北京推向全国。在民众的压力之下，中国参会代表最终不敢在和约上签字。可以说，梁启超在促成声势浩大的反帝爱国的"五四运动"过程中，功不可没。

以"公车上书"为序幕，梁启超的人生与中国的命运紧紧地联系在一起。无论是维新变法还是流亡日本，无论是倒袁护国还是办校讲学，无论是政治抱负还是学术生涯，他的所思所想都是"爱国"，他的一贯主张都是"救国"。梁启超终身以救国强国为己任，为之做着不懈的努力。他积极主张引进西方先进的思想与科技，呼吁变法自强，为中国的独立、民主、自由、富强呐喊和奔走。他的朋友徐佛苏在《梁启超现身逸事注》中曾写道："梁先生四十年中，脑中绝未忘'国'字"，可见其爱国情愫终生镌刻于心。梁启超的爱国之情是与他的忧国之心密不可分的，因为爱国而忧国，因为忧国而发奋救国，这促使梁启超一生勤奋，留下了1400多万字的著作。特别是他的《少年中国说》[①]振聋发聩：故今日之责任，不在他人，而全在我少年。少年智则国智，少年富则国富，少年强则国强，少年独立则国独立，少年自由则国自由，少年进步则国进步，少年胜于欧洲则国胜于欧洲，少年雄于地球则国雄于地球。警醒了一代又一代血气方刚的青年人。他也成为了中国近代史最著名的思想家、改革家、教育家和文化

[①] 梁启超：《饮冰室合集·文集》之五。北京：中华书局，1989年，第11页。

启蒙的一代宗师。

梁漱溟曾在1943年这样评价梁启超:"总论任公先生一生成就,不在学术,不在事功,独在他迎接新世运,开出新潮流,撼动全国人心,达成历史上中国社会应有之一段转变。"梁启超是中国近现代史上一位杰出的爱国者,为探索中国独立富强的道路付出了毕生努力,做出了巨大的贡献。

梁启超那深厚的爱国思想和情感、勇敢的救国担当和责任,毫无疑问地被他的儿子梁思礼所继承。

两位母亲

梁思礼有两位母亲——李夫人和王夫人。

梁启超的原配夫人李端蕙,字蕙仙(1868—1924),生于河北固安,祖籍贵州。其父李朝仪于道光二十五年(1845年)中进士,为官历经道光、咸丰、同治、光绪四朝,从直隶(河北)平谷知县一步步官至顺天府尹(相当于北京市市长)。

李端蕙有个堂兄李端棻,曾官至清廷礼部尚书。1889年,梁启超在广东乡试中考中举人,当时的主考官就是李端棻。梁启超才学出众,中举时只有17岁,深得李端棻的赏识,遂做主将其堂妹李端蕙许配梁启超。此时,李端蕙已经21岁,长梁启超4岁,尚待字闺中。

1891年冬,梁启超千里迢迢赶到北京与李端蕙完婚。次年夏,李端蕙随梁启超来到广东新会县茶坑村老家,长女梁思顺即生于此。

广东的气候溽热难当,这使久居北方的李端蕙很不适应。这位生于官宦之家、从北京来的大小姐并没有嫌弃梁家的贫寒。到新会后,虽言语不通,也不习惯乡村生活,却能努力适应,像挑水、舂米、煮饭等事无不亲为。当时,梁启超的生母赵太夫人早已仙逝,继母只比李端蕙大两岁,李端蕙仍极尽孝道,日夜操劳侍奉,深得梁家喜爱。由于从小就学私塾,李端蕙受过良好的教育，能诗善文且性情豪放、遇事果断，有侠义之风，在乡里也博得了贤妻良母的美名。

1898年8月"百日维新"失败，梁启超亡命日本，慈禧命令两广总督捉拿梁启超的家人，幸亏梁家避居澳门，逃过了一场灭门之灾。当时李端蕙成了整个梁家的支柱，在几个月内，梁启超给她写了六七封家书，高度赞扬她在避居澳门前应对清兵抄家时临危不惧的表现："慷慨从容，词色不变，绝无怨言，且有壮语，闻之喜慰敬服"①，并鼓励她坚强地活下去。

1899年10月，李端蕙与公公携幼女辗转前往日本，与梁启超会合。在日本流亡的14年间，梁启超主要靠康有为的帮助和在日华侨的慷慨资助，生活比较稳定。

李端蕙和梁启超共生育有3个孩子，分别是长女梁思顺、长子梁思成和次女梁思庄。她亲自给年纪小的孩子授课、为年纪大的孩子选择学校，并检查他们的作业，对他们严格要求，有错决不姑息。

梁启超经常在外宣传变法、东西奔走、募

图1-3　李端蕙（左四）1918年前后与孩子们合影
（左起：梁思忠、梁思成、梁思庄、李端蕙、梁思达、梁思永）

集资金、无暇顾家，家政均由李端蕙操持。她精打细算，把生活安排得井井有条，还帮助抚养梁启超三个年幼的弟妹及梁启超已故姐姐的三个孩子。因受"百日维新"的牵连，李端蕙的堂哥被罢官发配新疆，李家的一部分亲戚也前来投奔，长期随梁家人一起生活。

梁启超对李端蕙是爱敬有加，爱她"厚于同情心而意志坚强，富于常识而遇事果断"，敬她"启超奔走国事，屡犯险艰，夫人恒引大义鼓其

---

① 丁文江、赵丰田：《梁启超年谱长编》。上海：上海人民出版社，2009年，第166页。

第一章　新会梁氏　15

勇"[1]。1912年梁启超结束了流亡生活，一家人回到北京。不幸的是，1915年冬李端蕙患乳腺癌，虽经多方救治，但至1924年春病情恶化，同年9月13日病逝于北京。

王桂荃（1886—1968）是梁启超的第二夫人，四川广元人，原名来喜，"王桂荃"是梁启超给她起的名字。

王桂荃的童年十分不幸。她自幼丧母，继母听信算命先生说她"命硬，克父母"的胡言，经常虐待她。她的父亲开了一个小油坊，家里有几亩薄田，一家人勉强度日。4岁那年，父亲暴病而亡，继母携己出的孩子进城办丧事，把王桂荃一人丢在家里无人照看，于是账房先生乘人之危，不仅将家中财物席卷一空，还把年仅4岁的王桂荃拐卖给了人贩子。自此以后的几年间，王桂荃被辗转卖了4次，最后到了李端蕙在贵州的娘家。1894年，李端蕙回娘家省亲，见王桂荃聪明伶俐又很勤快，于是把她带到北京梁家。在北京，王桂荃与梁家人相处融洽，很有人缘。据兴中会早期成员冯自由刊载于《逸经》的一篇文章说，"来喜深得女主人宠用""举家度支及锁钥概付其掌管"[2]，据此可见梁家对她的信任。

图1-4 母亲王桂荃

1903年，在李端蕙的主张下，18岁的王桂荃与比自己大12岁的梁启超结婚。王桂荃与梁启超育有6个子女，分别是思永、思忠、思达、思懿、思宁、思礼，梁思礼即是王桂荃和梁启超最小的儿子。李端蕙去世时，梁思礼出生仅20天。由于是偏房，所以孩子们称王桂荃为"娘"，而称李端蕙为"妈"。

"百日维新"失败后，梁李两家逃往国外，由梁启超负担一大家子的生活，王桂荃此时"是李夫人的得力助手，也是她的各项意图的忠实执行

---

[1] 梁启超：《悼启》《饮冰室合集·文集》之44。北京：中华书局，1989年，第24页。
[2] 冯自由：《逸经》第8期，1936年8月。

者，又是家庭的主要劳动力"①。李端蕙是小脚，出门远行不太方便，而王桂荃由于从小受虐待，自己睡在柴房里，每天夜里自己偷偷剪断缠足布，所以长成了一双大脚。她不仅行动敏捷，还非常聪明，日语学得很快，讲得一口标准的东京话，因此由她负责家务方面的对外联络。这样，她在一定程度上接触到日本社会的文明开化，大大开阔了眼界。

王桂荃虽然出身寒微，但性格坚毅、贤明识大体，更兼聪颖勤奋，从不向命运低头。在教育梁家子女的方面，更发挥了重要的作用。梁思成常说：

> 娘是个很不寻常的女人……梁启超能写出那么多著作，有很大一部分要感谢娘给他创造了一个和睦安定的家庭。我的兄弟姐妹十人②很少打架拌嘴，娘总是用她的爱关心我们、教导我们……而她自己对我妈和我爹的照顾也是无微不至，对我妈更是处处委曲求全。她是一个头脑清醒、有见地、有才能，既富有感情又十分理智的善良的人。③

李端蕙之所以能够容得下一个陪嫁丫鬟做第二夫人，完全得益于王桂荃的忠厚老实和忍辱负重。王桂荃对李端蕙的救命之恩感恩戴德，对李端蕙言听计从、从无二心，这使得李端蕙对王桂荃十分放心。王桂荃又是梁氏夫妇的佣人，勤勤恳恳、任劳任怨，梁家上下几乎都离不开她，特别是梁启超出门在外时，在生活上依赖王桂荃甚过李端蕙。平时，王桂荃协助李端蕙料理家事；梁启超外出时，她随行照料起居，有时还担任掩护。1915年12月16日，梁启超由天津赴上海秘密筹划倒袁护国。住下后，他马上给思顺写信，要王桂荃立即到上海来："吾身边事无人料理，深觉不便，可即命来喜前来。"第二年春，他到香港后又给思顺写信，要已经回到天津的王桂荃赶快到香港来："非王姨司我饮食不可。"王桂荃还是梁家6个孩子的生母，血缘关系也把她紧紧地"拴"在了梁家。梁启超具有现

---

① 吴荔明：《梁启超和他的儿女们》。北京：北京大学出版社，2009年，第23页。
② 作者注：梁思成的大哥两个月不到就夭折了。
③ 林洙：《梁思成、林徽因与我》。北京：清华大学出版社，2004年，第19页。

代思想，他并不是封建大家长，这使得王桂荃逐渐成为梁启超家庭和事业的贤内助，故梁启超称赞她是"我们家极重要的人物"。

王桂荃非常爱国，经常以自己的理解延续梁启超的爱国主义教育。梁思礼回忆道："她给我的影响很大，她以传统的方式表达爱国情怀。她给我讲了很多爱国的故事，像岳母刺字、精忠报国等"[①]。或许正是由于她这种自强不息、坚忍不拔、吃苦耐劳、积极乐观的精神，在潜移默化中对梁思礼产生了不小的影响。梁思礼能在日后艰苦的留学生涯中坚持学习、克服种种困难，在我国航天事业艰苦的创业阶段不断攻坚克难、取得显著成就，恐怕都可以归功于生母的言传身教。

1929年，梁启超不幸病逝，梁家经济很快陷入困境，生活的重担全部落在王桂荃一个人的肩上。当时除了思顺、思成外，还有6个子女尚在读书，小儿子思礼还不满5岁。为了维持一家人的生计，她将梁启超生前居住的天津民族路46号院的旧楼卖掉。抗日战争爆发后，梁家经济上越发紧张，王桂荃又将院内的新楼出租，自己则用卖房和租房的钱在院内孩子们常去玩耍的一块空地上盖起一座两层小楼自住。就这样，依靠她的智慧、人缘、精明和能干，王桂荃克服了无数困难，用孱弱的肩膀支撑起这个家，坚持把每个孩子抚养成人、帮助他们完成学业，为日后各自的事业打下坚实基础。梁启超9个子女，个个成才，这其中王桂荃功不可没。

满门俊秀

梁思礼和他的八个哥哥姐姐在父亲的精心教育下，个个具有强烈的爱国心，且才华出众、道德高尚，他们分别在文学、建筑学、考古学、图书馆学、经济学、社会科学、航天科学等领域各领风骚。其中，梁思成、梁

[①] 梁思礼口述，吴荔明、梁忆冰整理：《一个火箭设计师的故事》。北京：清华大学出版社，2006年，第23页。

思永、梁思礼3人分别是1948年中研院院士和新中国成立后中科院的院士，6人是专家。梁家也因此被世人誉为"一门三院士""满门俊秀"。有一位著名学者说："一个人成名就不为奇，而一个人既事业有成，且子女出息成才，才真是功德圆满。"

图1-5 1936年秋，梁思礼（左三）与五哥梁思达（左四）、五姐梁思懿（左二）、六姐梁思宁（左一）在饮冰室合影

梁启超和其子女无疑是"功德圆满"的范本。梁启超的儿女们在各领域中取得的成就，都与他的教育和指导有着直接的关系。他苦心育儿、教子成才的成功家教，确实令世人叹服。

梁思礼的大姐梁思顺，中国诗词研究专家。1893年生于广东新会老家，是梁启超的长女，她出生时梁启超才20岁。李端蕙生下她后，隔年生下长子，但长子不久夭亡，一直到8年后才又生下第二个孩子梁思成。8年的独生女生活，使思顺得到了比别的孩子更多的父爱。梁启超不仅把她看作为女儿，同时也视其为最好的朋友，这体现在梁启超写给她的几百封信中。思顺自幼受到良好的家教，梁启超不仅亲自教她写字读书，还教她写诗词，因此她有着深厚的古文根底，梁启超给她的书房起名"艺蘅馆"。她写了很多诗词，编成《艺蘅馆词选》并作了自序，这篇自序和词选曾被传颂一时。梁启超流亡日本时，思顺曾在日本人下田歌子举办的女子师范读过书，她的日语非常好，而且能熟练掌握高级日语（即宫廷语言）。据说她一开口，日本人就知道她的身份很高贵，后来这成为她和日本侵略者斗争的武器。从日本回国后，她曾在一位英国妇女在北京开办的女子学校学英语。在梁启超的"撮合"下，她与外交官周希哲结婚，长期在国外。回国后曾任大学教师、中央文史馆馆员。

二哥梁思成，我国著名的古建筑学家、院士。少年时爱好音乐、美术，是清华学堂学生中的领袖之一，人称"有政治头脑的艺术家"。1924

年赴美国留学，毕业于宾夕法尼亚大学建筑系，获硕士学位。回国后和妻子林徽因创办了我国北方的第一个建筑系——东北大学建筑系。九一八事变前夕，他离开东北大学，回到北平加入了中国营造学社，从事中国古建筑研究。后来又创办了清华大学建筑系，并于1946年赴美讲学及考察建筑教育。1948年3月，当选为中央研究院首届院士（人文组）。新中国成立后，先后担任全国政协常委、全国人大常委、中国科学院学部委员（院士）。他一生的成就是多方面的，在建筑理论、建筑教育思想、城市规划理论方面都提出了不少超前的新观点，他是我国古建筑研究的先驱者之一，也是我国建筑教育的奠基人之一。抗日战争期间，梁思成和夫人林徽因在四川进行古建筑的研究工作，生活条件和工作条件十分艰苦，以至于疾病缠身，却仍然顽强地坚守在自己的工作岗位上。当时美国许多著名大学和博物馆都想聘请他们到美国工作，并给予极其优厚的生活待遇和极佳的工作条件，但都被他们一一拒绝了。梁思成说："我的祖国正在苦难中，我不能离开她，哪怕仅仅是暂时的。"

三哥梁思永，我国现代著名的考古学家。1923年毕业于清华学校留美预备班，随后赴美国哈佛大学研究院攻读考古学和人类学，曾参加印第安人古代遗址的发掘，并研究东亚考古。1930年学成回国。1931年春参加河南安阳小屯和后冈的发掘，秋季参加山东章丘历城龙山镇城子崖的第二次发掘。他的工作提高了中国考古发掘的科学水平，使之纳入近代考古学的范畴。1934年由其主笔的《城子崖遗址发掘报告》正式出版，这是我国首次出版的大型野外考古报告集。1939年他在第六次太平洋学术会议上提交的论文，全面总结了龙山文化。直至目前，对龙山文化类型的进一步划分仍导源于梁思永在半个世纪以前的创见。著名考古学家夏鼐说："梁思永是我国第一个受过西洋近代考古学正式训练的学者。"著名考古学家安志敏也说，他是中国近代考古学和近代考古教育开拓者之一。1948年3月当选为中央研究院首届院士（人文组），1950年8月被任命为中国科学院考古研究所副所长。

四哥梁思忠，毕业于美国弗吉尼亚陆军学院和西点军官学校，回国后任国民党19路军炮兵校官，报效祖国。1932年在抗击日本帝国主义侵略期间不幸因病早逝，年仅25岁。

三姐梁思庄，我国著名图书馆学家。1926—1930年就读于加拿大蒙特利尔麦基尔大学，获文学学士学位。1930—1931年就读于美国纽约的哥伦比亚大学图书馆学院，获图书馆学士学位。1931年学成归国后，立即投身我国图书馆事业，先后在北平图书馆、燕京大学图书馆、广州中山图书馆从事西文编目工作。1936年重返燕京大学，任图书馆西文编目组长、主任和图书馆主任等职。精通英语，会法语、俄语、德语，编有《东方学目录》《图书大辞典簿录之部》等书籍，后任北京大学图书馆副馆长。

五哥梁思达，长期从事经济学研究。1935年毕业于南开大学经济系，后留校做研究生，于1937年毕业。抗日战争期间在重庆中国银行总管理处任职，1949年在北京国务院外资企业局（后改为国家工商管理局）任职。曾参与社会科学院经济所编写的《中国近代经济史》一书。1965年主编《旧中国机制面粉工业统计资料》一书。

图1-6　1955年春节陈叔通（前排左二）与梁家合影（前排左起：梁思成、陈叔通、梁思顺、王桂荃；后排左起：梁思达、俞雪臻、梁思懿、梁思礼、梁思庄、李福曼、陈叔通之女）

五姐梁思懿，社会活动家。早年在燕京大学读书，初念医科预班准备升入协和医学院学医，后为参加革命转入历史系。曾参加中国共产党的外围组织"民族解放先锋队"，是"一二·九"运动中的学生骨干，后参加学生流亡队伍。1941年赴美国学习美国历史，1949年回国，先后在山东医学院、山东省妇联工作，后调到北京任中国红十字会对外联络部主任。她一直从事对外友好联络，多次代表中国参加国际红十字会议，是第六届全国政协委员。

六姐梁思宁，早年在南开大学读书，因日军轰炸学校而失学。1940年在思懿影响下投奔新四军参加中国革命，是新四军女战士、中共党员。革命生涯几十年，受尽磨难痴心不改。①

梁启超对儿女们充满着深沉而强烈的父爱。他时常写信给他们，称他们是"大宝贝思顺""小宝贝庄庄""对岸一大群孩子们""一群大大小小的孩子们""小白鼻""老白鼻"。从这些称呼中，我们可以感受到他是多么喜欢、疼爱自己的儿女们。梁启超不仅是孩子们的慈父，还是孩子们的朋友，他注意引导孩子们对知识的兴趣，又十分尊重他们的个性和志愿。在日常生活中，他非常细微地掌握每个人的特点，注意因材施教，对每个子女的前途都有周到的考虑和安排，让孩子们学成后回国服务，并且反复征求孩子们的意见，直到他们满意为止。1942年，时任中国科学院历史语言研究所所长的傅斯年曾说："梁任公之后嗣，人品学问，皆中国之第一流人物，国际知名"②。

---

① 作者注：梁思礼的大哥、四姐早夭，二姐是亲戚家的孩子，所以未加以介绍。
② 傅斯年写给教育部部长朱家骅的信，1942年4月18日。

第二章
幼承庭训

在梁思礼的童年记忆中，梁启超是最宠爱他的慈父。

梁启超的子女中，有三位因为格外被疼爱，被父亲赐予了特殊的爱称：大女儿思顺被称为"大宝贝"，三女儿思庄被称为"小宝贝"，最年幼的思礼被称为"老白鼻"。"大宝贝""小宝贝"陆续出国求学后，梁启超便把他的爱心投在了"老白鼻"的身上。

"父亲去世的时候，我只有四岁半。"梁思礼说，"如果说父亲遗传给了我们什么，很简单，就是两个字——爱国。他给了我们一颗爱国之心。"

童趣"老白鼻"

1924年8月24日（农历七月二十四），母亲王桂荃在北京协和医院生下了一个8斤重的胖男孩：梁家老九——梁思礼。

小思礼出生后的第20天，李端蕙因乳腺癌不幸撒手人寰。街坊邻居们都相信，若是一个人走了，他的灵魂一定会依附在另一个人的肉体上得到新生，大伙儿认为小思礼是李端蕙的托付，是上天为梁家带来的冲喜童

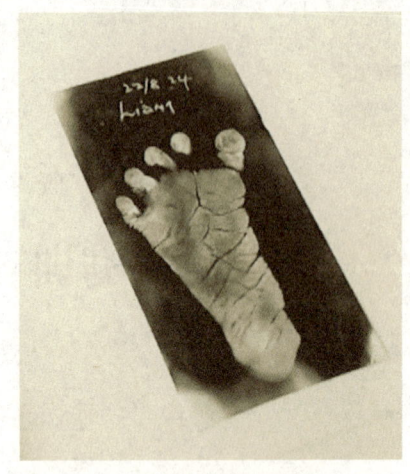

图 2-1 梁思礼在北京协和医院出生时的脚印

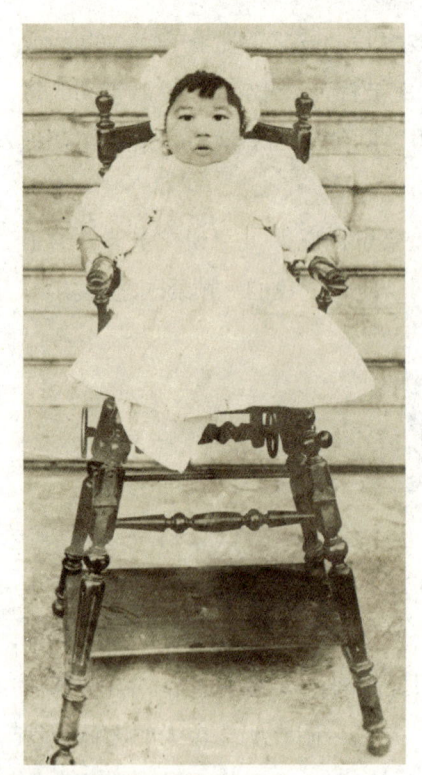

图 2-2 梁思礼周岁照

子。梁家人自然也信这个老理儿，所以李端蕙的丧事料理后，梁家人都对这个小家伙另眼相看。也正是有了他，梁家得到了极大的安慰，很快度过了悲伤期，满庭内外渐渐有了欢笑声。

这时的梁启超已经 51 岁了，因为是老来得子，自然特别喜欢这个老儿子。风趣的父亲将英语 Baby（宝贝）一词汉化成"老白鼻"，给儿子起了个昵称，于是"老白鼻"三个字便成为梁思礼特有的甜蜜。

"老白鼻"长着一副典型的梁家嘴，相貌极像梁启超。梁氏后人吴荔明在描述梁启超的相貌时曾写道："他的嘴很有特点，嘴唇略厚，下唇微突，嘴角稍向下弯。他的儿女们的嘴都和他很相像，因此便有了'梁家嘴'的模式。"而梁思礼是儿女中相貌最接近于父亲的，2001 年天津市修复梁启超故居饮冰室，雕塑家便根据他的形象创作出了梁启超的塑像。

"老白鼻"生来聪慧、顽皮可人，为梁启超在埋首学问之余带来了无尽的喜悦。在他与国外的长女梁思顺如同朋友式的通信中，常常谈到梁思礼的聪明、活泼、机灵、可爱。

梁思礼一岁的时候，梁启超给梁思顺和其他孩子们写信说：

"老白鼻"好玩极了,从没有听见哭过一声,但是整天地喊和笑。也很毅他的肺张开了,自从给亲家收拾之后,每天总睡十三四个钟头。一到八点钟,什么人抱他,他都不要,一抱他,他便横过来表示他要睡,放在床上爬几爬、滚几滚,就睡着了。这几天有点可怕——好咬人,借来磨他的新牙,老郭每天总要着他几口。他虽然还不会叫亲家,却是会填词送给亲家,我问他"是不是要和亲家和你一首?"他说"得、得、得,对对对。"①

夏天,梁启超带着家人到北戴河避暑,他也将"老白鼻"的趣闻告诉梁思顺:

我们做两天园工,把园中恶木斫了一百多棵。把荒草拔去几秋,露出树荫下绝好一个小园,我前天就在树荫下睡午觉,昨天在那里打了十圈牌。司马懿、六六拾得许多螺蛤壳,把我们新辟的曲径都滚上了边。我们全家做工的时候,便公举"老白鼻"监工。但这位监司是"卧治"的,不到一会儿工夫便在树底下藤床上酣睡,我们这些工人趁着空儿一哄而散,下海去了。②

对"老白鼻"的顽皮,梁启超不无开心地说:

我自从给你们两亲家强逼戒酒和强逼运动后,身体更强健,饭量大增。有一天在外边吃饭,偶然吃了两杯酒回家来,思达说"打电报告姐姐去",王姑娘也和小思礼说"打电报给亲家",小思礼便说"打打",闹得满屋子都笑了,我也把酒吓醒了。

两岁的梁思礼很会讨人喜欢,每次看见父亲要抽烟,立刻就主动把烟连同烟嘴、火柴和烟灰缸一同送到父亲跟前,惹得梁启超非常得意、高

---

① 梁启超书信,1925 年 7 月 10 日。资料存于采集工程数据库。
② 梁启超书信,1925 年 8 月 16 日。资料存于中国第一历史档案馆。

兴，以至于有两三天见不到"老白鼻"，心里就想得慌。梁启超到清华讲学时，梁思礼在天津还没搬过来，他就有点急不可耐了。在给梁思顺的信中，他写道："校课甚忙，大半也是我自己找的忙，我很觉忙的有兴会。新编的讲义极繁难，费的脑力真不少。盼望老白鼻快来，每天给我舒散舒散。"① 有一年除夕，梁启超给孩子们发了压岁钱，大家群起欢呼。继而全家玩牌，轮到梁思礼坐庄时输了钱，这下压岁钱损失不小，引得他哇哇放声大哭。梁启超见此萌态，亦不禁开怀大笑。

梁思礼还是一个聪明好学的孩子。3岁时，父亲梁启超就夸奖他："'老白鼻'，新近又长进一种学问，昨日起阿时教他认五个字，今日居然全记得。"在父亲笔下，"老白鼻"的可爱栩栩如生。

"老白鼻"一天一天越得人爱，非常聪明，又非常听话，每天总逗我笑几场。他读了十几首唐诗，天天教他的老郭（保姆）念，刚才他来告诉我说："老郭真笨，我教他念'少小离家'，她不会念，念成'乡音无改把猫摔'"，（他一面说，一面抱着小猫就把那猫摔下地，惹得哄堂大笑）。他念："两人对酌山花开，一杯一杯又一杯。我欲醉眠君且去，明朝有意抱琴来。"总要我一个人和他对酌，念到第三句便躺下，念到第四句便去抱一部书当琴弹，诸如此类每天趣话多着哩。②

每日"老白鼻"总来搅局几次，是我最好的休息机会。③

1927年梁思礼生了一场大病，连日发烧，最高到39.4℃，父亲特别着急，5天之内给海外的孩子们写了3封信。

3月29日第一封信说：

"老白鼻"得病已逾一周，时好时坏，今日热度很高，怕成肺炎，我看着很难过。

---

① 梁启超著，韦少雯编：《梁启超教子家书》。福州：福建教育出版社，2013年，第208页。
② 梁启超1927年1月2日的信。资料存于采集工程数据库。
③ 梁启超1927年1月27日的信。存地同②。

图 2-3　1927 年 3 月 30 日梁启超给子女们的信

图 2-4　梁启超把着梁思礼的手给大姐梁思顺写的信（一）

3 月 30 日又寄出一封信：

"老白鼻"病厉害极了，昨天早上还是好好的，说笑跳玩，下午忽然发起烧来，夜里到三十九度四，现在证明是由百日咳转到肺炎，很危险，拟立刻送到城里入协和医院（还不知道协和收不收，清华医生正在打电话去问）。只希望他能脱度危关，我们诚心求你妈妈默佑他。我现在心很乱，今日讲课拟暂停了，正在靠临帖来镇定自己。①

过了 3 天又赶紧写一封信报平安：

前三天因"老白鼻"着急万分，你们看信谅亦惊皇，现在险象已过，大约断不至有意外。现又由协和入德院，因协和不准亲人在旁，以如此小孩委之看护妇，彼终日啼哭，病终难愈也。

"老白鼻"平安，真谢天谢地，我很高兴，怕你们因前信担忧，

---

①　梁启超写给子女们的信，1927 年 3 月 30 日。资料存于采集工程数据库。

第二章　幼承庭训　27

所以赶紧写这信。

这3封信表达着梁启超对"老白鼻"的担忧和不安,足见他爱子之深、疼子之切。

每每回忆及此,梁思礼都会动情:

> 当时我的第一个妈妈(李端蕙)得乳腺癌去世了,我的几个哥哥姐姐又都出国去学习了,包括他喜欢的"大宝贝"梁思顺和"小宝贝"梁思庄。那一段时间,父亲很悲伤,也很空虚。我出生之后,他把对其他子女的爱全部都倾注在我的身上。从我出生到他去世,不到5年的时间里,他给了我太多的爱。①

梁思礼对父亲最深的印象是父亲带他到起士林餐厅吃西餐的情景。他们去过两家起士林,一家是天津小白楼起士林,另一家是北平东安市场内的起士林。

梁思礼两岁多时,父亲在北平任清华国学研究院导师,住在清华园北院教员住宅第二号,那房子靠着墙,墙外就是去南口的火车,经常能听到火车的汽笛声。当时梁思礼的母亲王桂荃没住在那儿,梁思礼跟着父亲住在清华,三岁以后回到天津母亲的身边。梁思礼走后,孤身在北平的父亲很想念"老白鼻",总盼望小儿子能陪伴在身边。每当梁思礼前来看父亲,梁启超都喜不胜收。讲学之余,父亲为了让"老白鼻"陪他"舒散舒散",便带他到王府井东安市场的起士林吃西餐。餐厅西式的装潢、优雅的环境、厨师和服务生的装束,都让梁思礼产生与众不同的新奇感。每次吃完西餐,父亲都会特意买一盒蛋糕带回家,然后坐汽车回到清华园。

从王府井到清华园,穿过车水马龙、人流熙攘的闹市,走过乡村尘土飞扬的马路;父亲的牵手、吃西餐的温馨、带回蛋糕的惬意,特别是父亲和蔼可亲、满面疼爱的神态,这些都成了梁思礼儿时对父亲最美好的记忆。

---

① 梁思礼口述:《饮冰室主人晚年片段》《在不美的年代里——大师们最真实的日记》。重庆:重庆出版社,2011年。

"饮冰室"记忆

在天津市河北区民族路 46 号，有一幢白色的意式建筑，这就是梁启超的书斋饮冰室。

梁思礼说，饮冰室对于所有的梁家儿女都有着特殊的意义，无论是陪梁启超在饮冰室度过晚年的思达、思懿、思宁和自己，还是在国外总会接到从饮冰室寄出信件的思顺、思成、思永、思庄和思忠，大家都说饮冰室就是自己永远的家。

梁启超一生大部分时间是在奔波中度过的，1912 年他结束流亡生活从日本回国，1913 年把全家接回国。那时梁启超正积极从政，鉴于北京的政治气候复杂，他决定把家安在天津的租界区内，并最后选中了生活设施齐全、环境优美、临近火车站等的意大利租界。在这里，梁启超醉心学术，文思泉涌，新论迭出；在这里，他度过了人生最后的 14 年。这里，也被他的"老白鼻"梁思礼视作玩耍的乐园和汲取知识的苗圃。从 1915 年到 1925 年，10 年内梁启超在意大利租界先后盖了两栋楼，后来家人称之为"旧楼"和"新楼"。旧楼是一栋普通洋房，连着一个后楼，可居住房间较多，全家和常住的亲友都住在旧楼。新楼就是大名鼎鼎的梁启超书斋——饮冰室。

关于饮冰室的来历，梁启超在《饮冰室自由书》的序言中写道："庄生曰：'我朝受命而夕饮冰，我其内热欤！'以名吾室。"梁启超的这段话取自《庄子》人世间篇，"庄生"即"庄子"。其情节是：楚大夫沈子

图 2-5 天津梁启超故居——饮冰室

第二章 幼承庭训

高奉命出使齐国,他对孔子说:"此行责任重大,怕齐国只在表面敷衍,心中不安。"又说:"我早上受命,晚上就要喝冰水,我是患了内热症了!"当年,梁启超受光绪皇帝之命变法维新,失败后被清廷通缉,逃亡日本。面对国家内忧外患的交煎,梁启超忧心如焚,唯有"饮冰"才可以解"内热"。梁启超饮冰室的命名,是借这个典故表达自己对国家前途的忧虑之情。

梁思礼的幼年是在天津度过的,父亲的言谈举止、音容笑貌和典雅大气的书斋饮冰室在他脑海中留有深深的印记。

饮冰室是一座意大利风味十足的两层半小楼,由意大利建筑师白罗尼欧设计。楼的一层是父亲写作、藏书和接待客人的场所。靠北的三间是相通的,屋中有很多书柜,书柜从地面一直到天花板,很高很大,布满四周墙壁。书柜中装满线装书,汇集了父亲收集的各类珍本善本。一套线装的《二十四史》拼成一长方形,占据了半壁墙。书房一层的西南角挂着一幅很大的国画,是陈仲述所赠的巨松。在墙边椭圆形大理石桌上摆放着父亲从欧洲带回的白色大理石雕塑"垂死的高卢人",还有彩色石雕"圣女贞德"和从澳大利亚带回来的大鸵鸟蛋。饮冰室里充满着中西文化的和谐交融。[①]

图2-6 1935年夏,梁思礼与五姐梁思懿摄于饮冰室前台阶上

对于三四岁的"老白鼻"来说,最感兴趣的是父亲从世界各国买回的、放在书柜最下面的明信片。这些明信片精致优美,成了"老白鼻"百看不厌的"小儿书"。只要一进入饮冰室,梁思礼就像进入了鲁迅笔下的"百草园",他

---

① 梁思礼访谈,2011年6月8日,北京。资料存于采集工程数据库。

撅着小屁股趴在书柜下，一面翻看原有的画片，一面搜索有没有新的"猎物"。父亲对"小儿书"的讲解，让梁思礼在孩童时代就知道了欧洲的文艺复兴和达·芬奇、米开朗基罗、拉斐尔等大师，这些长相奇怪、发须满面的西洋人虽不如父母讲给他听的南宋名臣陆秀夫背负少帝投海、岳母刺字"精忠报国"那么有血有肉，但是从父亲言谈话语流露出对他们的钦佩和景仰中，他懵懂地感知这些洋人也是很有知识、很有见地的大人物。能够在这样的环境中玩耍，无疑是对梁思礼最好的启蒙教育。

平时梁启超为了安静地写作，除了夫人王桂荃和秘书梁廷灿以外，很少允许孩子们到饮冰室玩耍，但梁思礼却是例外。由于父亲喜欢他，他可以去饮冰室，这让他每次都有一种受到奖励的感觉。

1927年梁启超在给孩子们的信中说：

"老白鼻"好玩极了，最爱读书，最爱听故事，听完了就和老郭讲去，近来又加上和他的小弟弟讲，我书房里有客便不进来，有学生便进来，他分别得出哪些人是客、哪些是学生。学生来谈话时，他便站在旁边听，一声也不言语，可以听到半点钟之久。[①]

饮冰室给梁思礼最深的印象是挂在镶有彩色玻璃圆顶的前厅中的一幅蔡锷将军的肖像，他身着北洋政府时代的军礼服，仪态英俊端庄。蔡锷曾是梁思礼少年时期的英雄偶像，也是梁启超最得意的门生。从整个故居只挂着蔡锷一人肖像的情况，可以看出梁启超和他之间深厚的师生情谊。

饮冰室里曾经发生过一系列历史事件。1915年袁世凯父子欲恢复帝制，一帮文人组成筹安会为其制造舆论。梁启超和蔡锷等人反对袁世凯称帝，在梁启超天津故居旧楼密谋护国大计。梁启超在《国体战争躬历谈》一文中叙述了在饮冰室发生的这段历史：

[①] 梁启超：《梁启超家书》．北京：中国友谊出版公司，2012年，第192页。

当筹安会发生之次日，蔡君即访余于天津共商大计。余曰余之责任在言论，故余必须立即作文堂堂正正以反对之。君则军界有大力之人也，宜深自韬晦，勿为所忌，乃可密图匡复。

筹安会发起一星期后，余乃著一文，题曰《异哉所谓国体问题者》（此文写于饮冰室）……当吾文草成，尚未发引，袁氏已有所闻。托人贿我以二十万元，令勿印行。余婉谢之，且将该文录寄袁氏。未几袁复人来以危词胁喝。谓君亡命已十余年，此种况味，亦既饱尝，何必更自苦。余笑曰，余诚老于亡命之经验家也，余宁乐此，不愿苟活于此浊恶空气中也。来者语塞而退……袁方欲收揽人心，不肯与大狱。余亦居天津租界中，未一次入京。故袁亦无从加害于余。然侦探固日日包围于吾侧也。

戴君以去年十月到京乃与蔡君定策于吾天津之寓庐，后此种种军事计划，皆彼时数次会谈之结果……议既定，蔡戴两君先后南下。蔡君临行时托病，谓须住日本疗养。夜间自余家易装以行。戴君则经往香港。余于两君行后，亦潜赴上海。①

后来，蔡锷首先在云南发起反袁的护国战争，在全国各界声讨下，袁世凯于1916年3月被迫下令撤销帝制，3个月后便暴病而亡。

梁启超在1918年前后决心脱离政坛，专事教育和著述。他一生著作等身，约1400万字。自1915年迁入天津故居后，梁启超曾用"饮冰室主人"为笔名写出多本有影响的专著，如《欧游心影录》（1918年）、《清代学术概论》（1920年）、《中国历史研究法》

图2-7 梁启超《欧洲战役史论》手稿

---

① 梁启超：《国体战争躬历谈》《饮冰室合集·专集》之33。北京：中华书局，1989年，第143页。

（1920年）、《科学精神与东西文化》（1922年）、《先秦政治思想史》（1922年）、《中国近三百年学术史》（1924年）等。

在写作之余，他还在此给远在加拿大和美国学习的孩子们（思顺、思成、思永、思忠、思庄）写过300多封信，其中以给长女梁思顺的信最多。有时兴起，梁启超会在梁思礼来到书斋时，把着他的小手以"老白鼻"的名义给梁思顺写信[①]。一直到生命的尽头，梁启超仍在笔耕《辛稼轩先生年谱》，直至病重住入协和医院。[②]

梁启超曾对梁思礼说：自己准备60岁时开始推掉一切社会活动，集中精力亲自教授梁思礼和他的哥哥、姐姐。

图2-8 梁启超把着梁思礼的手给大姐梁思顺写的信（二）

然而，父亲食言了。1929年1月19日，梁启超永远地离开了人世。56岁的他没有实现花甲之年后将精力侧重于子女教育的诺言，那一年，"老白鼻"不满5岁。

2月17日，北京各界和广东旅京同乡会在广惠寺举行公祭。全场500多人一片呜咽，只有"老白鼻"以为常常把自己放在膝头的父亲是睡着了。

梁思礼回忆说：

[①] 梁思礼口述，吴荔明、梁忆冰整理：《一个火箭设计师的故事》。北京：清华大学出版社，2006年，第8页。

[②] 作者注：梁启超的写作一直坚持到1928年10月12日，三个月后去世。

第二章 幼承庭训

我记得很清楚，外面搭起了一个牌楼：梁任公先生追悼大会。灵堂内有四个大字——"天上斯人"。当时社会各界，包括冯玉祥、阎锡山、胡适、蔡元培等各界人士都来了。大家送的挽联、挽诗有三千多件，排满了灵堂内外。我跟哥哥披麻戴孝跪在那儿迎接各界人士。因为我很小，跟父亲的关系特别好，所以家里人就骗我说爹爹睡着了，因为棺材盖是打开的，我看见爹爹躺在里面跟睡着了一样。哥哥姐姐们全在哭，来的人也哭，唯独我一直没哭，因为我一直认为他在那儿睡着了。直到最后，在西山将他的棺木送到墓中，突然，当我看到墓门关上的时候，我大哭，哭得特别厉害。我想，父亲可能不会再醒来了。想到父亲再也不会叫我给他拿香烟，再也不能教我读唐诗、写信，再也不会带我去吃西餐……我哭着、喊着要跟着追进去。当时的情景，到现在我还记得清清楚楚。因为他太爱我了，我也太爱他了。①

天津沦陷

梁思礼的小学和中学时代是在天津度过的。他从5岁到17岁，先后就读于天津的培植小学、南开中学和耀华中学。

1929—1935年，梁思礼就读于培植小学。学校离饮冰室不远，从饮冰室出来往右拐，有一个马可波罗广场，学校就在马路的一角。学校不大，有个两层的欧式楼房。在意大利租界里，这种建筑风格的房子不少。教室里铺着木地板，课桌是清一色的黑色木桌，黑板和木窗都挺大。这个学校是教会学校，校规很严，学

图2-9 梁思礼在培植小学时期的照片

---

① 梁思礼访谈，2011年6月8日，北京。资料存于采集工程数据库。

生没做好作业会受到惩罚。学校里的学生人数不太多，都住在附近，家庭生活条件都比较好。老师管理很严格，对家长比较客气。

1935年，梁思礼考入南开中学。该校创办于1904年，是著名爱国教育家严修、张伯苓在家塾的基础上创办的新学。

张伯苓是一位著名的爱国教育家。青年时亲历甲午战争，目睹列强对战败后的中国的欺凌及清政府的腐败无能以及国家民族遭受到的屈辱。深感即使"船坚炮利"也不足以抵御外来侵略，

图2-10 1936年，梁思礼在饮冰室门前留影

而复兴中华要靠教育。于是他针对中国孱弱之根源——中华民族的五种弊病——"愚""弱""贫""散""私"对症下药，痛矫时弊，育才救国。他为南开学校制定的校训是"允公允能，日新月异"，就是要"培养爱国、爱群之公德和服务社会之能力"，并随着时代的前进而不断革新，与时俱进。

张伯苓十分注重教育学生怎么做人，梁思礼一入学就听过张伯苓讲修身、齐家、治国、平天下的修身课。学校一进门有一面大镜子，上面写着"修身"两个大字，每天上学，学生们都要照镜子，一方面看看自己的衣冠是否整洁，另一方面对照镜子上面的字告诫自己注意人格品行。

张伯苓还认为"强国必先强种，强种必先强身""有了好身体才能有坚强的意志，担起建设国家的重任"。由于他的高度重视，学校

图2-11 1936年，梁思礼在北京十三陵游玩

第二章 幼承庭训　35

图2-12 刊登在1936年校刊《南开初中》上梁思礼的作文《露营》

组建了网球、篮球、足球、排球、垒球及田径等运动队。1935年，南开的体育团体多达182个。广泛的体育活动使南开学子有健康的体魄及健全的人格，为优秀人才培养奠定了必要条件。梁思礼说："我那会儿十一二岁，正是人生观形成的时候，虽然我仅在南开受了两年的教育，但这两年对我一生起了很大的作用。"

梁思礼在南开中学学习的初中课程有国文、英文、算学、社会常识、自然现象等，每周共计20课时。动作方面课程有童子军训练、体育、图画、木工、社会、自然观察、自治练习等训练课程，每周11—14课时。考试形式也是灵活多样，分为平时积分、口试、笔试、报告等。为了调动学生的兴趣，学校还经常举办各类比赛。学校非常重视团体训练，目的是"培养组织能力，产生团体意见，造成多数领袖"，以解决国人团体生活中不善组织、不能合作的问题。较典型的活动是童子军训练。那时童子军训练非常正规，需着专门的制服、佩刀。在一次活动中，皮带上挂刀的小钩子划掉了梁思礼右腿上的一小块肉，至今疤痕还很清晰，这些活动给他留下很深刻的印象。梁思礼曾写过一篇关于童子军外出的作文《露营》，刊登在1936年南开校刊《南开初中》上。

> 盼望着，盼望着，露营的日子到了。大家都很喜欢的集齐——除了几个不去的，炎热的太阳在天空中发威，我们很快地在傍着小溪的路上走着。路旁的垂柳被微风吹得左右倾斜……[1]

---

[1] 梁思礼：露营。《南开初中》，1936年。

梁思礼这样回忆南开中学的生活：

在南开中学，我们接受的是德智体美全面发展的教育。虽然我们都很用功，但从来不是死啃书本、应付考试。我们不是"书呆子"，而是兴趣广泛、经常从事体育锻炼和各式各样社会活动的全面发展的热血青年。[①]

南开初中的学习生活为梁思礼日后在美成为大学摔跤队、网球队队员和游泳救生员以及对他组织能力、爱国图强思想的培养，奠定了坚实的基础。

然而好景不长。1937年卢沟桥烽烟骤起，日本侵略军占领了整个华北。天津沦陷了，除了租界外，其他地方全被日军占领。

1937年的暑假，梁思礼与姐姐、外甥女一行人从北戴河度假后返回天津。坐在火车上，他们就感到气氛不对劲，平常5个小时左右到天津，可那次因为日本人运兵，他们足足在火车上等了12个多小时。出了天津站，他第一眼看到的是日军明晃晃的刺刀，然后是日本人蛮横地检查旅客的行李。日本侵略者彻底粉碎了梁思礼美好的初中生活。

南开中学在历次抗日爱国学生运动中都是领头羊，日军认为它是"造成反日情绪与反日活动的中心"，所以对南开中学恨之入骨。1937年7月28日，日军不顾国际法，悍然用飞机大炮对南开学校进行野蛮轰炸。那天，梁思礼站在海河东岸的木材垛上亲眼目睹了日军飞机俯冲投弹、狂轰滥炸，南开大学部、初中部、女中部、小学部顷刻间变成一片瓦砾废墟，遭到毁灭性破坏。梁思礼看到心爱的母校被夷为平地，心中痛苦至极。那烟尘滚滚、火光冲天的情景，至今还历历在目、终生难忘。万幸的是，南开学校的高中部得以幸免，因为高中部在天津电车公司的旁边，而公司是比利时人开的，所以日本人没敢轰炸。

南开学校被炸后，留津陷入困境的教师们先后被聘到耀华中学任教，南开失学的千余名学生也被耀华中学接纳，低年级学生编入相应的年级，

---

① 梁思礼访谈，2011年6月8日，北京。资料存于采集工程数据库。

高年级学生则合编为南开中学临时教学班。耀华中学的教学班按该校的教学计划正规授课，南开师生则利用课余和晚上时间进行教学。这是非常时期的特殊安排，故称"特班"，梁思礼就是"特班"的学生。南开能够在耀华办"特班"，归功于该校校长赵天麟。

赵天麟是耀华中学第三任校长，早年公费留学美国，获哈佛大学法学博士学位，回国后于1914—1920年任北洋大学校长，1934年任耀华中学校长。虽然主持校政只有短短几年，但苦心经营，提出"勤、朴、忠、诚"的校训，在治校严格、建章立制、严聘师资等方面为学校后续发展打下了良好基础。赵天麟为沦陷区失学学生提供继续受教育的机会，他利用学校在英租界的特殊条件，继续悬挂中国国旗，坚持讲授英文课、拒开日文课，拒绝使用日伪教材。这一系列爱国之举给他带来了杀身之祸。1938年6月27日，他在上班途中被日军卑鄙暗杀。这一事件再一次激发起梁思礼对日寇的仇恨。几十年后，梁思礼每次回到耀华中学，总要向赵天麟铜像鞠躬，深切缅怀这位爱国志士。

当时，梁思礼家在海河东边的意大利租界，而耀华中学在海河西边的英租界，梁思礼每天上学都要经过日军占领区。日本宪兵司令部就设在海光寺，那里经常传来撕心裂肺的惨叫声，那是日军在残酷殴打被抓捕的反日爱国志士，有时一些被打得死去活来、血肉模糊的人被扔在海光寺外，每当梁思礼经过那里就感到毛骨悚然。

梁思礼在天津度过了4年担惊受怕的亡国奴生活，在日军的刺刀底下挣扎到1941年。自那时起，他就抱定救国图强的信念，迫切希望祖国强大起来。为了这个目标，梁思礼努力学习，成绩优秀。耀华中学《理六乙男生班史略》记载了当时梁思礼就读班级的情况：

> 今我班乙组共三十六人。群英荟萃，独我不材，切磋砥砺，每自惭驽骀。舍数理外，精语言文字者，国文以黄君宗淮为最，同学称为骏才；杨君国庆、赵君志一、梁君思礼皆以英文胜朋侪……①

---

① 冯忠荃：理六乙男生班史略。耀华中学1941年年刊，存于耀华中学校史馆。

从耀华中学的成绩单上,也可以看到梁思礼读高中时是一名优秀的学生。

梁思礼中学时代的基础知识扎实,成绩始终名列前茅,这与南开、耀华教师们的引导、教育密切相关。他非常幸运,遇到的教师都十分优秀,有的甚至是大师级的人物。如初中时期的国文老师何其芳,是当时的著名诗人,后成为文学理论家,曾任中国社科院文学研究所所长;高中物理教师是中国近代力学大师钱伟长,后来是中科院院士;另外还有高中数学教师张敬如,当时是北京师范大学数学系的高才生,后来是天津大学数学教师;平面几何教师李希候;英语教师夏乐真;音乐教师张肖虎等,都给梁思礼留下了非常深刻的印象。

图 2-13　耀华学校 1941 年年刊

李希候老师的课讲得非常活,他把主要章节都编成口诀,要领突出,合辙押韵,朗朗上口,使同学们便于记忆,而且记得又深又牢。在讲圆的轨迹时,先生手持大三角板,一端指圆心,一边念口诀,另一只手持粉笔绕讲台转一周,同时向我们讲"这就是圆的轨迹,你们还不懂吗?"夏乐真老师是我们的英语教师,教课非常好,她编了一本《英文文法正误练习》,书中列出英文句法上许多细微差异和正误对比,而且还埋伏了许多"陷阱"。做过一遍后永远不忘,终身受益。耀华中学初中三年级的数学、三角课程就使用英文课本,以后平面几何、解析几何、《范氏大代数》都用英文课本。

我自幼就欣赏西方古典音乐。在耀华又碰上张肖虎先生这位音乐老师,他的音乐天赋很高,在天津颇负盛名。后来被赵天麟校长发现,被请来耀华任音乐教员。张肖虎老师除了教我们音乐课外,还

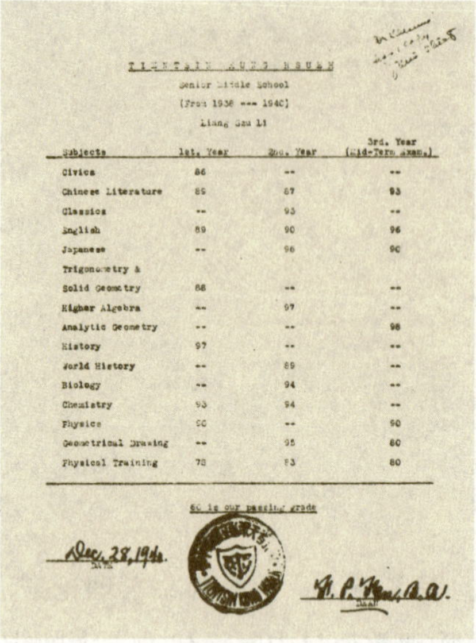

T I E N T S I N [illegible] H S U E H

Senior Middle School

(From 1938 --- 1940)

Liang Szu Li

Subjects	1st. Year	2nd. Year	3rd. Year (Mid-Term Exam.)
Civics	86	--	--
Chinese Literature	89	87	93
Classics	--	93	--
English	89	90	96
Japanese	--	96	90
Trigonometry & Solid Geometry	88	--	--
Higher Algebra	--	97	--
Analytic Geometry	--	--	98
History	97	--	--
World History	--	89	--
Biology	--	94	--
Chemistry	93	94	--
Physics	90	--	90
Geometrical Drawing	--	95	80
Physical Training	78	83	80

60 is our passing grade

Dec. 28, 1940.
DATE

DEAN

图 2-14　梁思礼在耀华学校读书时的成绩单

组织各项音乐活动。在肖虎老师的熏陶下，我对古典音乐的爱好更加浓烈。我现在还清晰地记得他指挥我们大合唱，唱岳飞的《满江红》。“怒发冲冠，凭栏处，潇潇雨歇。抬望眼，仰天长啸，壮怀激烈……壮志饥餐胡虏肉，笑谈渴饮匈奴血。待从头，收拾旧山河，朝天阙。”悲壮之曲激发起我们对日本帝国主义的仇恨和高昂的抗日爱国情怀。钱伟长先生在出国留学之前有一学年在耀华中学任物理教员。他教得非常好，向他学到的物理知识使我受益匪浅。除此之外，他对进步学生也很关心。那时他的思想已经很进步了。在北平西山以西一带已经有解放区。有时他在讲完物理课后，留下部分进步同学，给大家介绍解放区的情况，使我们对八路军抗日救国有了粗浅的了解。[①]

在耀华高中三年级时，同班同学钱宗澜等组织读书会，宣传进步思想。梁思礼和同班好友陆孝颐、陆孝劬、张克诚都参加过读书会。梁思礼曾回忆说：

> 在那个年代，抱着这样一种思想，就是希望我们的国家强大起来，一定要为中国的强盛而奋斗。那时我们受到的教育就是这样的。

① 梁思礼:《感恩耀华》《绿叶对根的情意——耀华中学八十华诞纪念文集》。天津：百花文艺出版社，2007 年，第 10 页。

打造"毛坯"

梁启超一生在动荡、变化中度过。身在社会裂变的漩涡里,梁启超从戊戌年的变法开始,到庚子勤王,再到创办《新民丛报》,宣传"新民"思想,为开启民智鼓与呼。辛亥革命后,他回国参与政治,两次讨伐复辟,再造共和,他的政治主张"一生多变"。

如何看待父亲的这个"一生多变"?梁思礼并不苟合世人的评价。他认为,清末民初,帝国的衰亡、极权的崩溃,从政治到社会,从生活到心态,从思想到学术,都显现出一种半新半旧、亦新亦旧又互渗互动的状态。梁启超在半个世纪中的所有追求与惶惑、困境与出路、误解和洞见,皆因这个特殊的时代而起。父亲的多变恰恰是在那个特定的时代里,苦苦求索救国之路的探索正是与时俱进的具体体现。

最初他和他的老师康有为一起参与"百日维新",一起保皇,后来又分道扬镳;他对袁世凯的态度,也经历了"仇袁""和袁""倒袁"三个阶段;有一段时间,父亲曾经寄希望于袁世凯,但是那一段时间他是很矛盾的。他曾经有过成立国会、实行三权分立、议会制等一系列想法,并希望能通过袁世凯来实现这些想法。但是他毕竟是一个书生,想法虽然好,但是在当时的中国并没有办法实现。尤其是后来袁世凯称帝,父亲只能又站出来冒着很多风险坚决反对袁世凯,后来又在天津策划反对袁世凯称帝的活动。这样的事情在他的一生中太多了。我觉得父亲的一生应该算是一个理想主义者的一生,为了探索民族富强的道理,虽然走过弯路,但是目标却始终不变。他一生的著书立说和参与政治始终没有离开过这个目标。善变是父亲"爱国救国"思想与时俱进的具体体现。他曾说过"按脉论而投良药",救国的方案也不是一成不变的,而是可以因时而异的。时代在变,思想和行为也要变,不同的国情背景下,应该采取不同的救国方案。时代变了，所以他才"不惜以今日之我战昨日之我"。可见，在不断的"变"里，父亲"爱国救国"的宗旨和目的始终没变。①

这是梁思礼成年之后对父亲的认知。

由于年龄相差悬殊，梁思礼非常羡慕哥哥姐姐有机会与父亲直接进行思想交流。他说，9个兄弟姐妹按年龄划分为四个"批组"：第一批组是大姐思顺，年长他31岁；第二批组是思成、思永、思忠和思庄；第三批组是思达、思懿和思宁；第四批组仅他一人，他与最小的姐姐思宁在年龄上也差了8岁。

大姐梁思顺是梁启超的"大宝贝"，和父亲的年龄只相差20岁，加上梁家原本就有些西式民主的气氛，父女之间的关系更像是知己。有关国学教育、时事政治之类的话题，梁启超最愿意和他的这个"大宝贝"交流。后来梁思顺以外交官夫人的身份长期居住在加拿大，直至父亲去世那年才得以回国。

第二批组中，思成、思永和思忠都曾是清华学校留美预备班的学生，这使得他们能够以美国退还中国的庚子赔款出国留学。

父亲去世后，梁家家境渐衰，思达、思懿和思宁没能走上出国求学的道路。幸运的是，父亲生前应聘于清华国学研究院，他有意重点引导思达、思懿和思宁学习国学，曾让这三个孩子休学一年，特聘他的学生谢国桢在家中给兄妹三人系统讲授《春秋》《左传》等古籍，因而这三人国学修养很好。

图2-15　1940年秋，梁思礼（后左二）与母亲王桂荃（前）、六姐梁思宁（后左一）合影

---

① 梁思礼访谈，2013年4月2日，北京。

兄弟姐妹远在异乡，加之国内时局不定、战事连连，家族成员聚少离多。梁思礼遗憾自己国学功底在兄妹中最弱。但"爱国"这一课，梁思礼从未缺席。因为，父亲的言传身教是"爱国"最真实的样本。父亲"人必真有爱国心，然后方可以用大事"的谆谆教诲，天天耳濡目染着子女，"爱国救国"几乎是梁家9子女共同的胎记。留给梁思礼印象最为深刻的就是父亲教他反复诵读的那首诗"少小离家老大回，乡音无改鬓毛衰"。现在想来，好像父亲从他很小的时候就在以这种方式熏陶他的爱国情感。

父亲的过早去世，对我一生是很大的遗憾。父亲对我的直接影响虽然较少，但他遗传给我一个很好的毛坯，他的爱国思想通过我的母亲及他的遗著使我一生受益。

王桂荃几十年在梁家生活，她对梁启超有着一种特殊的崇拜，也和丈夫一样热爱自己的国家。在兄弟姐妹中，梁思礼与母亲在一起的时间最长。他记得，小时候母亲总是对孩子们提出要求——好好学习，自强自立，长大后成为像父亲那样的人。

母亲从小就教育孩子们自己的事情自己做，并且放手让他们去实践。梁思礼11岁时，小学毕业考入南开初中，学校离家较远，他每天骑自行车从意租界到南开，等于从天津的东南角跑到西南角，要骑车半个小时。第一次骑车去上学时，母亲王桂荃不放心，叫了一部黄包车悄悄地跟在后面，一路上看着他如何处理路况。梁思礼放学后，她问："你看见前面有行人为什么不按车铃？"梁思礼回答："按铃会吓着行人，如果他们因此乱跑反而更危险，不按铃小心绕过去更安全。"王桂

图2-16 1936年，梁思礼与母亲王桂荃在饮冰室合影（王桂荃抱着外孙女吴荔明，她被淘气的梁思礼逗哭了）

第二章 幼承庭训　　43

荃一听乐了，认为有道理，觉得儿子会想问题了、长大了，第二天就放心让他自己骑车上学了。

王桂荃对梁启超的9个子女，不论是李端蕙生的还是自己生的，都一视同仁、视同己出，不遗余力予以教育，关爱有加。思成和思庄并非她亲生，但与她的关系却格外好。思庄10岁那年，和王桂荃的一个亲生女儿同时染上了白喉，王桂荃一直在照料她，反而对亲生女儿照顾不周。后来思庄痊愈，但王桂荃的亲生女儿却去世了。因为这件事，思庄一生都对王桂荃感恩不尽。子女们非常敬重和爱戴王桂荃，都把她视为亲生母亲，亲切地称她为"娘"。李端蕙、梁启超去世后，梁家儿女天各一方，王桂荃成了孩子们获得母爱的情感归宿，她当仁不让地传承着梁家家风。

梁思礼还记得母亲常常向他讲述父亲的非凡经历，和他谈哥哥姐姐的学习工作。抗日战争爆发后，梁家兄弟姐妹开始了8年的各自漂泊，在最艰辛的日子里，他们也对国家保持着纯真的爱，对工作保持着最高的热情，他们的每一个脚印都有着难以磨灭的家族胎记。

哥哥姐姐们的胸怀和作为，统统通过母亲传递给了梁思礼，母亲在替父亲继续打造这块好"毛坯"。

母亲为他凑了400美元留学路费

1941年，品学兼优的梁思礼高中毕业了，母亲王桂荃亦喜亦忧，看着小儿子的茁壮成长心里高兴，也暗暗地为梁启超有这样优秀的"老白鼻"而欣喜，但是家庭糟糕的经济状况又不得不让她为梁思礼继续求学的问题而烦恼。

梁启超在世时，先后把4个子女送到国外学习，他们个个学有所成。王桂荃看在眼里急在心上，她多么希望把这个有理想、有抱负的小儿子也送到国外学习。当时梁思礼已经考上了燕京大学，但是王桂荃还是想让他去国外读书，然而到哪里去为儿子筹集负笈海外的资金呢？

原来梁启超一走，梁家的顶梁柱坍塌了。梁启超一生从未发过横财，家中积蓄本来就不多，办理梁启超后事又用掉了不少钱，梁家经济很快紧张了起来，一大家子完全靠王桂荃苦苦支撑着。

为了维持全家的生活，王桂荃不得已在1930年将旧楼卖给了天津一个姓郝的富商，从此旧楼与新楼之间砌起了高墙。抗日战争爆发后，富有经济头脑的母亲将新楼分别出租给绸布店、钱庄和粮商三家客户，仅留楼下东南角梁启超的一间书房，精心地保存梁启超的文稿和书籍。王桂荃小心翼翼、精打细算地经营着梁启超留下的为数不多的稿费和股票，日子一天天过得还算温饱有余。

梁启超的外孙女吴荔明在《梁启超和他的儿女们》一书中，这样描述王桂荃：

婆（指王桂荃）性格坚强、富有独立性。1929年公公去世，没有留下多少遗产，儿女们大多还在读书，经济上还不独立，八舅思礼才5岁，是婆苦心把家维持下来，继续把儿女培养成才，并想方设法把八舅送去美国深造。

王桂荃的人缘很好，她的困难和心思被她的朋友丁懋英大夫看到了，丁懋英是看着梁思礼长大的，非常喜欢这个孩子，最终她为梁思礼留学提供了帮助。

我的母亲有一个好朋友——妇产科大夫丁懋英，她是留美的，是基督教徒。1938年左右，日军占领天津，租界成了孤岛，日本兵还经常封锁租界，我到耀华上学来回跑不方便，而且也很危险，就住到了丁大夫家。丁大夫家前边是妇产科医院，后面住人，我在那儿住了一年多。她对我特别好，比对她侄女还好，我在那儿还买了真空管，自己学装小收音机。1939年天津海河发大水，法租界水都淹到了一层楼，英租界地势较高，耀华中学还未停课，我和小学时代的好朋友陆孝劭、陆孝颐、郭宁然、张克成共同在英租界租房住在一起，一块到耀华上学。住了一段时间以后，母亲为了我就近到耀华上学方便，也在英租界租房子住了一段时间。丁大夫对我母亲特别好，觉得母亲挺可怜。她跟美国一些教会学校关系比较好，1941年我高中即将毕业时，她帮助我在美国一个比较小的大学——美国明尼苏达州的嘉尔顿学院申请到了全额奖学金。①

美国嘉尔顿学院档案室至今保存着丁懋英亲笔写来的这封推荐信：

1930年，我作为某先生的客人曾拜访过贵校，在参观过贵校美丽的校园之后，我非常希望中国能有同样的条件为学生们提供良好的学习机会。继陈文逸、陈文汉到贵校学习之后，现在又有另一名学生即将在今年的夏天毕业了，他就是现代中国的著名学者梁启超最小的儿子梁思礼。梁启超的著作作为教材被中国的大、中学学生广泛阅读。梁思礼在5岁时，他的父亲就已去世，我对他非常同情。像别的大师一样，梁启超虽然著作等身、家风良好，可是他的家境却并不宽裕。梁思礼曾因天津水灾为便于上学在我家借住，我对他非常了解和喜欢。过去的三年里，他在班里学习成绩经常是第一、二名，是学校里品学兼优的学生。希望贵校能够为他提供全额奖学金和全部食宿费用，以帮助他继续完成学业。梁思礼来自于陈文逸、陈文汉同一所学校。相信他有充分的条件得到贵校

图2-17 1940年12月28日，耀华中学校长为梁思礼留学写给嘉尔顿学院的推荐信

---

① 梁思礼口述，吴荔明、梁忆冰整理：《一个火箭设计师的故事》。北京：清华大学出版社，2006年，第27页。

的奖学金。①

天津耀华中学陈校长很支持梁思礼到美国深造，也写了推荐信。

于是，梁思礼壮着胆子向美国嘉尔顿学院发出了留学申请，并随信寄去了丁懋英的推荐信及三年的学习成绩单。

梦寐以求的好消息终于从大洋彼岸传来，1941年3月8日，嘉尔顿学院向梁思礼发来了录取通知书：

> 非常感谢你寄来的申请信、成绩单及推荐信。我非常高兴地通知你，你获得了嘉尔顿学院的全额奖学金。这项奖学金将负担你的学费和食宿费用。除了学费和食宿费之外，你还可以获得保健费10美元、学生特殊优待费30美元、损失保险费10美元、医疗费10美元以及科学实验课程特别早餐费。②

母亲变卖了家中一些值钱的物件，尽最大努力东挪西凑了400美元，这是她给儿子备下的留学路费。

当时梁思礼的五姐梁思懿正在上海红十字会工作，1941年10月她准备与美籍华侨张炜逊在上海结婚，婚后一同去美国。梁思礼和五姐梁思懿年龄差距相对小一点，有很多共同语言。跟着五姐一起去美国，这是一个好办法。于是王桂荃带着梁思礼从天津坐船到上海参加梁思懿的婚礼，然

图2-18 1941年，梁思礼（左一）、梁思懿（左四）、张炜逊（左二）在去往美国的"克利夫兰总统号"邮轮上合影

---

① 资料存于美国嘉尔顿学院档案室，原版是英文。
② 嘉尔顿学院1941年档案，原版是英文。

后让梁思礼和梁思懿夫妇一起上船。在等签证期间，梁思礼考上了之江大学化工系，还上了一个月课。11月，梁思礼和姐姐梁思懿、姐夫张炜逊在上海办好护照签证后，一同乘"克利夫兰总统号"邮轮离开上海赴美国。

黄浦江码头一如既往地熙熙攘攘。透过码头林林总总的船上桅杆，可以看见远处灰蒙蒙的雾海上有巨型货轮，还有缓缓游弋的日本炮舰。

王桂荃仔细地把买完船票余下的100多美元包好，揣进梁思礼的口袋。远离故土后，这就是梁思礼的全部家当了。临行前她告诉梁思礼："我能做的也就是这些了，今后一切就要靠你自己了。记住祖国还在蒙难，学成了一定要回来报效国家。"母亲千叮咛万嘱咐地把梁思懿夫妇和梁思礼送上了邮轮。

邮轮渐渐离开码头。母亲消瘦的身体、飘动的发丝、挥动的手臂像似电影大片中的一个特写，长久地定格在梁思礼的眼前。在此之前，大姐在北京，二哥、三哥、三姐等远在四川，五哥梁思达也去了大后方，六姐梁思宁参加了新四军，从此之后家里只剩下母亲一人。想到这里，梁思礼的眼眶里充满了泪水。

第三章
海外求学

1941年负笈海外的梁思礼，多少次从海的这边遥望那边，多少次让乡愁的眼泪打湿枕巾，多少次在拮据的境遇里苦读，为的就是等待，等待着学成那一天，向亲爱的祖国回报赤子的一份真情。1949年10月，寒窗八年、带上博士帽的梁思礼在开国大典举国欢庆的那一刻，向新中国报到了。

勤工俭学的穷学生

邮轮从上海出发，经马尼拉、东京、夏威夷最后到达旧金山。

乘坐邮轮的时间很长，到旧金山大约要三个星期。船到美国后，五姐梁思懿夫妇去了洛杉矶，梁思礼辗转到了明尼苏达州的嘉尔顿学院。

可是，刚刚安顿下来仅半个月，太平洋战争就爆发了。战争中断了梁思礼与中国国内的一切联系，不仅不能和母亲通信，母亲想寄钱给他也不可能了。从此，17岁的梁思礼过起了在海外独自拼搏的穷学生的留学生活，整整8年。这样的经历，磨练了他在艰苦环境中自力更生、艰苦奋斗的意志。

嘉尔顿学院坐落在明尼苏达州偏北的一个仅有两条街的小镇上，校园环境很美，有小湖、丘陵、草坪。这个地方很靠北，能看到北极光。原来梁思礼看不起这个学校，认为它太小，想到大一点的学校读书。后来发现它在美国很领先，学校实行小规模教学，师生比例是1∶9，学术氛围非常好，在小学院里的教学水平名列前茅。

在嘉尔顿学院的学习对梁思礼来说比较轻松，因为在中国的高中他已经学过美国大学一年级的大部分课程，所以各门功课都取得了优异的成绩，其中高等代数97分、物理90分、化学94分、生物94分、德文95分、日文96分[①]。但是用英语讲授的历史和文学等课，他就相对吃力一些。

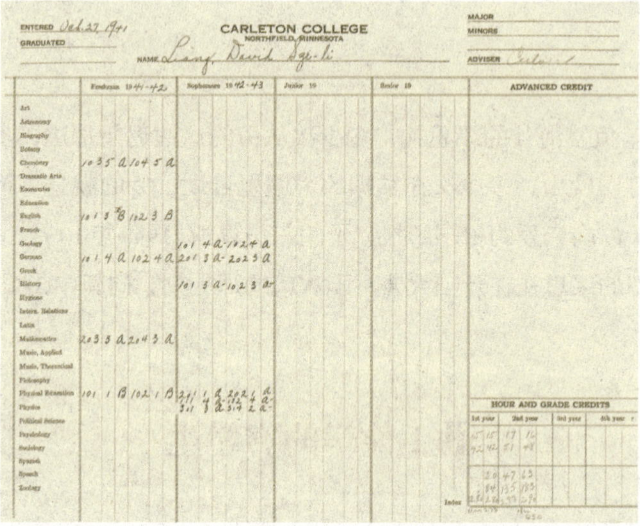

图3-1　梁思礼在嘉尔顿学院期间的成绩单

刚开始留学生活，他一分钱也舍不得花，虽然吃饭可以不花钱（因为奖学金里面已经包含了），但是日常花费可是用一分少一分。由于读书比较轻松，他得以在挣生活费和体育运动上花费不少气力。为了改善生活，课余时间他到学校食堂去洗盘子、端菜、当服务生。到了周末，美国男同学都约女同学去跳舞，只花5美分买瓶可口可乐请客就可以了，称为"可

---

① 嘉尔顿学院1941年成绩单，存于嘉尔顿学院档案馆。

乐约会"。可他连那 5 美分也花不起，于是就用体育运动来打发周末。

有两个运动场地他常去。一个是游泳池，在游泳池里游泳不仅不花钱，还锻炼身体，游泳练出来了，一米板跳水也学会了，而且经过考试还拿到了救生员执

图 3-2　1945 年，梁思礼（前排右二）在嘉尔顿学院参加游泳队

照；另一个是在体育馆练摔跤，他个子小，练篮球显然不行，于是就选择练摔跤，后来成为学校摔跤队队员。摔跤分级别，他是羽毛级，也就是最轻量级，但与同重量级的美国人摔跤时，他毫不含糊，一点儿也不差。

在嘉尔顿还有一件趣事。有一次他和另一个中国同学、天津耀华学校校长的儿子陈文汉周末想到大城市明尼阿普里斯去逛一趟。为了省钱，他们早上搭便车去，准备下午再搭便车回来。谁知回来时搭车只搭到一半路，还剩十多千米路就怎么也搭不上车了，俩人被"撂荒"在回来的半路上。时值寒冬，晚上风雪交加，气温已降到 -30℃，他俩都没穿多少衣服，梁思礼只穿了五姐夫送给他的一件薄皮大衣，俩人冻得实在受不了，就在马路上来回蹦跳跺脚。突然，他们发现路边有一个黑着灯的小屋，就不管三七二十一地钻了进去，原来是个被废弃的储存东西的小屋。他俩紧紧依偎在一起，哆嗦了整整一个晚上，好不容易盼到了天亮。第二天是周一，好多住在城里的同校同学早上开车回学校，这样他们早上六点多终于逃离死神搭上了回校的便车。事后，梁思礼打趣地说，穷学生就是这样找穷乐子吧。

1941 年，在美的第一个寒假来临了，梁思礼没地方去，他的外甥女周念慈在芝加哥大学就读，于是他就到外甥女那里去了。周念慈和她的丈夫也是穷学生，住在一个半地下室的房子里。在外甥女家，梁思礼第一次读到了埃德加·斯诺的《西行漫记》，这本书增强了梁思礼的进步倾向。

第三章　海外求学

1942年第一个暑假,梁思礼还是没地方去,便想去五姐梁思懿在洛杉矶的家,但是路太远了没有钱去。同宿舍有一个叫罗伯特·肖的美国同学,他家住在纽约州的水牛城,约梁思礼跟他一起回家过暑假,梁思礼同意了。他们俩在公路旁竖起大拇指拦车搭乘,很多没有钱的人都选择这种方法旅行。刚一开始,车都飞驰而过,车主根本不理他们。那时正是日本偷袭珍珠港之后,美国人很恨日本人,人们以为梁思礼是日本人呢。于是,梁思礼在他的小皮箱上写上"Chinese Student"(中国学生),很快就一路顺利地搭上了车,没有花钱就"跑"了1000多千米路,走了好几天终于到了水牛城。肖的妈妈非常慈祥可亲,她说了一句让梁思礼非常感动的话,她说:"假如我自己的孩子在中国,也像你这么大,相信你妈妈也会接待他的。"肖妈妈就是以这种心情热情地接待了梁思礼,让梁思礼很温暖、很感动。肖的家境也不富裕,他的父母是农民,经营个人农场。后来因为打仗,美国加紧生产飞机,他父亲就到飞机工厂去做工,是个普通的铆工。他们夫妇的另一个孩子在罐头厂打工,工厂离家不远,肖也到罐头厂去做工,梁思礼就跟着他一起去了,还可以赚点钱。那时梁思礼还不满18岁,在罐头厂做了一个多月的童工。罐头厂是做豌豆罐头的,有很多冷

图3-3 1947年,梁思礼(中)重返嘉尔顿学院与肖氏夫妇合影

冻豌豆，工人们在流水线上干活，饿了或闲着就抓一把豌豆吃。工作了一个暑假，梁思礼没少"偷吃"豌豆，结果把胃给吃伤了。直到晚年，他还一见豌豆就头痛。

在美国第一个暑假就是这么过的。几年后的1947年，梁思礼又碰到了肖家两位老人，见了面还是那么亲切。爱屋及乌，受肖的父母影响，梁思礼对美国普通老百姓一直都很有好感。

第二个暑假，梁思礼到纽约州的旅游胜地银湖湾当救生员，那个地区是由5个不宽但较长的条形湖组成，据说是冰川时代形成的，像5个手指印似的，仿佛是一个大怪物在地球上抓出了5条手印，那5条手印后来变成了湖。银湖湾是其中最大的一个湖，是人们度假的好地方。他在那儿当正式游泳救生员，可以免费吃住。银湖不是很宽，也就一两千米，常常可以横渡过去，周边环境很漂亮、很幽静，好似他们老家广东新会的"小鸟天堂"。每次回到新会老家的"小鸟天堂"，他就自然而然地想起了纽约州的银湖湾。第二个暑假就这样不仅没有花钱、而且像度假似地享受了一番。

除了体育，梁思礼还有一个爱好就是听古典音乐。嘉尔顿学院有一个很好的条件，学院有一个唱片图书馆，图书馆在一个半岛上，周围是湖。放假时，别人都回家了，人很少，他就把唱机声音放得大大的，把门打开躺在门前草地上听音乐。小时候他和哥哥姐姐一起听过不少交响乐，此时他的见识更多了，很多古典音乐，包括交响乐、协奏曲、歌剧、芭蕾等，他都尽收耳底。

企盼工业报国

1943年，美日两方在太平洋战争中进入胶着状态，美军军火大量地被消耗。原来半年生产一艘军舰的生产周期已被缩短到三个月生产一艘，而且吨位比过去翻了一番。前方源源不断的军火需求使美国钢铁、橡胶、润滑油等物资非常紧缺。美国政府号召本国人民捐献废旧物资，用以制造更

图 3-4 《嘉尔顿人》报道梁思礼作为 SWIC 组织的成员参加周一收集废品为第二次世界大战做贡献的活动

图 3-5 1943 年 9 月 8 日，梁思礼写给嘉尔顿学院的转学申请

多的武器装备支援前线。当时军需处告诉大家"一把铁锹能造四个手榴弹"。

1943 年 4 月，梁思礼与同学响应政府的号召，积极在学校设立废旧物品收集站，开展"星期一收集废品"活动，收集旧灯、旧铁皮柜、电线、旧胶鞋、小刀等废旧物品，用以制造更多的军舰、坦克、枪、炮、飞机等武器装备，以实际行动支援太平洋战争。

在嘉尔顿学院学习两年后，梁思礼想从这个综合性的大学转到工科大学去学工科。因为他一直想走"工业救国"之路，觉得中国老受欺负，自己将来如果学一门工业技术，学成回国能为中国的建设出力就好了。

正好，1943 年美国政府开始实施"租借法案"，对盟国给予援助，其中一项是资助在美国留学的盟国学生，每月可得津贴 75 美元。于是梁思礼提出申请①，获得津贴后，他放弃了嘉尔顿学院的奖学金，转入以"工程师的摇篮"著称的普渡大学改

---

① 梁思礼转学申请，1943 年 9 月 8 日。存于嘉尔顿学院档案馆。

学电机工程。

普渡大学是位于美国中西部印第安纳州西拉法叶城的州立大学，毕业生中出了很多有名的科学家，特别是培养了众多的航天员，包括第一位登上月球的阿姆斯特朗和最后一位离开月球的约翰杨在内的22位航天员，因此它享有"美国航空航天之母"的美誉。中国"两弹一星"元勋邓稼先也是该校的毕业生。

嘉尔顿的奖学金没有了，学费和食宿费都得从75美元中开销，生活依然非常拮据。在普渡大学，梁思礼住不起正式学生宿舍，只好住在穷学生住的"学生合作社"，全部都是同学们自己管理自己，自己买菜做饭、打扫、清洗，有一个老太太帮助管管房子。梁思礼曾回忆当年的生活：

> 我们一二年级的学生只能住在一个二层楼的斜屋顶的阁楼上，很热、也很挤，睡双人床。到了三年级才有资格住下面的房间，而且是几个人合住一间，但是花钱不多。
>
> 那段时间还好，我已经开始学工了，能找到一些在实验室当实验员的工作，也有一些补贴收入，在普渡过得也是很紧张，因为学习也很紧张，还得做很多工作来补贴生活。1988年我重返普渡大学时，还在"合作社"前照了相。

由于大学前两年读的是综合性大学的课程，到普渡后需要补读若干门工科基础课程，因此学习很紧张，连暑假也不能休息，要补课。当时，正好赶上学校为美军训练一些后备军官，培训结束后就去前线打仗。梁思礼就跟他们一块学习，他们班上

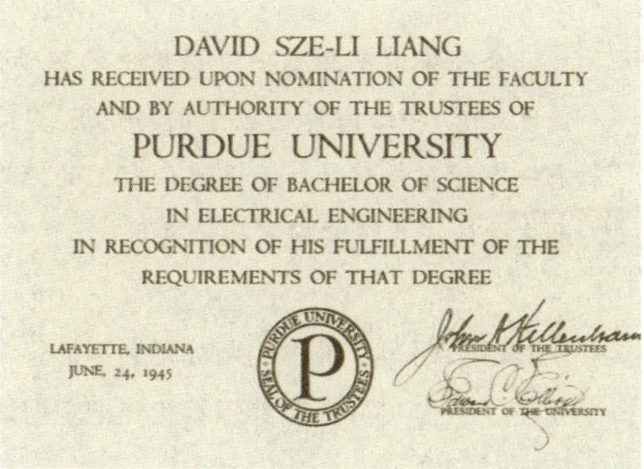

图3-6　1945年6月24日，梁思礼获得普渡大学电机工程学士学位证书

第三章　海外求学　55

没有几个老百姓，大部分都是海军陆战队的军人。跟他们一起学习的好处是不放暑假，所以梁思礼从1943年到1945年（加上两个暑假）利用两年时间学了三年的课程。1945年6月24日，梁思礼获得普渡大学电机工程学士学位[①]。

毕业后，梁思礼本可以到公司去谋职，当时一个很有名的美国无线电公司（RCA）可接收他工作。但是有一个问题，如果到RCA公司工作的话，尽管待遇不错，但是随时可能被抽调去服兵役。梁思礼不愿给美国当兵，所以决定继续上学。

1945年7月，他来到辛辛那提大学自动控制系。

辛辛那提大学位于俄亥俄州，是美国中西部的公立大学和全国著名的研究型大学。1906年，辛辛那提大学在美国首创带薪实习项目，之后被美国的众多大学和40多个国家仿效。带薪实习的学习方式叫作合作式学习，实际就是勤工俭学。在辛辛那提大学，学生可以做各种各样跟学习内容有关的工作，可以一边工作一边读书，一直可以免费读硕士、博士。学生在工作岗位上将所学理论知识应用到实践中，而工作带来的挑战和问题又促进学生进一步加深理论学习。这种带薪工作实践，为学生毕业后的就业提供了绝佳的机会，学生也在学习期间很好地了解了本专业未来的发展状况，同时获得将来就业的必要信息。

梁思礼的外甥女吴荔明在《梁启超和他的儿女们》一书中写道：

> 公公梁启超生前一直遗憾他的孩子们没有一个是学自然科学的，曾于1927年给海外的孩子们写信说："我想你们兄弟姐妹，到今还没有一个学自然科学，很是我们家里的憾事……"没想到他去世后，他最宠爱的小儿子实现了他的遗愿。

在美留学期间，梁思礼无时无刻不在思考着怎样工业救国。无论是选择专业还是工作实习，他都想着怎样把获得的知识和经验应用于振兴国内

---

① 梁思礼普渡大学学士学位证书，1945年6月24日。

的工业，甚至曾和中国留学生们共同商量回国后，要为国计民生办几个砖瓦厂、洋钉厂和小电扇发动机厂。

梁思礼于1947年11月16日给好友陆孝颐写了一封信，在信里他流露出想尽快为国家服务的急切心情和希望创办工厂的强烈愿望。

五年比流水还快地过去了，一看以往的经过使我觉得非常惭愧。各友都在国内吃苦、效劳，我却在异邦享受，虽尽力地学习，可是其效率奇慢，真是恨不得早日学完，回国与你们并肩服务。

在美国几年中，无时无刻不惦念着中国。作为一般的老百姓，我实在是太侥幸了。我之所以能来美，由于我还不是中国一般的老百姓，再看一般的留美生吧！多半是为自身幸福着想的，他们不是想在美镀上一层金后好回国升官发财，就是想回国混口饭吃。对我自身，幸福很容易解决，一口饭，拉洋车也可赚得出来。如果人生之乐只在于自己养活一个家，实在无多大味道，尤其我的机会是这样好，我则更应对没有机会的老百姓多负些责任。既有决心、手段，又如何？听到与看到的中国一般情形，实为茫然，不过我决定"自己"慢慢地从小处做，"高攀"当局则有点不敢当。我觉得中国需要生产，私人企业较国家企业更为重要。我所谓的"私人企业"并不是为自己腰包着想，我的目的是提高人民、老百姓生活水准，这听起来很吓人，其实我并不是在梦想。帮助所有中国老百姓，只是尽我自己力量，能帮多少就帮多少。帮的方式是办工厂，起头小厂，提高工人们的生活水准，增加一般人民的购买力，慢慢地从小做起。也许我一个人不能帮多少，可是有同感的人多了的话，我的力量加入其中，论效力则可观。因为我学工程，所以觉得这是我最有效的服务之方。

也许你看了中国现有的情形，觉得我是太理想化，做的梦太甜了。不过假如中国情形一时半时不会好的话，我们能总拖下去吗？时局不好，我们得找方法去克服。时局即使失败，这精神不死，自有人追随，所以现在我在这边尽力找实用技术、看厂写设计，所预备的计划也并不限于电工一行。只要我们共识上认为在中国可以实行的意见，我们都尽量地搜集材料。我有几个朋友，他们都有同样的决心。

我们数人一块努力了些时候，我们几个人学的东西都不一样，所预备选的东西是取其简单、大众化、必需化、基本为标准。现在我们已起始了几个计划，（一）砖瓦厂；（二）洋钉厂；（三）electrical institution（电气研究所）；（四）小电扇发动机。这些是预备的计划，实行与否，仍待其可能否。

以上是我的感想，不知你的感想如何。你也是学工程的，我总觉得工程学本身只是一种头脑的训练，常识是最主要。回国后将遇见什么样困难还不知道。无论什么问题，常识总可解决。我们有同感的人都在美国。中国方面所要知道的事情太多了，可是没有人接头。不知你对我的感想有无赞同，同时希望知道我们中学朋友们有无异地同声者，不知你可否赶快给我他们的地址。我将游说他们，千万记住我们的目的是老百姓的幸福。

现在我请你替我办一件事，在砖瓦厂的计划中，我需要下列几项事情：第一，中国现有砖瓦厂的一般活动情形，类如，生产速率、市场情形、价钱、生意好坏等；第二，想法找出现有砖瓦厂厂名、地址、厂主名姓，及如何接洽他们的方法。下面是如何着手的建议。第一，天津、北平、上海商会；第二，河北彭城、磁县有几个厂；第三，资委会也许有些统计。总之，请你尽力替我找一下。成败与否请速回信。

下次来信请详细报告一下你个人的感想与将来的计划。我很想知道你的现况。我们一个人是太单独，几个朋友合起来，力量则大多了，尤其是志同道合的，我们需要互助合作。我们在美国的人很容易找技术材料，可是对国内情形及需要又得仰仗国内同学。如果我们能合作，其效力定极大。①

第二次世界大战期间，在美国的中国留学生人数很少。1945 年抗日

---

① 梁思礼给陆孝颐的信，1947 年 11 月 6 日。资料存于采集工程数据库。

战争胜利后，大批的中国学生来美留学，其中有不少思想进步的学生，包括梁思礼在中学时代的好友陆孝颐。

陆孝颐那时已是中共地下党员，1947年由党组织派遣出国深造，并对国外留学生做工作。当然，他的身份是保密的。

陆孝颐的一句话深深地影响了梁思礼，他说："你想搞工业救国，但是大厦是不能建在沙滩上的。"他告诉梁思礼，当时国内已有的工业企业都支持不下去了，如果不从政治制度上解决问题，根本谈不上什么工业救国，同时还介绍了国内正在进行的"反饥饿、反内战"的运动。

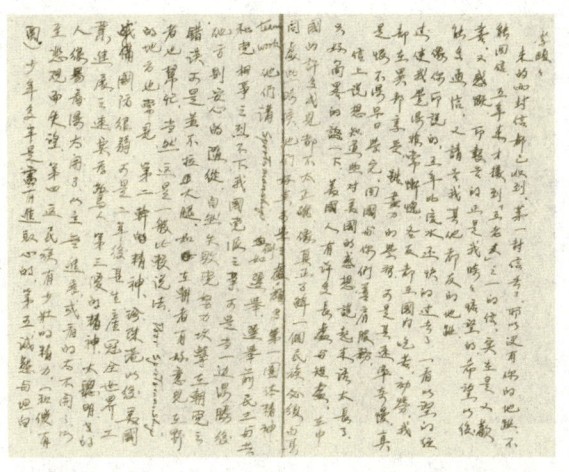

图3-7 梁思礼写给陆孝颐的信件

陆孝颐的一席话给了梁思礼很大启发，使他在思想上提高了一大步，对原来淳朴的工业救国理想产生了新的认识。同年梁思礼硕士毕业，南开大学曾请他去当副教授，但因受进步学生的影响，他一方面觉得自己学的知识不够，另一方面认为"工业救国"没有用武之地，所以他继续在美国攻读博士，直到1949年拿到博士学位。

梁启超留下的这块好毛坯，经过家庭、学校、社会的淬炼，日臻成熟，他怀抱强烈的工业救国愿望，盼望着、等待着合适的时机。

初入自动控制技术之门

以工业救国思想为动力，梁思礼在美国发奋学习。

那时美国军方给大学很多资助，跟大学签合同，让他们研究一些东西。梁思礼在辛辛那提大学作硕士论文和博士论文的研究内容就是美国海军项目,研究实验和实验室也是为海军服务的,研究所付给梁思礼研究费用,就和正式工作一样。从那以后,梁思礼的拮据生活变得宽裕一些,到美国6年了,穷学生终于有了"土豪"的感觉。

1947年,梁思礼的大哥梁思成恰好受耶鲁大学以及普林斯顿大学的邀请,参加1947年4月"远东文化与社会"国际研讨会,并参与设计坐落在纽约的联合国大厦。尽管工作非常繁重,但是梁思成还是抽出时间,开着当时美国最廉价的Crosley汽车横穿几乎半个美国,去看望自己的小弟弟。那是梁思礼6年海外求学生涯中,唯一一次有国内的亲人来探望自己。

梁思礼在辛辛那提大学三年硕士、博士学位的学习中,研究的是美国海军所需的舰船炮塔的自动控制、炮塔瞄准的自动控制等。他之所以决定学自动控制,是因为当时自动控制学刚刚兴起,是一门新的学科。第一学期以后,他就开始自己独立做研究工作了。

梁思礼的硕士论文研究的是一个很怪的设备,论文的题目为《一种用于测试有机防护涂层和金属之间黏

图3-8 1948年,梁思礼与陆孝颐(右)在美国辛辛那提

图3-9 梁思礼硕士论文《一种用于测试有机防护涂层和金属之间黏合度的电磁超高速离心机》

合度的电磁超高速离心机》[①]。当时在美国，对有机防护涂层与金属表面的黏合度测量一直是一个未解难题。现有的黏合度测试方法大多是测量涂层和金属分离开所需的剪应力值，很少有测试能够给出实际黏合力或涂层与金属分离的拉应力。原因之一是很难将涂层固定住并将其分离下来。拉伸测量方法往往采用胶水或其他黏合剂将涂层和木块粘合在一起，然后向木块施加拉力。这个过程的缺点是显而易见的，一是木块－胶水或胶水－涂层黏合的失效，而非涂层－金属的黏合分离；二是胶水以及所用的压力和温度对使用胶水黏合过程的影响；三是很难控制胶层的浓度和干湿度。

梁思礼通过研究发现，采用离心力可以规避上述困难。基本方法是将一种已知重量的薄层涂在离心转子的表面，该转子由要测试的金属制作而成。然后测量将该涂层从金属分离所需必要的离心力。为此，他做了许多次试验，从试验曲线和测量数据中摸索出变化规律，成功设计了用于测量有机防护涂层和钢制品之间黏合度的离心机。后来，这个课题成果还被美国海军采用了。

梁思礼的博士论文《超高速离心机》于1949年提交，其中有许多自动控制方面的知识应用，对自动控制理论水平要求较高。他通过自控装置，将一个钢珠在一个真空的电磁场里悬浮起来，上面是一个电磁铁，他把一个试管似的东西抽真空到 10^6 大气压，钢珠悬在真空中既不能被吸上去，也不会掉下来。梁思礼搞了3组线圈，通上高频三相电流，使钢珠高速旋转，名字就叫超高速离心机，因为电机转速只有几千转，而他的机器可以转几万转，甚至一直可以把那个球给转到崩裂。做这项工作用来干什么呢？当时美国海军飞机上的漆皮老掉，他们想搞个仪器能测试漆的附着力有多大。梁思礼就针对这个问题进行研究。他在钢球上把要试的漆点上去，然后在真空里把转速慢慢提升，升到一定程度，漆皮就脱落了，当漆皮掉下来的时候，梁思礼就知道它的转速有多大了。通过转速就可以计算出它的离心力到底有多大，就可以知道漆皮的附着力有多大。这是个独立的创造。1949年夏天，他获得了辛辛那提大学自动控制专业的博士学位。

[①] 梁思礼硕士论文，1947年。存于辛辛那提大学档案馆。

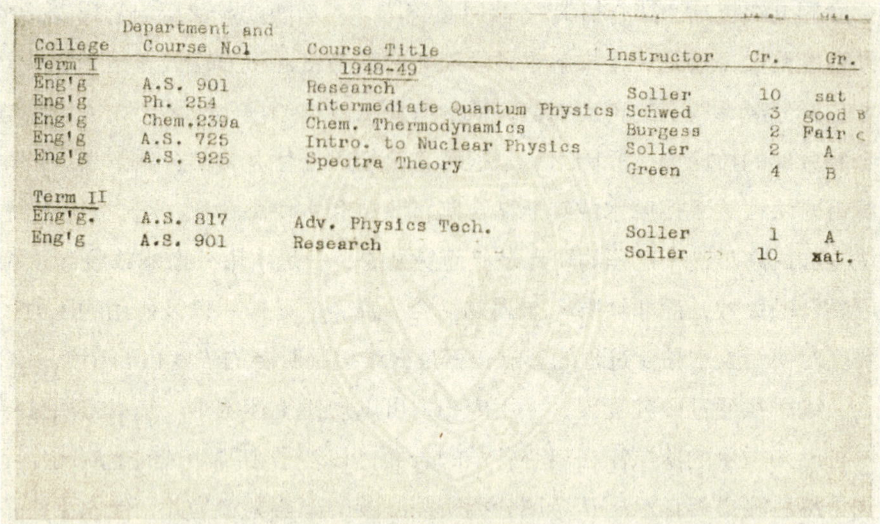

College	Department and Course No.	Course Title	Instructor	Cr.	Gr.
Term I		1948-49			
Eng'g	A.S. 901	Research	Soller	10	sat
Eng'g	Ph. 254	Intermediate Quantum Physics	Schwed	3	good B
Eng'g	Chem.239a	Chem. Thermodynamics	Burgess	2	Fair C
Eng'g	A.S. 725	Intro. to Nuclear Physics	Soller	2	A
Eng'g	A.S. 925	Spectra Theory	Green	4	B
Term II					
Eng'g.	A.S. 817	Adv. Physics Tech.	Soller	1	A
Eng'g	A.S. 901	Research	Soller	10	sat.

图 3-10　梁思礼在辛辛那提大学学习期间的成绩单

留学期间的这些理论和实践研究，为梁思礼回国后从事控制系统的科研工作，特别是成为航天控制领域开拓者打下了一个很好的基础。

CSCA 的“铁杆”

由于中学时期就接受了进步思想，在美国埋首攻读的同时，梁思礼也关注着国内迅速发展的形势。受五姐梁思懿和老同学陆孝颐的影响，他积极参加中国共产党领导的外围组织“北美中国基督教学生联合会”（CSCA）和“留美科学工作者协会”的活动，动员留学生回国参加新中国建设，并以身作则带头回国。

CSCA 原来是一个类似基督教青年会那样的组织。1947 年以后，愈来愈多有进步思想的中国留学生聚集在 CSCA，其中有不少中国共产党党员。CSCA 不定期举办各种夏令营、冬令营活动，团结、影响东海岸和中西部广大中国留学生。

梁思礼的老朋友、原外交部干部陈秀霞当年是 CSCA 的组织者之一，她回忆说：

> 新中国成立前夕，我们党高瞻远瞩地看到新中国成立需要人才特别是科技人才，就派我们这些党员秘密到那里去做工作。那个时候在美国有一个团体叫做"北美中国基督教学生联合会"，简称 CSCA。它上个世纪就成立了，主要是留学生自由组织的，基督徒非基督徒都可以参加组织，自由活动，很多人都参加了，有 1000 多会员，那时候留学生有四五千人。我们每年都组织夏令营。学生参加活动是自愿的，在夏令营、冬令营活动中，大家讨论各种问题，讨论得还很热烈，我们在其中做了很多工作。留学生都关心国内形势，关心国内学生运动，特别是反对打内战，支持学生的反饥饿、反迫害和建立新中国。那个时候反对内战、受到国民党排挤的冯玉祥到美国来，我们还开会欢迎过他。我们还经常在自己家里搞小型聚餐会，梁思礼也来过。聚餐会上，我们一起做饭，然后一起学习毛泽东的《新民主主义论》《论联合政府》，念家信，讨论问题，我们都坚决支持国内学生的反饥饿、反迫害、反内战斗争。①

梁思礼参加 CSCA 得益于他的五姐梁思懿。1947 年暑假，梁思礼去探望住在纽约的五姐梁思懿时，她就带梁思礼参加了美国东部 CSCA 组织的夏令营。

> 我受姐姐思懿的影响很大。思懿告诉我，参加 CSCA 的都是中国留学生，也有当地华侨学生。每年暑假和寒假，CSCA 都组织夏令营和冬令营，组织当地和外地学生一起到一个度假点集体活动。原先这个组织是中性的，没有什么政治倾向，就是搞一些旅游活动。从 1948 年开始，进步的中国留学生逐渐掌握了该组织的领导权，利用搞夏令

---

① 陈秀霞访谈，2013 年 7 月 30 日，北京。资料存于采集工程数据库。

图 3-11 1948 年，CSCA 在纽约的成员合影（二排左三为梁思礼）

营和冬令营活动的机会，向与会的同学们宣传进步思想。CSCA 后来变成了共产党的外围组织。夏令营除了组织联欢晚会、唱进步歌曲、演进步活报剧外，还组织演说和辩论会。当时参加 CSCA 的学生分三部分，一部分是进步学生，占多数；一部分倾向于国民党；第三部分是中立派，主要是一些华侨子弟。在辩论会上，倾向共产党和倾向国民党的学生经常争得面红耳赤。最后进步学生占了上风，在选出的执行委员会成员中，进步学生占了大多数。参加第一次夏令营活动，使我在思想上有了不少收获和提高，同时也结识了许多进步同学[①]。

梁思礼的老朋友俞沛文在 1948 年 7 月 1 日写给陆孝颐的信中，也谈到梁思礼参加部 CSCA 活动后深受触动的情况：

我们开了一个相当成功的夏令会。思礼已被我们请来，他的无

---

① 梁思礼访谈，2011 年 6 月 8 日，北京。资料存于采集工程数据库。

畏、直爽、明确的言论给会员们留下了深刻不泯的印象。这个会对他帮助很大,他对我说:"到了这夏令会,就感到抱我们的思想和信念的人是多数,虽然会后我们会散开,但个人无论在哪里,总会感到我们是不孤单的,我们所参加的这些民主、进步的队伍是壮大的。"我想不仅对他,对我和许多朋友都有相当的感触。①

此后,梁思礼豁然开朗,原先以为只有自己忧国忧民,现在发现自己并不孤独,身边有一大批和他一样有理想、有抱负的青年人。隐隐中,他感到有一种光明的力量,在探索的路上不可抗拒地推动着自己。想到今后为国效力、工业救国有了志同道合的朋友,有了可以信赖、依靠的组织,梁思礼兴奋无比,就像长久漂泊在大海上的一叶孤舟,终于看到了希望的陆地,终于看到了温暖的港湾。于是,他成为了 CSCA 的铁杆参与者,积极参加演讲、辩论活动,团结影响更多的留学生爱国、救国。

梁思礼在一次参加 CSCA 组织的夏令营活动中,和国民党派来的特务"遭遇"了。对此,他在写给朋友陆孝颐的信中活灵活现地描述道:

夏令营里,我看见了蒋政府的临死挣扎。他们送来了二十多名特务,这还是我有生以来第一次和这类动物接触,他们极端无耻、无能。他们的方针是在对手柔弱时尽量打击,可是当对手的力量强大和反击时,他们便夹尾而逃,还暗暗地勾上黑单。说起黑单,我们也有一张,每个特务的名字,会里人差不多都知道。平常他们多半都是自己扎堆在一起,有时拉拢中间女士分子。他们在讨论时起哄,成心提出一些无关紧要的问题、打岔,他们不敢正面攻击我们的言论。头几天他们还占上风,因为我们进步分子都是自己吐露自己的心怀,人与人间没有联络,自己的立场也站不稳,所以被他们闹得乱七八糟。我们在星期五晚会准备了一些游艺节目,主要节目是一个"活报"独幕剧,我也是演员之一。剧情是讲现在中国学生运动的情形,其中有一个学生领袖被特务打死了。

---

① 俞沛文写给陆孝颐的信,1948 年 7 月 1 日。资料存于采集工程数据库。

我们演员们使了两天牛劲拍戏，有时排练至夜里两点多钟。但是我们也太差劲，在上演前半钟头时，还是记不住台词。后来特务老爷派人来警告，说他们已知道剧情颇为有煽惑性，同时我们也看见他们都坐在剧场头排准备捣乱。最后我们临时决定不演了，因为他们一起哄，我们准演不好，效果会适得其反。

这次失败，使我们更坚决地准备明天星期六的重要会议。会上要把讨论的结果写成议决案发表，使美国和中国各界知道我们在美学生的思想趋向，表明我们是站在他们身旁争取自由的，是反封建、反帝、反官僚的，是为老百姓赞成土改的，是拥护解放区的种种优美成绩的。会上还有捐钱活动，帮助中国学生运动等。星期五的失败，使我们团结起来积极想对策了。星期六在议决会议以前，有个长讨论，我们有一位先放了一炮，把立场打稳了，等第一个特务起来想打岔时，我们连着四五个人向他舌战，予以无情打击，把讨论题目拉回正题。有一个糊涂特务，每回站起说时，总被我们攻击得体无完肤。一个多钟头的讨论，把特务们打怕了，通过议决案时，他们一句话都不敢说。中间分子看得出谁对谁错，纷纷倒向我们，所以议决案都被通过，我们大获全胜，可怜的特务只能暗暗地坐在那儿勾名单。这次会议，使我们明白了进步力量的伟大，只要名正言顺没有什么可怕的。立场站得稳，打走狗们，他们是怕光明气的。①

后来梁思礼又参加过 1949 年 CSCA 美国中西部的夏令营。这时国内解放战争取得了巨大的胜利，三大战役已胜利结束，百万大军已渡过长江，全国的解放已成定局。夏令营的重点活动内容是动员在美的中国留学生回国参加新中国的建设。这次夏令营选出了新一届 CSCA 中西部分会的领导机构，梁思礼被选为执行委员。

在抗日战争胜利后的留美潮中，很多左翼人士甚至共产党也来到美国，在留学生中组织起了若干社团。"留美科学工作者协会"就是其中

---

① 梁思礼写给陆孝颐的信，1948 年 7 月 6 日。资料存于采集工程数据库。

之一，它于1949年6月在美国匹斯堡成立，在美国中西部和东部有分部，同时在CSCA夏令营中做工作、发展会员。协会以"响应解放、准备回国"为主要宗旨，经常组织进步学生活动，宣传讲解国内解放战争情况，鼓励中国留学生回国参加建设，这也正是梁思礼的心愿。

图3-12 1949年，CSCA中西部执行局成员合影（后排左一为梁思礼）

1949年以前，梁思礼是CSCA的积极参与者，之后梁思礼从一个积极的参与者变成一个热情的组织者，后来他与"留美科学工作者协会"也建立了联系，并成为一个以身作则的回国带头人。梁思礼回忆说：

> 我们很多的科学家就是通过留美科协的渠道回来的，我和陈秀霞的丈夫陈辉到香港见了曹日昌，他是香港大学的，也是我们科协的，曹日昌把我介绍给马大猷，我一回来就被安排工作，参加新中国的建设了。①

五星红旗船头飘扬

CSCA和"留美科学工作者协会"这两个组织动员了大批在美的中国留学生回国参加建设，当时在美国的留学生有5000多人，动员回来的有1000多人。实际上还有计划要回来的，后来因朝鲜战争爆发，美国国内盛

---

① 梁思礼访谈，2011年6月8日，北京。资料存于采集工程数据库。

第三章 海外求学

图3-13 1949年9月,梁思礼(前)与陈辉(后)在旧金山登上回祖国的"克利夫兰总统号"

行麦卡锡主义,很多科学家就被堵截在美国。新中国成立初期参加建设的很多人,包括参加"两弹一星"研制工作的人,大都是受到这两个组织的影响回来的。

1949年9月23日,美国旧金山码头一如既往的繁忙,"克利夫兰总统号"邮轮拉响汽笛离岸启航,船上有500多名旅客。本是一次普通的航行,但是船上的30多名中国留学生却格外引人注目,他们怀抱着科学救国的理想留洋求学,今天乘坐这艘船义无反顾地回到一穷二白的祖国。刚刚从美国辛辛那提大学获得自动控制专业博士学位的梁思礼也在其中。

临行前,梁思礼一行欣喜如狂,他和20多位CSCA同仁在湖边草地上唱歌跳舞,直至清晨6点才起身赴车站。到了车站,又遇上30多位中国留学生在车站上送行,其中大半都是梁思礼不认识的,他们如何得知梁思礼一行的行踪,梁思礼也不得而知。分别之际,大家像挚友一般依依不舍,送别之情甚为动人,真是炎黄子孙血浓于水。送别的人送给梁思礼一个可以下蛋的母鸡玩具,第二天梁思礼才醒悟,那个母鸡寓意着孵化器,那是希望他们回国后为祖国的建设做出贡献啊!

邮轮开到洛杉矶靠岸时,梁思礼的五姐梁思懿一家四口也上了船,一起上船的还有一批中国留学生。一时间,船上说中国话的人多了起来,船舱里煞是热闹。事实证明,他们那时的回国抉择是十分明智的。当时美国政府的对华政策还处于犹豫不决的阶段,中美之间的交通尚未中断,最初回国的这一批数百人的海外学子并没有受到任何阻挠,他们很幸运地成为了最早参与新中国建设的归国人才。

梁思礼在三等舱中安置好随身行李,就跑到船尾在桅杆上拉起一条天线，接上了一台短波收音机。这台收音机是梁思礼买的惠普公司生产的一种很灵敏的业余无线电收音机，一路上，他每天都能收听到国内的消息。在回国的邮轮上，中国学生明显划分为两拨人：一拨是准备返回祖国大陆的进步学生，另一拨是打算投奔台湾的学生。

1949年9月30日（北京时间10月1日），在"克利夫兰总统号"横渡太平洋时，梁思礼突然从收音机里听到了一条爆炸性新闻——毛泽东主席在北京天安门城楼上庄严宣布：中华人民共和国中央人民政府今天成立了！

8年了，离开祖国已经8年了。梁思礼听到这条新闻时忍不住热泪盈眶，他朝思暮想的祖国获得了新生，那个饱受欺凌、备遭奴役的旧时代将一去不复返，那个积贫积弱、任人宰割的旧河山将旧貌换新颜。他兴奋得像小孩子一样举着小收音机在船舱里手舞足蹈，一会儿用英语、一会儿用汉语大声传播着这条新闻。船舱里很快人声鼎沸，同胞们欣喜若狂大声欢呼，几个进步学生一商量，准备在船上开个庆祝晚会，以表达对伟大祖国的衷心祝福。

梁思礼接着又向大家透露了一条新闻：中华人民共和国的国旗是五星红旗！

同船的医学专家严仁英、王光超等人建议在晚会上亮出一面五星红旗，给大家一个惊喜。

说干就干，严仁英找来红药水将一块白色床单染成红色，然后大家分头去找黄颜色的纸，很快东西就备齐了。这时大家犯愁了，梁思礼只知道五星红旗上有五颗黄颜色的星，其中一颗大，其余四颗小，但五颗星具体怎么个摆法他也不知道。大家七嘴八舌放飞想象，最后决定将最大的一颗黄色五星摆放在红布的中央，再在红布四角各摆放一颗小五星。回国之后，当他们亲眼见到真正的五星红旗时都十分后悔，没有把那面做错的五星红旗带下船来。

当天晚上，船上餐厅里灯火辉煌，五星红旗高挂在会场中央，欢声笑语像似船舷外的海浪，一浪高过一浪。很多人准备了节目，有人高唱《义勇军进行曲》，有人亮出了自办的壁报，五姐梁思懿的两个孩子载歌

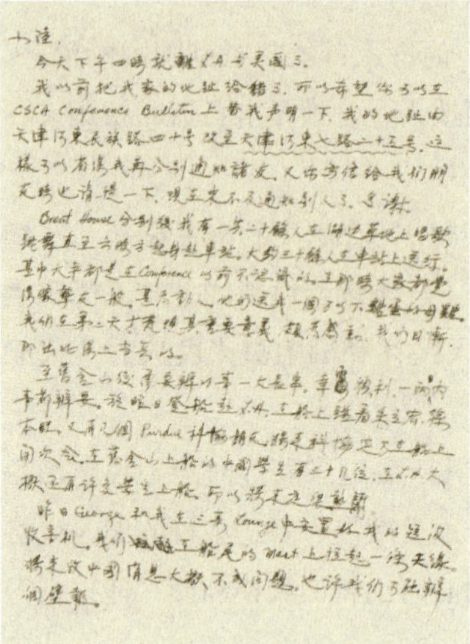

载舞扭起秧歌"解放区的天是晴朗的天"……

梁思礼在1949年9月23日回国当天，给尚在美国的朋友陆孝颐写了一封信，真切地表达了迫切回国的心情：

我给你的最后忠告还是在最近赶快申请ECA①的路费，趁着有机会的时候回国。你现在和我的情况没有什么分别。我们都要回国多学习的。在美国多学不了太多的东西，而且将来可能没钱回去。

我离开时的感情，只有期望没有留恋。②

图3-14 1949年9月23日，梁思礼回国前写给陆孝颐的信

1949年10月上旬，"克利夫兰总统号"到达香港。

金秋十月，收获的季节，饱受苦难的祖国张开双臂欢迎海外游子的归来，收获着建设的人才和振兴的希望。此时，梁思礼和五姐梁思懿一家从香港乘船回到了天津。

站在船舷边，梁思礼一眼便看到了正在岸边翘首张望的母亲王桂荃。一别八年，母亲的一头青丝化作了苍苍白发，丰润的脸庞已经布满沟壑，为众多子女操碎了心的身躯显得更加消瘦。梁思礼的眼眶顿时湿润了，脸颊上淌满了热泪。"娘，我回来了！"梁思礼快步跑下舷梯，"老白鼻"和老母亲紧紧地拥抱在一起。

此刻，梁思礼在心中暗暗发誓：我再也不走了，我要把一生奉献给祖国，为改变她贫穷落后的面貌，为她的独立、强盛、繁荣而奋斗。

---

① 作者注：资助外国留学生的基金。
② 梁思礼写给陆孝颐的信，1949年9月23日。资料存于采集工程数据库。

第四章
拥抱新中国

年轻的梁思礼记着父亲的报国之嘱,怀揣着强国之梦,以极大的热情投入了新中国的建设。在他的心目中,自己对国家是有责任的:"我们每个人都从国家索取,又向国家回馈奉献。索取,是为了过好自己的生活,理所当然;但是为了国家的进步和发展,我们回馈国家的,应当远远大于我们索取的。"他默默叮嘱自己,"现在"就是小时候想过无数次要为之奋斗的未来,而当下自己最重要的就是把眼前的事情做好。他相信,今天所做的一切相加,就等于美好的未来。

祖国需要我去哪儿,我就去哪儿

回国后,25 岁的梁思礼住进了北京西单手帕胡同 22 号小院,这是母亲卖掉了天津的小楼后在北京置下的房产。经中国科协副主席、北京大学教授兼工学院院长马大猷的介绍,梁思礼被安排到邮电部工作。

梁思礼在美国学的是自动控制专业。当时在美国,自动控制工作刚启动不久,国内还没有开始这方面的研究,所以根本没有这方面的需求,梁思礼回来后，一时还不能按他的专业来安排工作。可他在普渡大学电机系就读时曾学过无线电，这个履历使他有幸结缘了邮电部广播事业局局长李强。

1949年12月，梁思礼来到邮电部电信科学技术研究所报到，接待他的就是局长李强。李强是1925入党的老党员，毕业于南洋学堂（上海交通大学前身）土木工程专业。1927年"四一二"惨案后，李强到了武汉，任中央军委特科的特务股股长。后经周恩来委托，自制了中国共产党历史上第一部地下电台，培养了我党第一批无线电人才。1929年年底，李强奉命到香港九龙建立第二个秘密电台，次年1月，沪港两地通报成功，成为中国共产党自己制造的第一对通报电台。两年后，中共中央的声音已能通过秘密电台及时传达到全国各大根据地。新中国成立后，他又重操旧业，成为新中国广播事业的奠基者。

李强听说梁思礼在美国学过无线电，就把梁思礼分配到邮电部广播事业局下属的电信研究所，让他进入天线组，组长就是李强的学生吴展。

新中国成立初期，广播事业局需要建立国际广播电台，以便把新中国的建设成就通过广播介绍给世界，让世界了解中国。同时也要接收国外的一些广播信息，了解当前国际形势和对华舆论。

搞电台，首先要建设发射台、要架设天线。年轻的梁思礼虽然没有专门学过天线，但是刚刚回国的他有着非常单纯的想法，回国就是要一心一意地为祖国服务，"祖国需要我去哪儿，我就去哪儿！"他满腔热情一股子牛劲，只要是为建设新中国效力，让他干什么，他就愉快地干什么，不会就学，什么困难也难不倒他。

天线组里只有梁思礼和吴展两个人负责国际广播电台的建设，吴展是组长，还有很多事情要管，梁思礼就成了"一把手"，从设计、采购到施工、验收等大部分工作全包了。

为给天线场选址，梁思礼与吴展一起坐着小吉普，绕着整个北京城到处选场址。那时的北京，二环路以外都是农田，梁思礼他们晴天一身土、雨天一脚泥，每天风尘仆仆奔波不停。最后，他们把发射天线台选在了北京到通县之间的双桥，把接收天线台选在城南距南苑再南一点的黄村。

梁思礼耄耋之年还清晰地记得很多当年的细节：

> 发射台的电线杆需要很粗的木头，大约有30米高，还要三根木头绑起来用。吴展和我跑到木头厂去选木头，又去选购粗螺钉、脚钉、钢索、瓷绝缘体等，这些都是要自己准备和购买的。电线杆搞好后，是我们自己拉的线。同时，我们还要做设计，虽然以前曾学过一些，可这段时间要结合现实条件，等于重新再学。我查了很多书，学了很多东西，与吴展一起完成了天线设计。
>
> 买好天线材料后，我们又雇了一些工人，指点工人具体操作。两部天线安装完毕，我还爬到30米的最高顶上去检查安装的质量。那时我年轻，26岁，什么也不怕。当时也没有什么安全保护设备，保险带也没有，我就沿着天线架子一节一节地爬上去，当时就是不要命的干，一点也没想有什么危险，浑身有使不完的劲儿。[①]

新中国成立初期，物价不稳定，梁思礼他们发的都是实物工资，梁思礼的工资是每月400斤小米。看起来小米是不少，可是不能当钱用，梁思礼日常需要什么东西，没少揩母亲的"油"。

1950年10月，抗美援朝战争打起来了，梁思礼和所里的年轻人曾申请参战，但国家没批准。第二年6月1日，中国人民抗美援朝总会向全国人民发出了开展捐献飞机、大炮、坦克的号召，一场波及全国的捐献武器运动高潮由此展开。著名豫剧演员常香玉和她领导的"香玉剧社"决心在全国各大城市巡回义演，用演出的收入为志愿军购买一架战斗机。为此，常香玉变卖了孩子的金锁和首饰，变卖了汽车，首先捐款4千万元（旧币），并用余下的钱作为剧社巡回义演的资金。经过半年的巡回义演，香玉剧社终于实现了为志愿军捐得一架飞机的愿望，飞机被命名为"常香玉号"，此事在全国产生了巨大的影响。一天，梁思礼和哥哥姐姐聚在母亲家，一起谈论怎样向国家捐建飞机、大炮。当时他们手里没有钱，大家就

[①] 梁思礼访谈，2013年4月2日，北京。

商量把小院里枣树上结的大枣打下来卖了。哥哥姐姐的几个孩子七手八脚立即上树打枣，然后在门前摆了个小摊儿，把枣卖了。一家人高高兴兴地把卖枣的钱送到派出所捐了。

在一年多的时间里，梁思礼以建设天线为己任，日夜加班，吃住都在现场。经过艰苦努力，国际广播电台终于建成，全世界都可以听到中国人民的声音了。测试结果显示，收听效果非常好，欧洲和苏联都听到了中国国际广播电台播出的新闻，外交部也能收到国外电台的广播，进而了解国际形势。

梁思礼兴奋极了，这是他回国后为祖国做的第一件事。

老八决不会做这种事

新中国成立伊始，国家在抗美援朝的同时，于1950年年底开展了"土改"运动，并于1951—1952年在党政机关工作人员中开展了"反贪污、反浪费、反官僚主义"和在私营工商业者中开展"反行贿、反偷税漏税、反盗骗国家财产、反偷工减料、反盗窃国家经济情报"的"三反""五反"运动。

1951年，党号召知识分子特别是从国外回来的知识分子到基层、到农村、到工农兵当中去接受思想改造。

到了1952年，在建设中国国际广播电台的任务完成后，邮电部让梁思礼去湖南耒阳参加土改运动。梁思礼认为自己从国外回来，虽然有进步思想，而且在国外还是爱国进步组织"北美中国基督教学生联合会"（CSCA）的成员，可实际上与新中国的要求还相差甚远，应该自觉地参加运动，一方面参加土改实践，一方面改造自己的思想。当时参加土改运动的还有很多国内各界知名人士和老知识分子，梁思礼是其中的年轻人。

土改运动的基本内容是把没收地主的土地分给无地、少地的农民，把封建剥削的土地所有制改变为农民所有的土地所有制；同时，保护民族工商业。为了深入发动群众,各地政府都派出土改工作团深入农村,发动农民群众建立农会,组织农民向封建地主阶级开展斗争,建立城乡广泛的反封建统一战线。梁思礼就是邮电部派出参加土改工作团的一员。

土改运动中,梁思礼住在一户贫农家中,与他们同吃、同住、同劳动。正当他满腔热忱地访贫问苦、发动群众、宣传党的土改政策、准备组织大会向当地地主做斗争的时候,突然接到邮电部的急电,通知他马上回京。

梁思礼很纳闷,土改运动正热火朝天地进行,为什么现在要自己回去呢?下乡以来,他和村里的农民群众同劳动、同斗争,也建立了感情,乡亲们也舍不得梁思礼走。离村那天,房东老贫农一送再送,久久不肯停步。

依依不舍地离开湖南耒阳农村回到北京,梁思礼急忙赶到邮电部。邮电部副部长、党委书记王诤与他谈话,让他老实交待工作中和经济上的问题。至于具体什么问题,王诤也没明说。

有问题的人当然不允许回家了,梁思礼和另外两三个有问题的人被关进临时腾出的一间办公室,打地铺住在里面交待问题,接受"打虎队"审查。

梁思礼一头雾水,自己究竟犯了什么大错,他怎么想也想不清楚。由于前一段他一直在农村参加土改运动,对城里的"三反""五反"运动一无所知,所以他也不知道"老实交待"该从何处谈起,只好一天到晚写自传、写检查,检查自己的资产阶级思想和资产阶级家庭,写来写去就是这些内容。

检查交上去后,总是不对路数、不符合要求,通不过。审查人员开始审问,他们告诉梁思礼:"你现在已经是'老虎'了,我们是'打虎队',要彻底打掉你这只大'老虎'。""什么是'老虎'?"梁思礼不明白。"'老虎'就是'三反''五反'反的不法分子!"审查人员厉声说。

天那,梁思礼顿时觉得眼前天旋地转。稍微清醒后,梁思礼争辩说,在负责建设中国国际广播电台天线的工作中,除了应负的技术职责外,那些购买器材、加工订货等事,自己都不厌其烦地积极去办,但手续清楚,没有任何问题。

"打虎队"根本不相信,他们采取"车轮战"的方式,24小时三班倒轮流审问,不允许他睡觉,白天黑夜地让他交待。梁思礼实在困得受不了了,为了能睡一觉，在逼供的环境下，他们问什么，梁思礼就承认什么，好不容易才让他睡了一觉。可是一觉醒来，梁思礼觉得不对头，根本不是那么回事，自己胡说八道了，便马上翻供。这样一来，"打虎队"认为梁思礼不老实、态度很坏，更加重了对他的怀疑。有一天，"打虎队"向他摊牌："既然你不承认受贿了，那你母亲手里怎么会有这么多的钱？"

梁思礼没做亏心事，就老老实实地回答说：

> 我还没结婚，一直跟母亲一起住。原来母亲在天津是有房子的，因我们兄弟姐妹都在北京，她老人家一人住在天津也觉得很闷，所以把天津的房子卖掉了，这样手里就有一大笔钱存在银行里。我和母亲经济上是不分的，我从美国回来，手里也有一些美金什么的，都交给母亲，她替我存着。回国后，我每月400斤小米的工资也都交给母亲，能换多少钱我也不知道，我吃住都和母亲在一起，钱混在一块儿用，说不清谁是谁的。就是这么一种情况。①

"打虎队"还到梁思礼母亲那里去核实，母亲一听斩钉截铁地说："我家老八②决不会做这种事，他要是真的贪污，我就不认他！"

1952年的"五一"国际劳动节就要到了，全国上下都在高高兴兴地欢庆节日。周围的群众正在练唱新流行的歌曲《歌唱祖国》，"五星红旗迎风飘扬，胜利歌声多么响亮，歌唱我们亲爱的祖国，从今走向繁荣富强"，歌声一阵阵地传进梁思礼的耳中。梁思礼很爱听这首歌，而且他从小就爱音乐，坐在地上的铺盖卷上听过几遍，他就能跟着唱了。唱着唱着，他不由得想起新中国成立的那天，他和回国的同学们于航行在太平洋上的"克里夫兰号"邮轮上展开的那面红旗。现在五星红旗正在获得了新生的祖国大地上空迎风飘扬，自己放弃了美国优越的工作条件和生活待遇，怀着报效祖国的满腔热情回国了，他多么想把心中对祖国母亲的热爱、对祖国繁荣富强的期望，大声地唱出来，融汇到窗外热烈豪迈的歌声中去。但是，

---

① 梁思礼访谈，2011年6月8日，北京。资料存于采集工程数据库。
② 作者注：梁思礼在梁启超的儿子中排行老八。

现在"打虎队"不信任他,让他承认莫须有的罪名,让他蒙受"受贿"这样的屈辱,他的心中五味杂陈、十分难过,甚至绝望了。梁思礼做了最坏的打算,准备把头发剃光去坐牢、去劳改。

后来,党组织终于把事情搞清楚了。原来是在"三反""五反"运动中,有个曾经卖过产品给梁思礼建天线的不法厂商诬告他,说贿赂他了,而"打虎队"一查,梁家又有那么多钱,所以就把他当成"老虎"了。

事情搞清楚后,王诤副部长亲自在邮电部的全体人员大会上为梁思礼平反。顿时,他的一切委屈全都过去了。梁思礼感到共产党实事求是,做了错事敢于承认、敢于纠正,对党的敬仰油然而生。

此时的梁思礼已经26岁,超过加入共青团的年龄了。于是,他产生了申请加入中国共产党的念头。记得当时有一位领导曾动员他参加一个民主党派,被他拒绝了。

从那以后,王诤副部长对他有了更多的了解,很信任他,也很重用他,不少重要的工作都分配他去干。梁思礼说:"我很感激王诤,对他,我或多或少产生了'士为知己者死'的感情。"

图 4-1　1953 年年初,梁思礼在北京家中留影

援建"越南之声"

新中国的成立就像旷野中的一盏明灯,带来了世界新格局的曙光。

西方世界当然不愿意有人打破他们掠得的平衡,因此新中国周边战事不断。1950 年北边朝鲜战争爆发,1954 年南边越南奠边府战役打响。还没从战争中恢复，经济严重困难的新中国知道唇亡齿寒的道理，不仅派出子弟兵援战，还勒紧裤腰带向这两个社会主义兄弟国家无偿提供了数以几千亿计的人民币资金和几千万吨的物资。

1954年7月，奠边府战役大捷，占领越南南部9年之久的法国侵略者撤兵。9月21日，有关结束越南、老挝、柬埔寨战争的印度支那问题的《日内瓦协议》得以签署。《日内瓦协议》规定，越南以北纬17度为界，南北分治，北方由胡志明领导，南方由阮朝末代皇帝保大帝统治。可是，1955年7月，美国撕毁了《日内瓦协议》，取代法国在越南南方的地位，吴庭艳在美国支持下发动政变，废黜保大帝，自己当了总统，建立越南共和国（即所谓"南越"）。当年，南越政府在西贡建立了自己的广播电台。

为了促进越南的统一，1955年，越南民主共和国胡志明主席恳请中国援助建设"越南之声"广播电台，向南越进行广播宣传。

"越南之声"是1945年越南宣布独立后建设的国家广播电台，由于设备陈旧，无法将广播信息有效覆盖南越。1955年5月，中国邮电部和广播事业局受命组成一支由专家组和技术工人组成的6人队伍，梁思礼是专家组成员之一，负责发射天线、接收天线的建设。由于有了在国内建设中国国际广播电台的经验，在越南工作进展得很顺利。当时越南经济比较贫困，越南方面对专家组是特殊对待，生活待遇相对比较好，但行动控制得很严，不能随意外出。

越方派人专门跟着专家组学习设计和制造天线的技术。中越两国1950年建交，越南是最早承认新中国的国家之一，用毛主席的话说是"同志加兄弟"的关系，所以中方对越南的援助几乎是有求必应、毫无保留，该教的技术从不对越南同志保密，梁思礼多次向他们讲解天线知识，手把手地教他们制造安装技术。

图4-2 1956年，梁思礼援建"越南之声"电台（摄于河内总统府前）

专家组仅用两三个月时间就完成了任务，电台发射天线采用的是德国研制的德律风根天线阵，接收天线采用的是鱼骨式天线。电台建好后，"越南之声"顺利对南越开播了，越方很满意。胡志明主席亲自接见了专家组成员，还亲自给梁思礼等专家颁发了勋章和奖状。最后，越方带领专家组成员到海防周边转了转，坐船游览了北部湾的亚龙湾。

图4-3　1956年，越南民主共和国为感谢梁思礼做出的贡献，特授予友谊证书一张

回国后不久，梁思礼所在的单位——通信兵部电信技术研究所接到上级的紧急通知，要他们派几名专家参加新中国第一个中长期科技规划的制订工作。

梁思礼所在的单位原来叫邮电部电信研究所，后来与在上海的重工业部电信局电工研究所合并，组建了通信兵部电信技术研究所。1953年，梁思礼便随邮电部电信研究所并入通信兵部电信技术研究所。通信兵部电信技术研究所的上级领导还是他的老领导王诤，因为王诤时任通信兵部部长。

国防部第五研究院成立后，通信兵部电信技术研究所整体划归五院，成为航天技术的骨干力量。当然，这是后话了。

为国家发展大计出谋划策

"我国人民应该有一个远大的规划，要在几十年内，努力改变我国在经济上和科学文化上的落后状况，迅速达到世界上的先进水平。"1956年1月25日，毛泽东主席在最高国务会议上挥手大声说道。这位带有文人气质的领袖从不缺少政治家的远见，他在军事压力稍微缓和之后，立即腾出手来为这个千疮百孔的国家"强身健体"。眼下，他不得重视面临的窘境：

第四章　拥抱新中国

全国仅有 30 多个科研机构，科研人员不足 5 万人。尽管通过第一个五年计划的实施，科研状况有所改善，但仍然无法满足各项建设的需要。

5 天之后，在政协二届二次全体会议上，周恩来总理明确提出了"向现代科学技术大进军"的号召，并要求国家计划委员会、中国科学院和有关部门制订新中国第一个远大规划——《1956—1967 年科学技术发展远景规划纲要》（即十二年规划）。

1956 年 3 月，在周恩来的领导下，成立了以陈毅为主任的国务院科学规划委员会，并邀请全国 600 多位科学家和以拉札连柯为首的 18 位苏联专家参与规划的制订工作。

梁思礼赶上了这个好时机。通信兵部电信技术研究所派出了多位具有雷达、通讯、无线电、自动控制等专业特长的专家学者参加规划制订工作，梁思礼以自动控制专业专家的身份参加了这项工作。

梁思礼还记得 1956 年那个难忘的春天。他和研究所同去的几位专家住进了北京西苑大旅社，一人一个房间，这座苏联援建的旅社条件很好。

规划分两个阶段进行：第一阶段由中科院、各产业部门及高教部门分别提出本部门的规划草案，在 1956 年 2 月底以前完成；第二阶段从 3 月开

图 4-4　1956 年，梁思礼（一排右二）与参加十二年科学规划会的专家们合影

始，以中科院各个学部为基础，会同全国科学家对各部门的规划进行综合和审查。梁思礼参加了前后两个阶段的工作。

在第一阶段，梁思礼对无线电、自动控制技术的发展提出了设想。在第二阶段，他参加了新技术部分第37项《喷气和火箭技术的建立》的讨论。

规划编写经历了半年时间，梁思礼回忆说：

> 我们刚集中住下，就传达了周总理的指示："这个远景规划的出发点是要按照需要和可能，把世界科学的最先进成就尽可能迅速地介绍到我国来，把我国科学事业方面最短缺而又最急需的门类尽可能迅速地补足起来，根据世界科学已有的成就来安排和规划我们科学研究工作，争取在第三个五年计划期末，使我国最急需的科学部门能够接近世界先进水平。"
>
> 编写之时，对我们很是放得开，我们可以结合自己的专业谈各自感兴趣的话题。我是搞无线电的，又搞控制，所以就想了一些搞导弹方面的事，加了一些导弹控制的内容。一开始基本上是各写各的，写完以后交上去，再由各小组归纳，然后再由上一层小组提炼，因此纲要所写的内容是逐步形成的。
>
> 因我搞的东西相当保密，我当时并不知道上面有任新民，还有钱学森，他们倒有可能由此知道了我。不久后，研制导弹的国防部第五研究院成立，钱学森把我调来，还当了五院最早成立的十个研究室中的控制研究室副主任，可能跟我写这个规划有关系。①

到1956年8月，十二年规划终告完成。这是新中国成立以来的第一个科技发展规划，它从13个方面提出了57项重大科学技术任务，从中进一步提出了12个重点任务和6个紧急项目——原子能、导弹、电子计算机、半导体、无线电电子学和自动化技术（对外公布时，只提到后4项，前2项属于保密项目）。

---

① 梁思礼访谈，2014年7月7日，北京。资料存于采集工程数据库。

仔细翻阅一下这个规划，会发现57项重大科学技术任务中的第37项、12个重点任务的第3项和6个紧急项目的第2项讲的都是一件事情，即喷气和火箭技术。规划提出：

> 喷气飞机和火箭是现代飞行器械技术中的最高成就。这种技术的掌握和发展对于增强我国国防有很大的意义。喷气飞机的速度可以达到超过声音传播的速度，飞行高度可以高达两万公尺，可发展为高速交通工具。火箭的速度更高，可以达到更远的高空，以至可以作为星际交通的工具。由于火箭是利用复杂的自动控制系统来控制飞行的路线，因此，在国防上可以达到超越远距离瞄准的要求，它同时也是近代空防的利器。这两种超高速度的飞行器械在现代科学技术发展中是突出的高峰之一，掌握它、运用它和继续发展它必须要付出很大努力。

关于第37项《喷气和火箭技术的建立》，由于涉及国防机密，所以在公开发表的十二年规划中讲得比较笼统：

> 首先掌握喷气飞机和火箭的设计和制造方法，同时研究其有关的理论，并建立必需的研究设备，从事高速气体动力学、机身结构、各种喷气动力、控制方法以及飞行技术的研究，使在最短期间能独立设计民用的喷气飞机和国防所需的喷气飞机和火箭。

梁思礼参加了《喷气和火箭技术的建立》的制订。这项规划由钱学森主持，王弼、沈元、任新民等负责。梁思礼以他渊博的知识、丰富的阅历多次发表了很多真知灼见，他从国外喷气与火箭技术发展概况、中国目前的状况、其中的关键技术等方面，都做了认真的思考。

规划制订中曾发生过激烈的争论，比如应该优先发展飞机还是优先发展导弹。当时，人们对飞机在军事上和民用上的作用或多或少都有切身的体会，而对火箭、导弹却并不清楚它有何用，所以"机派"和"弹派"争执不下、互不服气。

梁思礼的认识是比较清楚的，他说：

航空发动机很难搞，需要较强的工业基础，飞机在短期内是很难研制成功的；而搞导弹能很快看到效果。

他的观点得到了钱学森的赞同。钱学森给大家分析道：

飞机的难点在材料和发动机，而此问题在工业基础十分薄弱的我国，是不可能在短期内解决的；飞机要上人，所以对飞机的可靠性、安全性和可重复使用性都有很高的要求，而每一个"性"都要攻关很长的时间；飞机还涉及复杂的飞行员训练、地勤空勤等庞大的维护保障系统，均非一日之功，更需要很长时间的经验积累。

而无论是防御还是攻击，导弹都有优势。你看，导弹比飞机飞得快，可以达到10倍声速以上，而超声速飞机最多为3倍声速；导弹打飞机一打一个准，而飞机打导弹则很难打得着。还有，导弹飞得比飞机远，朝鲜战场上苏联援助我国的米格-15飞机作战性能非常棒，但它的作战半径只有300千米，飞不到三八线就得返航，所以飞机飞行的距离很受限制。再从技术上看，导弹技术并不比飞机更难，研制进度会快得多，况且导弹的使用是一次性的，相对飞机要容易解决得多，发展导弹技术唯一要解决的难题是制导问题，但这在短期可以突破。如果我们从导弹入手，几年之内国家的防空问题可以解决，不挨打和还击敌人的问题也可以解决，我们赢得了与对手战略抗衡的时间，也有利于航空工业积累经验、稳步发展。因此，从战略博弈的角度分析，发展导弹是战略取胜的捷径。①

对于在短时间内中国人能否造出导弹，钱学森说："我们中国人并不比

---

① 石磊：《钱学森的航天岁月》。北京：中国宇航出版社，2011年，第126页。

外国人笨，外国人能搞出来的东西，我们中国人也一定能搞出来！"

钱学森的分析提纲挈领、有理有据，很快"平息"了这场争论。梁思礼也从中深受教益，更加敬佩钱学森的远见卓识。

《喷气和火箭技术的建立》规划对推动中国航天事业的发展起到了关键作用。规划的目标和预期结果是：

> 建立并发展喷气和火箭技术，以便在12年内使我国喷气和火箭技术走上独立发展的道路，并接近世界先进技术水平，以满足国防的需要。

规划总的进度是：

> 1963—1967年在本国研究工作的指导下，独立进行设计和制造国防上需要的、达到当时先进性能指标的导弹。

组织措施是：

> 在国防部的航空工业委员会下成立导弹研究院，该院自1956年开始建设，1960年建成。

基本步骤是：

> 必须尽快建立包括研究、设计和试制的综合性导弹研究机构，并逐步建立飞机方面的各项研究机构。

按照十二年规划的目标、路径，新中国的科学航船鼓起风帆、破冰启航。"向科学进军，赶超世界先进水平"，成为时代的口号，成为梁思礼那一代人奋力拼搏的动力。

随着十二年规划的实施，梁思礼的命运发生了重大转折。

1956年10月，国家决定组建国防部第五研究院，这是专门研制导弹的新机构。9月，梁思礼、冯世璋、柳浦生、乔石琼、李一鸣、蒋通、王泰楚、赵菁8位人员奉命从通信兵部电信技术研究所调到国防部第五研究院工作。①

从此，梁思礼与中国航天结下了不解之缘。

1956年，带着甜味

俗话说，一个成功男人的背后总有一个默默支撑他的女人。梁思礼有一个非常知心的伴侣，她的名字叫赵菁。

1954年秋天，梁思礼在通信兵部电信技术研究所的周末舞会上认识了同单位的赵菁，她是研究所重要部门人事部的干部，别看她年纪轻轻，已经是个"老革命""老党员"了。

了解赵菁的同事向梁思礼介绍，赵菁也出身书香门第，本人接受过良好的教育。

图4-5 赵菁

赵菁原名麦秀琼，祖籍广东南雄。祖父麦彝宪是孙中山领导民主革命时期的一位老革命家，他积极参与孙中山领导的民主革命。1905年加入同盟会，在孙中山之兄孙眉领导下积极准备武装起义，还参加了黄兴领导的广州起义。他对促进广东政府脱离清政府、宣布全省光复的武装起义有功，却被陈炯明为排除异己而杀害。后来李济深主持正义，追认麦彝宪为辛亥革命烈士。赵菁的父亲麦鼎勋，在青年时期就是一个进步的爱国知识分子。复旦大学毕业后，投身进步事业，

---

① 航天工业部：《航天事业三十年 1956—1986》，北京：宇航出版社，1988年。

受到李济深的重用，曾在19路军某部任中校政治教官，抗日战争期间赴香港办报，以各种形式宣传团结抗日。1941年12月，太平洋战争爆发后香港沦陷，麦鼎勋返回大陆，途中被汉奸认出被捕入狱。后经朋友营救出狱，继续开展进步活动，终因颠沛流离、积劳成疾，年仅44岁就病逝了。1945年，赵菁在抗日游击队和地下党的领导下参加了革命活动。1947年她高中毕业，在她面前摆着三条道路——考大学、工作养家或是去游击区。由于她的学习成绩优异，她的老师愿意资助她读大学。但是受家庭的教育和熏陶，已经是共产党员的她根据革命形势的需要，毅然放弃读大学的机会，进入粤北山区参加了中国共产党领导的革命队伍——东江纵队北江支队，当上了一名游击队员。为方便工作，她沿用父亲曾用过的笔名赵超之姓，改名赵菁，抗日战争胜利后，又参加了解放战争。

赵菁是从进步、民主、书香世家走出来的"游击队员"，梁思礼除了敬佩以外，又平添了一份亲近，毕竟他们的家庭背景、文化背景有着相同之处。梁思礼暗下决心，努力工作，积极上进，早日入党，政治上要与赵菁相配。

赵菁文静、内秀、坚韧的性格吸引着梁思礼，而梁思礼的博学、多才及乐观开朗的性格也使赵菁动心。她认为梁思礼思想进步、为人真诚热情，而且性格直率、爱憎分明，从不虚头滑脑，因此彼此很谈得来。渐渐的，两人经过深入了解、交往，终于从相识到恋爱了。

图4-6　1956年11月17日，梁思礼与赵菁结婚照

1956年10月，由于梁思礼思想觉悟不断提高、工作中吃苦耐劳，又积极参加国家十二年科技发展规划，终于被批准入党，这让他心中的一块石头落了地。

11月，梁思礼在国防部五院简陋的办公室里迎娶"小游击队员"，和赵菁举行了婚礼。结婚那天，赵菁身穿淡粉色锦缎中装，显得格外清雅动人。专家梁守槃为他们主持婚礼，母亲王桂荃带着家人来到现场，笑眯眯地接受儿子儿媳的拜礼，见证了她的小儿子步入婚姻殿堂。

结婚后，梁思礼在控制系统研究室当副主任，赵菁在另一个研究室当秘书兼支部书记，后来由于机构变动，梁思礼在京西永定路工作，赵菁则在城南长辛店工作，几年后才调到一起。

梁思礼和赵菁在性格上的互补，是他们的幸福密码。梁思礼快人快语、粗线条、大而化之，赵菁则沉默寡言、细微周到，两人恩爱携手半个多世纪，从来没有吵过一次架。家庭大事全是梁思礼决策，但具体落实全靠赵菁，柴米油盐的每一个生活细节都浸泡着他们的默契与关爱。梁思礼形象地比喻说，"我俩的关系好比秤杆和秤砣，我们是秤不离砣，砣不离秤啊！"

图 4-7　1956 年结婚宴会上，梁思礼夫妇与母亲和朋友合影

回忆中的 1956 年，带着甜味。

它是梁思礼的大吉年。这一年，他加入了中国共产党；这一年，国家决定组建国防部第五研究院研究导弹，他成了第一代航天人；这一年，他娶了赵菁为妻。

1956 年，梁思礼三喜临门。

第五章
成为第一代中国航天人

近现代以来,中国人的自豪感与自卑感大多与军队在对外战争中的表现和武器装备强弱联系在一起。从鸦片战争失败直至抗日战争时沦陷大半国土,对外战争的一再失败和本国武器装备的低劣导致社会上长期充斥着崇洋媚外的心理。新中国成立后抗美援朝一战,能与世界最强手打成平局,逐渐恢复了中国人百年来丧失的民族自尊心和自信心。为了让中国成为世界上说话有分量的强国,包括梁思礼在内的第一代中国航天人开始向军事科技的新高地发起强攻。

惊 天 动 地

20世纪50年代初期,刚刚诞生的新中国面临着朝鲜战争的考验,这是一场让中国人第一次领略到现代战争味道的世界级对抗。紧接着1950年6月27日,美国强大的第七舰队进入台湾海峡。11月,杜鲁门在一次记者招待会上公开扬言要在朝鲜战争中使用核武器,在媒体中引起了一场轩然大波。当时,原子弹已被运到了停泊在朝鲜半岛附近的美国航空母舰上,美国飞机还有意无意地进行了模拟核袭击。

1953年春天，美国又把装有原子弹的导弹运到了与中国仅一海之隔的日本冲绳岛上。两年后，新上台的艾森豪威尔公开表态，如果远东发生战争，美国当然会使用某些小型战术核武器。

核威慑成为高悬在中国人头顶上的达摩克里斯利剑。

要让刚刚翻身做主人的中华民族挺起腰杆、不再仰人鼻息，成为领袖们最急迫的愿望。在国家领导对战争威胁的深深忧虑之中，中国的导弹和原子能工业开始起步。

1956年，在我国有计划的经济建设全面展开、百废待兴、百业待举之际，党中央毅然作出了发展我国国防尖端技术的决策。周恩来总理主持制订了《1956—1967年科学技术发展远景规划纲要》，把火箭和喷气技术（即导弹技术）列为国家的重点发展项目。

历史送给中国发展导弹火箭技术一个绝好的契机，一位在美国多年从事火箭和喷气技术研究的专家钱学森冲破重重阻挠终于在1955年10月回到了中国。回国后的第4个月，他完成了周恩来总理给他布置的一项秘密作业——撰写《关于发展我国国防航空工业意见书》[1]。为了保密，钱学森把航天隐喻为航空。仅仅过了8个月，中央就决定建立一个专门的导弹研究机构。领袖们知道，新中国的护身盾牌不能再是大刀长矛和小米步枪，在维系国家民族安危的大事面前，上马高科技军事装备是历史的必然抉择。

1956年10月8日，一队人马悄然进驻了北京西郊一座名叫466医院的灰色小楼，这里原来是一个北京军区空军的野战医院。前些天医院刚刚搬走，满楼的消毒水味儿还没有散尽，这队人马就迫不及待地进去安营扎寨。这个地方是主管国防科技工业的副总理聂荣臻元帅专门派秘书联系借用的，同时借用的还有附近的124疗养院和106疗养院。

466医院的小食堂里临时摆了一张旧三屉桌和几张靠背椅，算是布置好了主席台。台下左右两边摆着一排排巴掌宽的长条木凳，中间留有1米

---

[1] 石磊：《钱学森的航天岁月》。北京：中国宇航出版社，2011年，第117页。

左右宽的过道。参加会议的有200多人，左边坐的是机关各部门的领导和工作人员，右边坐的是各门专业的专家、技术人员和全国各大专院校刚毕业分配来的大学生。大家在静静地等待着，党中央一项具有战略意义、一项决定新中国命运的重要决定即将宣布。

聂荣臻在钱学森等人的陪同下走进会场，站在三屉桌旁郑重宣布：经中央批准，中国的第一个导弹研究机构——国防部第五研究院今天成立。

五院是干什么的呢？五院要干一件惊天动地的大事，要为新中国研制杀手锏！五院的院长是谁呢？就是刚好回国整整一周年的大科学家钱学森。

聂荣臻接着讲到：

> 在座的各位，从今天起，你们就是中国导弹事业的开国元勋啦！眼下人手虽少，但只要大家团结一心、艰苦奋斗，中国的导弹事业一定会有美好的前景。
>
> 我们对导弹的研究制造，应采取自力更生为主，力争外援和利用资本主义国家已有的科学成果为辅的方针。[①]

他的话音刚落，全场响起了经久不息的掌声，许多人的泪水模糊了双眼。聂荣臻讲完话后，钱学森向大家介绍了自己如何克服重重困难从美国回到祖国的曲折历程。他结合自己的亲身体验，讲述攀登科学技术高峰的艰辛和乐趣，号召大家刻苦钻研科学技术，献身我国的导弹火箭事业。他满怀激情地给大家鼓劲：

> 这是一个宏伟的、具有远大前途的事业。投身这个事业是很光荣的。大家既然下决心来干这一行，就要求大家献身于这个事业。由于工作性质的关系，干我们这一行是出不了名的，所以大家还要当无名英雄。我们是白手起家，创业是艰难的，我们会遇到意想不到的困难。但是，我们不会向困难低头。我说，对待困难有一个办法，那就

[①] 中国运载火箭技术研究院：《钱学森与航天一院》。北京：中国宇航出版社，2011年，第13页。

是"认真"两个字。只要大家认真对待，就没有攀登不上的高峰，就没有克服不了的困难。我相信我们一定会完成党中央交给我们的任务。我们一定要下决心完成这个光荣任务。①

这一天，梁思礼就坐在这个简陋的食堂里，他亲眼见证了中国航天从零起步的伟大时刻。梁思礼回忆说："钱院长的讲话语重心长，亲切感人、寓意深刻，多次被热烈的掌声打断。现在回忆起来，还是回味无穷。"

国防部五院成立伊始，需要大量人才，国家动员各个大学、研究院等单位把有关专业的科技人才调出支援五院。由于梁思礼是美国辛辛那提大学自动控制专业的博士，他所学的专业和国防部五院从事的工作有相当密切的关系，所以1956年9月，梁思礼与冯世璋等8人奉命从中央军委通信兵部电信技术研究所调到国防部五院工作。从这时起，梁思礼开始了他长达近60年的导弹与航天研制之旅。

国防部五院属于军队编制，所有人员调入后即加入中国人民解放军，32岁的梁思礼朝气勃勃，终于放飞了工业救国的人生理想，他的心情就像秋高气爽的天空，透亮、畅快。

为了尽快投入导弹研制，在钱学森的安排下，国防部五院成立一个月后就设置了10个研究室。②鉴于当时国内外的严峻形势，保密工作极为严格，这10个研究室不是从一室开始排序，而是从六室开始。

六室为导弹总设计师室，主任任新民；七室为空气动力研究室，副主任庄逢甘；八室为结构强度研究室，主任屠守锷；九室为发动机研究室，主任梁守槃；十室为推进剂研究室，主任李乃暨；十一室为控制系统研究室，副主任梁思礼；十二室为控制元件研究室，副主任朱敬仁；十三室为无线电研究室，副主任冯世璋；十四室为计算技术研究室，副主任朱正；十五室为技术物理研究室，副主任吴德雨。

---

① 中国运载火箭技术研究院：《钱学森与航天一院》。北京：中国宇航出版社，2011年，第13-14页。

② 王道力：《中国航天事业创建与发展历史的回顾1956-1985》。北京：中国宇航出版社，2005年，第9页。

在紧张的生活安顿、组织落实后，大家个个情绪高涨，纷纷准备挽起袖子大干一场，可是突然间大家傻眼了——啥是导弹啊？怎么干啊？

原来进入国防部五院的人尽管全是精挑细选的精英人才，可是他们谁也没有导弹方面的知识。来之前大家只知道"炮弹"，可从没听说过"导弹"。除了钱学森外，所有人都没有见过导弹长什么样，既不了解它的构造，也不清楚它的功能，更不知该如何制造这个家伙。

钱学森充分估计到了这一点，很快就在全院范围内开展了一场"导弹扫盲"战，他亲自编写扫盲教材《导弹概论》，亲自登台讲课，还亲自拟定空气动力学、发动机、弹体结构、自动控制、电子线路、计算机等有关专业的学习计划，把各方面的专家发动起来，请他们一齐上阵参加"扫盲"。他请梁守槃讲授"火箭发动机"、庄逢甘讲授"空气动力学"、史超礼讲授"航空概论"、朱正讲授"制导理论"等。在466医院的简陋食堂里，梁思礼和很多人一起坐在长条凳上听过钱学森的课；还有些小课是在医院小会议室里听的，记得墙上还挂着一块小黑板，钱学森和其他专家的讲课持续了3个月。其间，梁思礼作为研究院唯一的自动控制专业博士，也给新来的大学生们讲授了自动控制课。

1956年年底，苏联援助的两枚P-1教学弹运到了北京，这是大家第一次见到导弹实物，那个稀罕劲儿就别提了。梁思礼从外看到里、从头摸到脚，原来这个庞然大物长的和大炮弹差不多。当时没有图纸，大家就根据钱学森讲课的知识来认识导弹。一开始梁思礼觉得洲际导弹特别神秘，听了钱学森的课后茅塞顿开，原来它是大导弹顶着中导弹再顶着小导弹，一级一级地飞，直到击中目标。

在这几个破旧的医院和疗养院里，200多位航天人开始了艰苦卓绝的创业。一场没有硝烟但却惊天动地的攻坚战，打响了！

探底瑞士军火商

国防部五院成立之初，一无技术，二无设备，三无厂房，可以说是地地道道的"三无"院。聂荣臻曾和钱学森讨论过，要是全靠自己一穷二白、两手空空地从头干起，可能需要七八年才能把导弹研制出来，而且搞出来的还是比较初级的东西。在美国成天挥舞核大棒的威胁下，新中国能获得七八年和平发展的时间吗？

研制导弹如果能获得一些外援，情况就会乐观得多。

1956年9月，聂荣臻托李富春副总理访问莫斯科时，提出请苏联援助中国导弹新技术的请求，然而苏方的答复却给他浇了一盆冷水。苏共中央复函说：考虑到导弹技术的复杂性和中国目前缺乏干部的情况，他们认为对中国的援助只能限于培养干部，可以提供两枚供教学使用的P-1导弹，派5名教授来中国讲学。再就是，可以接受50名留学生到苏联学习。苏联的态度不冷不热，1956年年底，苏联送来了两枚教学弹，但是这毕竟是一种过时了、早已被淘汰了的旧家伙，负责国防科研的聂荣臻几乎急白了头。

梁思礼这些基层的技术人员也很着急，不知道该从何处下手。他回忆当年的情景说：

> 当时我们一无资料，二无实物，只能看国外一些公开发表的杂志上的论文，迫切需要有个实物看看。我是十一室的副主任，搞控制系统，更是不知道导弹的控制是个什么样，那会儿就想要是能买进来一些导弹实物或者一些设备就好了。

机会来了。1957年8月，梁思礼接到了一项秘密任务，与外贸部仪器进出口公司的张济舟处长一起去瑞士，看看能不能从欧洲偷偷买点"东西"回来。[①] 当时欧洲只有瑞士一个国家和中国建立了外交关系，对中国

---

① 关于张济舟和梁思礼去瑞士的工作情况，1957年9月21日。存于航天档案馆。

图 5-1　1957 年，梁思礼（左二）在瑞士与张济舟（左一）合影

的经济技术封锁并不十分严格，恰巧国防部五院得到了一本瑞士出版的《奥利康防空导弹》，书中详细介绍了奥利康防空导弹。梁思礼仔细地翻看这本难得的书，如获至宝。

奥利康是瑞士于 1946 年开始研制的全天候型中程、中高空地对空导弹武器系统，既可用于要地防空，也可用于野战防空。导弹的主要承包商是奥利康机床有限公司。该公司先后生产了 RSA-54、RSB-56、RSD-58 三种导弹。此外，还生产了 RSC-57 训练弹。训练弹在战斗部部位安装遥测设备和降落伞回收系统，因此训练弹可以多次使用。梁思礼还了解到奥利康导弹的战术技术性能：弹长 5.7 米，弹径 0.36 米，翼展 1.3 米，射程 30 千米，射高 20 千米，导弹全重 400 千克，战斗部重 40 千克，飞行速度 2.4 马赫。导弹发射系统以营为建制单位，每营由一个指挥站和三个导弹连组成，指挥站配有警戒雷达。导弹连由一部跟踪雷达、一部制导雷达和六部双联装发射架组成，全系统车载机动，能独立作战，全连一分钟内能发射 12 枚导弹。

如果能买到一颗实弹，那该多好啊！

瑞士的湖光山色秀美迷人，可是梁思礼一行哪有心思去欣赏美景。他们必须克服困难买回东西。购买国防高科技产品向来是个敏感话题，在西方国家对刚刚诞生的新中国层层封锁、处处制裁的形势下，更是如此。

他们在伯尔尼中国大使馆住下，在商务参赞的帮助下通过各种关系找到二道贩子"黄牛商"，拐弯抹角地提出想购买光学电影照相机（这种相机可以用来测量弹道）。黄牛商便以顾客要看照相机为名，带着梁思礼他们到工厂里转了几圈。在工厂里，他们看到了奥利康导弹，然后顺势提出还想买一些工厂研制的新技术产品，比如导弹和一些设备。

企业家远没有政治家那么高的敏感性和警惕性，也没有看出这两个中国人的"蓄意"目的，有生意做当然是好事，于是积极给他们疏通购置军火的渠道。购买手续极为复杂，梁思礼他们必须编造各种合理合法的理由，为此他们在瑞士整整工作了 4 个月，费尽周折最后把货物全部订到。梁思礼和张济舟高兴得心花怒放，两人弹冠相庆。

1957 年 8 月，梁思礼接到了一封喜信，他的第一个孩子出生了，是个大胖小子，信中还夹着爱妻赵菁抱着儿子梁左军的一张照片。妻子告诉他，

图 5-2　1957 年，梁思礼在瑞士收到赵菁抱着儿子的照片

分娩很不顺利，是住在梁思礼母亲家突然破了羊水生下来的。梁思礼远在国外，帮不上妻子什么忙，看着母子俩的照片，心中既兴奋又平添了几分挂念。

正当要签合同的时候，国内突然发来一份电报说大部分产品不买了，

第五章　成为第一代中国航天人

图 5-3 1957 年，梁思礼（左二）与张济舟、陆大钧、陈景棠在联邦德国科隆大教堂前合影

只买几件弹道电影经纬仪等小产品就行了。原来此时中苏关系出现了转机。上台不久的苏共最高领导人赫鲁晓夫因全面否定斯大林，又悍然出兵波兰和匈牙利，在社会主义阵营中陷入了孤立；他在同马林科夫、卡冈诺维奇、莫洛托夫进行的苏共党内斗争中也胜算未卜。在此情势下，赫鲁晓夫十分希望毛泽东能亲自出席在莫斯科举行的世界共产党和工人党会议，以示中国共产党对他的支持。毛泽东提出，只有苏联答应在尖端技术方面援助中国，他才同意前往莫斯科。于是，苏联对于援助中国导弹武器方面出现了松动。1957 年 9 月，聂荣臻率团访问苏联，10 月中苏双方签订了《中华人民共和国政府和苏维埃社会主义共和国联盟关于生产新式武器和军事技术装备以及在中国建立综合性的原子能工业的协定》（即国防新技术协定）。苏联同意援助中国地地导弹、地空导弹、空空导弹和反舰导弹，并在 1957—1961 年提供导弹样品和技术资料，派遣专家帮助我国进行仿制，并允诺供给射程达 1000 千米的 P-2 导弹技术资料。①

1957 年年底，联邦德国西门子公司想和中国发展贸易，主动邀请中国派代表团去联邦德国参观工厂。那时中国和联邦德国尚未建立外交关系，外贸部决定让在瑞士的梁思礼、张济舟和中国驻瑞士使馆商务处的一秘、二秘组成代表团，作为中华人民共和国第一个到联邦德国的商业代表团去

---

① 聂力：《山高水长》。上海：上海文艺出版社，2006 年，第 189 页。

联邦德国参观。他们一行参观了一些工厂和研究所,虽然没有做实质性的贸易,但是开创了中德交流的先河。

经过多年封闭,梁思礼回国后第一次去西方发达国家,所见所闻颇有新鲜感。他回忆说:

> 西门子公司的专家开着小甲壳虫式的大众汽车,以180千米高速在宽广的希特勒时代留下的高速公路上飞驰,感觉汽车都快飘起来了,心都有些发毛。不过,同时我也看到在沿街漂亮现代化的住宅楼背后仍遗留着大量的瓦砾废墟,连著名的科隆大教堂也还在修复。这已经是第二次世界大战后12年了,说明战争给世界造成的创伤恢复起来是多么困难!
>
> 在联邦德国我们只参观了一些工厂和研究所,没做什么实质性的贸易,但从此中德的贸易交流就开始了。①

直到1958年年初,梁思礼才回到北京。

担任炮兵教导大队副大队长

1957年年底的一天,与苏联接壤的满洲里火车站荡漾着严冬的肃杀。

突然,一道雪亮的火车灯光撕开了沉沉的夜幕,从苏联方向开来了一列披着厚实伪装的专列。站台上警卫森严,荷枪实弹的军人护卫在列车两旁,几束手电光划过车站,专列上下来几个人,站台上传来了俄语口令声。短暂的交接后,苏联专列上的东西被秘密装进了中国的火车,悄悄向北京长辛店车站驶去。当时苏联的铁路是窄轨,中国的铁路是宽轨,所以从苏联过来的火车进入中国后必须要调换车厢。

---

① 梁思礼口述,吴荔明、梁忆冰整理:《一个火箭设计师的故事》。北京:清华大学出版社,2006年,第57页。

火车上坐着苏军上校普列奥布拉任斯基带领的一个缩编导弹营102人，还装载有援助中国的两枚P-2近程导弹以及测试、发射、运输和加注等地面设备。在中国航天人急切期盼的目光下，他们踏上了中国的土地。

为了尽快向苏联专家学习，1958年1月11日，国防部五院和军委炮兵联合成立了炮兵教导大队，由苏军导弹营官兵授课并操作示范。开学典礼上，钱学森说：

> 对导弹武器装备，我们还是个不会走路的"孩子"，现在是刚刚起步。我们深信，在党中央的正确领导下，在启蒙老师苏联专家的帮助下，经过我们自己的辛勤努力，一定会走、会跑，成长壮大……P-2导弹是苏联第一代产品，谈不上先进，但对我们来说，毕竟有了教学实物，可以使我们少走弯路，我在美国就没看到这样的实物，要好好学。[1]

梁思礼1958年年初从瑞士、联邦德国回国后，马上被分配到新组建的炮兵教导大队任技术副大队长。教导大队大队长是炮兵上校孙式信，政治委员是上校宋昊，副大队长是郭升允和葛林，技术副大队长是梁思礼和黄迪飞[2]，诸元准备科科长是谢光选，陈怀谨担任发射连连长，还有唐津安、范士合、张继庆、丛树国、李一鸣、蒋通、李同立、戚发轫、沈辛荪、王德臣等科技干部85名，另有总参、哈军工见习人员150名。学员来自国防部五院、总参作战部、总后军械部、空军、哈军工等，第一期有533名。这些人以后都成为了我国第一批航天技术骨干。

1月16日，梁思礼接受了由国防部部长彭德怀授予的技术少校军衔的军令[3]。穿上军装、佩戴少校军衔的梁思礼显得格外英姿飒爽。他明白，既然成为中国人民解放军军官的一员，就必须按照军官条例要求，做到兢兢

---

[1] 中国运载火箭技术研究院：《钱学森与航天一院》。北京：中国宇航出版社，2011年，第26页。
[2] 谭邦治：《任新民院士传记》。北京：中国宇航出版社，2014年，第72页。
[3] 授予谢光选、梁思礼军衔事，1958年1月20日。存于航天档案馆。

业业、戒骄戒躁、努力工作、努力学习、提高军事素养和政治素养，发扬官兵团结、军民团结、艰苦奋斗的优良传统，为巩固国防、保卫祖国、保卫亚洲和世界和平而奋斗。

图 5-4　1958 年 1 月 16 日，国防部部长彭德怀授予梁思礼技术少校军衔

穿着军装的梁思礼，每天都朝气勃勃地跟在苏军官兵后面，既当教导队领导又当教导队学员。他的首要任务是通过苏军 P-2 导弹营官兵按职对号包教包学，使我方指战员将该型号系统的兵器原理、作战使用与维护保养技能学到手，培训自己的研制、创新和教学、试验队伍，为组建我军地地型号战斗部队与发展我国航天事业做准备。

由于苏方提供了整个 P-2 武器系统的实物和教材，又有苏军官兵手把手的辅导，梁思礼和学员们对导弹的认识有了很大提高。这个教导大队为我国导弹事业训练出了第一批粗识导弹的人才，后来他们都成为二炮和五院的骨干力量。

图 5-5　梁思礼少校时期照片

经过 3 个月的理论学习、操作教练和两次"初级点火"合练，全体学员考试都取得优良成绩。3 月 15 日"合练"时，贺龙、陈毅、聂荣臻三位元帅和黄克诚总长、张爱萍副总长亲临视察。4 月 6—8 日，中苏双方指战员在北京昌平南口地区进行首次战术演习。苏军上校普列奥布拉任斯基对我方部分指挥员进行现场口试，苏军教员对学员们的考试结果很满意。苏军营长高兴地说："中国同志完全可以独立掌握使用导弹武器了。"4 月 15 日，苏军官兵完成任务回国。

第五章　成为第一代中国航天人　99

在教导大队，梁思礼他们的队部设在南苑的一个托儿所里，梁思礼与黄迪飞副大队长住一个房间，虽然梁思礼是个吃过洋面包的"海归"，黄迪飞是个打过仗的军事干部，但两人却相处得很好。黄迪飞给梁思礼讲了许多战斗故事，梁思礼听得津津有味。

梁思礼从来没当过兵，也没有接受过任何正规的军事训练，所以在教导大队乍一过军事生活，还有点不习惯。有一次他还闹出个大笑话。那一天，梁思礼作为副大队长早晨出操时训话，他一开始讲话，学员们马上立正，他本应该回答"稍息"后再开讲。可他根本不知道此规矩，继续一个劲儿地讲下去，结果大家只好笔挺地立正站着，直到他把话讲完。

梁思礼在教导大队工作了一个月后，五院领导派他陪苏联专家去选择仿制导弹的工厂，并就此离开了教导大队。虽然在教导大队仅待了一个月的时间，但这是他的第一次军旅生活，这段经历给他留下了很深的印象。

梁思礼消失了

进入国防部五院大门，梁思礼首先受到了五院干部处处长的接待。一见面，处长就开宗明义地提出要注意保密，强调在这里工作有三不准："不准向无关人员，包括家属和亲友暴露自己的工作性质；不准暴露机关的住址；不准随便与外国人接触"，并且告诉他，对外联系只能用信箱代号。由于搞的是尖端武器，为适应对敌斗争的需要和情报与反情报斗争的需要，梁思礼必须隐名埋姓和过去做地下工作一样，虽然严格保密会带来不少麻烦，但是从国家利益考虑，必须执行。

梁思礼生活在一个大家庭里，他的父亲是社会名流，交际面十分广泛；上面还有好几个哥哥姐姐，每个人几乎都是社会活动家，都有很大的朋友圈，要梁思礼做到缄口不语，其困难是一般人难以想象的。

梁思礼回国后，最初分配在邮电部工作，他时常住在北京南小街大姐梁思顺的家里。与他一同从美国回国的好友陈辉等人在外交部工作，外交部离南小街很近，所以回国之初他和陈辉还有其他留美朋友经常会面。进入国防部五院后，他必须遵守纪律，全身心地投入中国航天事业。为了保密，他断绝了对外的所有联系，连他的母亲、哥哥、姐姐以及其他亲戚都不知道他在哪里、在干什么。陈辉说："梁思礼回国后，好像突然从地球上消失了。"当20世纪80年代改革开放以后，梁思礼又出现在过去的老朋友面前时，大家惊讶不已。

在朋友圈里消失的梁思礼，活跃在另一个看不见的战线上。

1957年11月，国防部五院提出了《关于导弹研究院体制意见的报告》，建议以五院的机关为基础，组成总院；以五院10个研究室中的前五个室为基础，组成一分院，负责各类导弹总体设计和弹体、发动机的研制任务，驻地在云岗附近（后迁至南苑）；以五院后五个室和中国人民解放军通信兵部军事电子科学院（其前身为通信兵部电信技术研究所）的6个研究室和1个试制工厂合并组成二分院，负责各类导弹控制系统的研制任务，驻地在永定路附近。国防部很快批准了国防部五院的报告，11月16日一分院、二分院同期成立[1]。梁思礼所在的控制系统研究室分在二分院，主要承担导弹、火箭控制系统的研制任务。

很快，国防部五院制定了研制工作规划，提出在1958—1962年的5年时间里研制多种地地、地空和岸舰导弹，包括仿制P-2导弹。

1958年4月17日，二分院成立第一设计部，番号为中国人民解放军0038部队二大队一中队。第一设计部有100多人，下设三个研究室：一室为地地导弹控制系统研究室，主任黄纬禄，副主任梁思礼、沈家楠；二室为地空导弹控制系统研究室，主任李蕴滋，副主任吴宝初、陈雁；三室为陀螺仪自动驾驶仪研究室，主任郝复俭，副主任吴中英。[2]

导弹控制技术是从仿制苏联P-2近程地地导弹起步的。

P-2导弹是第二次世界大战后德国V-2火箭的改进型。第二次世界大战期间，希特勒在德国佩内明德半岛上建立了以布劳恩为首的导弹研制

---

[1] 王道力：《中国航天事业创建与发展历史的回顾 1956-1985》。北京：中国宇航出版社，2005年，第23页。

[2] 中国航天科技集团公司运载火箭技术研究院北京航天自动控制研究所所史。

第五章　成为第一代中国航天人

基地，他们所研制的 V-1、V-2 火箭曾给英伦三岛造成了巨大的威胁和损失。在第二次世界大战期间，美国还没有能力从事这方面的工作。直到战争结束，美国抢走了大批德国导弹专家和生产 V-2 火箭的设备，才开始导弹研制工作，可见研制导弹的艰巨性和复杂性。P-2 导弹主要用于摧毁敌方战役纵深内配有强大防御力量的重要军事和工业目标。导弹全长 17.7 米，最大直径 1.652 米，尾部有 4 个梯形尾翼。起飞重量为 20.3 吨，以液氧和酒精为推进剂，发动机地面推力为 37 吨，导弹最大射程 590 千米。导弹的控制系统是一个惯性—无线电混合制导系统，纵向射程控制采用惯性捷联式制导，横向采用无线电横偏校正系统。它由四个部分组成，即制导系统、姿态控制系统、弹上电源配电系统和地面测试及发射控制系统。

针对在中国建设仿制导弹工厂的问题，前来援助的苏联专家分为两组，每组各对一个分院，分别对我国现有的航空工业及电子工业企业进行考察。二分院组成以钱文极副院长为首的陪同代表团，梁思礼从教导大队抽调出来参加这个代表团。中方代表团陪同苏方专家到全国各地挑选仿制导弹的工厂，走了多半个中国，回到北京后对如何执行协议作了进一步的探讨。梁思礼回忆说：

> 苏联决定援助中国三个型号的导弹，并同意帮助中国仿制它们。那时正值我国实施第一个五年计划，苏联援助我国建成了 156 项工程。这次苏联专家就是从这些已建的工厂中选定仿制导弹的工厂。我跟着钱文极陪着苏联的专家在西安、宝鸡、成都这些地方转，包括酒仙桥那些厂，考察在哪儿定点、能生产些什么东西。

1958 年 6 月 19 日，二分院收到了仿制所需要的一部分图纸资料，黄纬禄和梁思礼一面组织人手突击翻译资料，一面组织技术骨干讲课。黄纬禄讲无线电测距，梁思礼讲惯性制导，沈家楠讲无线电制导……整个设计部掀起了学习热潮。大家一张一张图纸地研究，一个一个数据地分析，极力想搞清楚技术指标的内涵以及系统间左邻右舍的关系。

工厂选定后，仿制生产的图纸便陆续下到工厂。帮助仿制生产的 26

名苏联专家先后抵达二院，其中到梁思礼所在的第一设计部的就有19名。苏联的援助仅仅局限在生产环节，他们可以热情地告诉中国人如何生产导弹，却并不打算告诉你如何设计导弹。在国防高科技领域，从来没有人会把核心技术拱手相让。梁思礼非常清楚，摆在自己面前的主要任务是怎样在苏联专家有限的帮助下，通过仿制学到自行设计的本领。

1958年7月，五院派技术人员组成工作组下到导弹仿制工厂，配合工厂进行生产准备工作，处理生产中遇到的各种问题，监制产品和培训人员，同时也提高设计人员对导弹的认知水平。

下厂工作组分东北区和西北区，梁思礼出任西北地区下厂工作组组长。从此，他隐名埋姓在八百里秦川的军工厂里工作了很长时间。

访 苏 求 援

1959年冬天，正在下厂中的梁思礼突然接到一项新任务，要他参加一个访苏代表团。代表团的规格很高，海军政委苏振华上将为团长，海军副司令员方强、二机部副部长刘杰、国防部五院副院长刘秉彦为副团长；代表团人数也很多，有军方的、工业部门的，还有一些技术顾问。国防部五院派了孙家栋、梁思礼、赵元亮和舒诚4名技术顾问。代表团的任务是和苏联谈判，希望他们帮助中国搞核潜艇以及艇上的导弹武器装备等。

原来，此时的中国海军正在谋划未来的大发展。

1954年，美国建造的世界第一艘核潜艇"鹦鹉螺"号服役。1957年，苏联第一艘核潜艇下水。核潜艇的出现把一个国家的战略防御推向远海，并能够以其强大的机动性和隐蔽性发起核反击，它同时具有毁灭性的攻击能力和强大的威慑力量。正因如此，核潜艇被认为是一个国家最为倚重的战略核打击力量之一。

时针回拨到1958年6月22日。时任海军政委的苏振华参加了毛泽东主持召开的军委扩大会小组组长会议。毛泽东谈及海军建设时，面带笑容说："几年以后，形势会有改变，将来钢生产出来了，工厂搞起来了，要造什么样的飞机、什么样的军舰呀？"随后，毛泽东问道，"海军需要多少钢？"

苏振华谨慎地答道："造150条潜艇，大约要30多万吨钢。"毛泽东摇头说："太少了，还可以多搞些。"

1958年6月27日，主持国防科技工业工作的聂荣臻向中央和毛泽东呈送了一份绝密报告《关于开展研制导弹原子潜艇①的报告》，报告指出：

> 我国的原子反应堆已开始运转，这就提出了原子能的和平利用和原子动力利用于国防的问题。关于和平利用方面，科委曾开过几次会进行研究，已有布置。在国防利用方面，我认为也应早作安排。为此，曾邀集有关同志进行研究。根据现有的力量，考虑国防的需要，本着自力更生的方针，拟首先自行设计和试制能够发射导弹的原子潜艇。

报告得到了毛泽东的圈阅批准。这份不同寻常的报告，拉开了中国研制核潜艇的序幕。也就是从这一天起，中国的核潜艇事业踏上了蛟龙入海的漫漫长征路。

为了对核潜艇研制工作做到心中有数，聂荣臻在呈送报告之前就召集海军政委苏振华、副司令员罗舜初，中国科学院副院长张劲夫，一机部副部长张连奎，二机部副部长刘杰，国防部五院院长钱学森、副院长王诤等领导同志和有关业务部门负责人，就研制导弹核潜艇问题进行了座谈讨论。与会者对研制我国的导弹核潜艇表现出极大的热情，并就研制的原则、进度、任务分工、组织领导、总装厂建设等方面取得了一致意见。

毛泽东作出研制导弹核潜艇的决策后，二机部于当年9月组建了反应堆研究室，负责核动力研究。海军和一机部共同组建了核潜艇总体研究室，负责总体设计、研究和任务的安排落实。从此，研制导弹核潜艇这项具有深远意义的重大科研项目，在中国大地上秘密拉开了序幕。

---

① 作者注：原子潜艇即现在统称的核潜艇。

图 5-6　1959 年，梁思礼（一排左三）等人在二院与苏联专家（一排左五）合影

1958 年 10 月，海军政委苏振华率代表团访苏。这次访问的时间拖得很长，原因是苏方的态度一直很暧昧，代表团提出想去参观苏联的核潜艇，但对方想方设法找借口推辞。

回忆参加这次访苏的经历，梁思礼对谈判中的曲折和艰难深有感触：

那次实际上去的时间很长，我们想搞潜艇发射的固体导弹，当时苏联也正在搞，但苏联不愿意给我们。莫斯科的冬天很冷，我记得住在莫斯科的北京饭店，在那儿一待就待了两三个月，谈得很艰难。

最后还好，苏方同意给我们两个导弹，一个是潜艇发射的液体导弹，另外还给一个海防的舰对舰导弹，用快艇发射的，叫 544。

我们到克里米亚黑海海军基地去看装了导弹的潜艇。在海军基地司令部所在地萨瓦斯托布尔，地方上的官员对我们比较热情友好，不像莫斯科的官员那样冷淡。

后来刘秉彦又带领我们几个搞导弹的人去海参崴太平洋东方舰队

参观苏联的潜艇。从莫斯科到海参崴,那会儿我们没坐飞机,坐的是西伯利亚大铁路上跑的火车。一路走了大概一个多礼拜,经过贝加尔湖,把西伯利亚铁路整个儿全看了一遍。在火车上走那么长时间,没事干,刘秉彦就给我们讲他在冀中平原与日本鬼子打游击战的革命故事。在太平洋舰队,我们参观了潜艇,但那不是核潜艇,是一般的潜艇,也看了导弹,其中有很多值得我们参考的东西。后来苏方同意给我们544。

544引进后,在三院梁守槃的带领下,研制队伍把这个导弹在原来的基础上加长,又做了很多改进,使其射程增大,变成了中国的海防导弹"海鹰2号"。它在国际市场上为我国赚了大笔外汇,在国际上很出名,外国人称它为"蚕式导弹"。①

苏振华带领的代表团经过4个多月的谈判,终于达成了从苏联引进部分海军装备的协议,并于1959年2月4日正式签约,这就是《二四协定》。根据协定,苏联向中方提供常规潜艇的技术资料和设备,派遣专家帮助中国制造,让中国代表团成员参观列宁号原子破冰船和几种舰艇等。尽管苏方对核潜艇的技术资料十分保密,不肯吐露实质性的内容,但还是回答了一些关于核反应堆方面的枝节问题。

这次不寻常的访问,再一次让梁思礼扩大了视野,吸纳了很多先进技术的信息,也使他更加懂得了研制高科技武器的艰难。

八百里秦川淬炼敲门砖

1960年初春的一天,天刚放亮,下了一夜的大雨终于停了。

梁思礼连脸也没顾得上洗,拿了几张旧报纸把一大本图纸包好,就匆

---

① 梁思礼口述,吴荔明、梁忆冰整理:《一个火箭设计师的故事》。北京:清华大学出版社,2006年,第59—60页。

匆忙忙地向工厂跑去。

在将近两年的大部分时间里,梁思礼都驻守在宝鸡,导弹控制系统的主要弹上仪器就在宝鸡市郊清江河畔的782厂仿制生产。梁思礼和从事机械结构设计、线路设计的设计师们每天一大早都会夹着一大本图纸来到车间生产第一线,结合带到工厂的导弹部件实物,实行设计、工艺、生产"三结合"。除782厂外,在宝鸡、兴平、西安等地还有一批电子部和航空部的工厂为导弹仿制元器件、部件和设备,包括无线电、发射机、接收机、陀螺等。梁思礼和他带领的下厂工作组也要到这里一边学习、一边处理生产中的各种问题、一边参加整机调试验收,并通过仿制生产和验收进一步学习、消化导弹图纸资料、掌握设计技术。

782厂是个军工大厂,基础条件不算好,但这已经是千筛万选找出来的好厂了。万幸的是,各个车间的工人连夜把房顶铺上了雨布,厂房没有漏雨。虽然天已放晴,但梁思礼的心境还笼罩在阴雨之中——782厂、115厂和212厂仿制生产的665套设备经过检查,竟然没有一套合格。

有四个方面的难题在困扰着工厂。

(1)图纸资料不全,从苏联引进的图纸资料不成套,不仅设计方面的图纸资料很少,还缺乏很多技术条件、非标准设备的工艺资料。例如,控制系统中的地面测试发射电器设备就没有图纸资料。

(2)元器件品种规格不全,由于我国工业基础薄弱,有相当一部分导弹元器件不能配套生产,有些需要从头研究试制。

(3)工厂技术力量薄弱,技术工人人数少、工种不全,且精密工装设备短缺。

(4)地面测试设备短缺。虽然从苏联进口了少量设备,但大部分仍需要自己设计和生产,很难满足生产的急需。

下厂工作并不顺利。起初,下厂工作组和工厂的职责界面不够清晰,有的工厂认为只要按照苏联的图纸加工就行了,不需要再来一个"婆婆",于是他们准备了高级办公室,好吃好喝款待工作组,但是限制他们到车间去;有的工厂认为工作组应该包揽仿制工作,所以干脆来了一个"大撒把",事无巨细什么都让工作组解决。梁思礼及时写信汇报在工厂遇到的情况，国防部五院二分院迅速派出组织领导工作组下到工厂，与厂领导交换意见。

认识上取得一致后，工作组和工厂的关系很快融洽了起来。曾经限制工作组到车间的工厂，终于同意工作组参加工厂生产计划的拟定工作，主动与工作组研究超差待料问题。梁思礼在工作笔记中写道：

> 车间主任答应把两台有毛病的产品拆下来，让我们重新组装。我们还可以到其他车间亲自动手学习总装配。现在的问题已不是没有东西可学，而是只怕没有时间学了。

针对个别厂领导责任意识、大局意识不强的问题，梁思礼反复向他们介绍产品的关联度及其利害关系：

> 如果其中一个厂的产品不过关，就会影响全局。比如上游734厂的继电器质量不行，就会导致782厂的9个机箱不能出厂，又会影响下游718厂的积分仪无法出厂，最终我们仿制的导弹会一事无成。①

为了解决元器件的问题，二分院副院长钱文极带队，与梁思礼等十多位专家在全国各地跑了很多元器件生产厂，做了大量的考察、调研工作，最终选定一部分器件厂作为定点厂，对这些厂提出适应导弹控制系统的元器件生产技术指标和规范，并一项项落实元器件试制生产，控制元器件的质量。这些元器件厂后来大都发展成为专门生产国防军工元器件的"七专"（专批、专料、专人、专卡、专机、专检、专筛）工厂。

工厂技术力量薄弱，就采取边仿制边培训的办法来充实技术力量，提高技术水平。他们派设计人员携带图纸下到车间班组，直接跟班参加生产，与车间的生产工人打成一片。在车间里，他们既是设计员，又是工艺员、检验员，群策群力解决仿制中出现的各种各样大家都不熟悉也无经验

---

① 梁思礼工作笔记。资料存于采集工程数据库。

的问题。通过这些措施，大大增强了仿制生产中的技术力量。

在每次下车间之前，梁思礼都带领工作组人员先把有关零件生产图纸看一遍，了解产品的用途、安装位置、选用材料、加工尺寸要求、表面处理种类等情况，从中找出一些问题再带着问题下厂。工人生产操作，设计人员就在一旁对照图纸看，看工人的加工程序和方法，还经常给工人当"小工"，有不懂的地方就向他们请教。这样，在不长的时间里，梁思礼就学到了不少各类生产和工艺知识，对图纸也熟悉了。梁思礼还和设计人员一起利用业余时间有重点地学习公差与配合、机械零件、理论力学、材料力学等有关专业教材以及图样管理制度、火箭技术导论等，补充了专业理论知识。为了更好地掌握机械设计、耗材处理、超差、代料等问题，大家还学习了其他弹上仪器的图纸，并对它们的材料选用、安装尺寸要求、加工要求等进行分类比较、分析，从中找出共性和个性问题，再进一步分析其设计思想和设计方法。在此基础上，又搜集整理了金属材料、塑料与电工绝缘材料、涂覆与电镀材料等资料，对它们的种类、性能、特点、适用范围、代料规格品种等都一一做了比较。这不仅大大方便了工作，还丰富了设计知识，经过几个月的学习与实践锻炼，梁思礼和工作组成员已经能够独立处理生产中的超差、代料等问题，对弹上仪器也能独立进行测试验收了。

下厂期间，工作比较紧张和艰苦。梁思礼多次告诫下厂工作组人员"要当医生，不要当法官""要当帮工，不能当监工"。工作组人员在处理生产技术问题中时时注意这点，从各方面去搞好与工厂、工人的关系。工作组以厂为家，不分你我，遇事一起商量研究，帮助工厂解决了不少难题。当时工厂建成不久，各项生产管理制度，如标准化管理、工艺流程、检验制度、器材采购规范等还不完善，有不少事情是工作组的同志帮助做的，产品总装后的调试工作也大都由工作组人员承担。

到了年底，工厂为了上报完成的产值，急于让产品入库，但有些产品由于没有验收完不能入库。为了照顾工厂的利益，工作组有时也采取点灵活的办法，先临时入库报产值，然后再出库继续验收。

见工作组工作负责，又很通情达理，工厂也想方设法回报他们。工作组的人员全在职工食堂就餐，工厂发给他们的饭碗是比工人用的大一圈的碗。每天午饭时,持大碗者可以单独享用一勺煮黄豆作为营养补助,算是工厂对科技人员的特殊照顾。

1958年正是我国"大跃进"时期,人们的头脑普遍发热,恨不得在几年时间里就使我国的国防尖端事业赶超世界先进水平。设计师杜有奇在《仿制1059控制系统回顾》一文中写道:

> 我们每天走进食堂,迎面的标语上写着"千方百计快快快",看到它,我们都不由得加快了自己工作和生活的节奏。在这种形势下,我们每天就只是食堂、宿舍、办公室三点一线,后来办公室、宿舍合并,就只剩下两点一线了。每天工作大约12至13小时,一切为了上天,成为我们生活的主旋律。

根据计划要求,第一批弹上仿制产品要在1959年年底出厂,向1960年元旦献礼。为了赶进度,在年底前的一个多月里,梁思礼和工厂的工人们几乎是天天加班加点,常常是饿着肚子干通宵,渴了就喝自来水。有几次验收产品时,工作组人员已经到了困得睁不开眼的地步。

1959年年关将至,工厂里最年轻的苏联专家列别捷夫知道产品要在年底前出厂时非常高兴,盼着早日回北京过元旦。工厂成品库正在为某台设备钉大包装箱,他也亲自去看,还不时地说:"这个箱子能把我装下,也把我与产品一起运回北京吧。"然而,当

图5-7 1960年,苏联专家撤离前与中国科研人员合影(右起:梁思礼、张树培、柴志、苏联专家、王树明、苏联专家)

天晚上该设备在做振动试验时，振掉了设备内的零件，例行试验没有通过，还需要检查原因找到问题，再做例行试验验收，年底前出厂无望了。第二天早晨上班后，工作组人员等列别捷夫来一起商量解决问题，但他迟迟不到办公室。一个多小时后翻译来了，大家急问："苏联专家怎么没有来呢？"回答说："他感冒了，还在睡觉，不能来了。"事后才知道，他由于不能按原计划回到北京过新年在闹情绪呢。

为了尽快把设计技术学到手，二分院领导要求工作组人员要"脱了裤子下水"，意思是要彻底丢掉知识分子的架子，认认真真、老老实实地向工人学习、向生产实践学习，在仿制生产的海洋中学会游泳。

梁思礼很快便组织工作组成员积极行动起来，按照每个人承担的工作与专业不同进行编组，分头到机加、钣金、塑压、热处理、表面处理、组件、总装、调试等车间、工段跟班学习，有的同志还与工人一起操作，在较短的时间里取得了明显的学习效果。

1960年年初，二分院党委在782厂召开下厂学习仿制导弹经验交流会，西北工作组组长梁思礼说了一句感触颇深的话："工厂是知识的海洋。"在当年研究院关于《1959年技术学习运动总结报告》中有如下记录：

> 11分队梁思礼曾经有疑问：通过仿制来练兵是否好，值得研究。这次他在宝鸡现场会上，用一年多的经验令人信服地说明了通过仿制可以大大缩短摸索过程，有可能在一个比较短的时间内掌握导弹技术，因此他说这是一条培养技术队伍的捷径。梁思礼的例子，在我院一部分技术人员中具有一定的代表性，是通过仿制培养技术队伍的方针真正为群众所掌握的结果，一定会进一步加强技术学习的自觉性。[①]

事实证明，在我国导弹与火箭技术的起步阶段，在一不懂设计、二没有经验的客观条件下，下工厂的路是正确的。它不仅能使设计人员学到生产知识，而且能学习、领悟其中的设计思想和设计方法，是认识导弹与火箭技术的敲门砖，是走向自行设计的一条捷径。

---

① 摘自中国航天科工集团公司二院档案，1959年第23卷《1959年技术学习运动总结报告》。

第六章
逼上梁山

1958年4月，聂荣臻向国防部五院下达了仿制苏联P-2导弹的工作，要求第一批仿制的导弹于1959年10月前完成总装，争取国庆10周年前试射成功，于是"1059"便成为仿制P-2导弹的代号。正当仿制工作进行得如火如荼之际，中苏两党、两国的蜜月期结束了。1960年8月，援助国防部五院的所有项目突然中止，苏联专家全部撤走，扔下了一个个"烂尾楼"。梁思礼说："我们被逼上了梁山。实事教育了我们，尖端技术历来是国家关系间最敏感的部位，它永远也买不来！"

杀开一条血路

1958年当"1059"仿制工作全面铺开后，梁思礼感觉到压力越来越大。

原来，仿制的一个难点、也是让国防部五院院长钱学森最放心不下的就是导弹的控制系统，控制系统研究室主任黄纬禄和副主任梁思礼带领的团队面临的是一场"恶战"。仿制工作远不像梁思礼想的"照猫画虎"那么简单，苏方提供的资料都是生产图纸和工艺图纸，至于为什么要这么做，没有人告诉你。当时五院要求梁思礼等每个主管设计师都要跟着一个苏联专家学习，尽量向他们学习如何设计导弹，但效果不大。因为派到工厂来的苏联专家大多是在工厂搞工艺的，对设计工作了解不多。与梁思礼对口的专家为人很好，但问不出多少设计经验。而负责控制系统的专家组组长对中方人员很警惕，他严密地控制他的组员，不许他们随便透露有关导弹设计的任何信息。

为了解决图纸资料不全的问题，梁思礼和其他领导带领技术人员消化引进的苏联图纸，对没有图纸仅有实物的仪器和设备进行实物测量，画出了结构图、布线图和原理图。然后在此基础上，对导弹的控制系统进行反设计。所谓反设计，就是在已知导弹数据的条件下，进行各方面的论证，了解设计者的设计思想及其理论根据，做到知其然也知其所以然，以达到自行设计的目的。通过一次次探索、一点点积累，技术人员对苏联提供的技术资料的运用达到了较为自如的程度。

为了掌握 P-2 导弹控制系统的设计原理，下厂工作期间的梁思礼带领一些年轻人钻研理论、消化资料、进行反设计，顽强地摸索着向前走。比如导弹在飞行中有一个变参数系统，梁思礼他们没有电子计算机来进行这样复杂的计算，大家只能靠手摇计算机用常参数的方法来解决变参数问题。对于没有图纸仅有实物的仪器、设备，如地面测试发射电气设备等，就根据实物进行测绘，画出结构图、布线图和原理图。

1959 年 3 月，梁思礼担任自动控制系统弹上电气设备总设计师。和他搭档的是英国伦敦大学帝国学院电机系毕业的黄纬禄，他比梁思礼大 8 岁，1957 年年底调到国防部五院二分院，1959 年年底任二分院第一设计部主任，负责仿制导弹的控制系统，是梁思礼他们部门的正职领导。黄纬禄和梁思礼带领着一些刚毕业、毫无导弹基础知识的年轻人，从最熟悉的部分入手剖析 P-2 导弹，然后小心翼翼地打开控制系统部分电路的图纸、资料，仔细地查看。他们把研究室里的几张桌子拼在一起，紧挨着桌子放一块黑板，大家围坐在黑板前讨论，有什么问题，不需站起来就能直接在黑板上写写画画，大家对 P-2 导弹的生产图纸进行了大量的翻译、分析、复核复算以及实际电路的验证等消化吸收工作。在此过程中,如果谁对某问题比较熟悉或了解较多,便充当临时的老师;遇到大家都不懂的难题,黄纬禄和梁思礼便分配大家分头查资料,第二天,再围坐在一起讨论。

那是一段激情燃烧的难忘岁月,尽管时光已经流逝了半个多世纪,但是在梁思礼的脑海里,它仍然是鲜活的现实。

> 那时学习的劲头是很大的,办公室经常通宵灯火辉煌,但当时思想并不很一致。因为那时国内各部门都聘有苏联专家和顾问,在他们的大国沙文主义思想的影响下,加上我们自己又没有经验,于是在学习苏联先进经验时有一种教条主义的倾向,对苏联专家的意见不论正确与否都强调一成不变地去贯彻执行。对苏联的设计,我们无权批准超差代料;对苏联的工艺,不能结合自己的情况作丝毫更动。比如苏联图纸规定的包装箱要用西伯利亚的白桦木、铸造用的沙子要采用苏联某一河流的沙子,如果都照办的话,那只有到苏联工厂去生产,这是办不到的。后来周维副院长传达了毛主席的指示"自力更生为主,力争外援为辅,破除迷信;独立自主地干工业、干农业、干技术革命和'文化大革命',打倒奴隶思想,埋葬教条主义,认真学习外国的好经验,也一定研究外国的坏经验——引以为戒。"我们统一了思想,通过向苏联专家学习,努力掌握核心技术,用聂总的形象语言是"爬楼梯",一步一步地为导弹控制系统的研制打下了基础,培养了导弹控制系统的研制队伍。[①]

功夫不负有心人,慢慢的,控制系统在梁思礼的眼里不再深不可测。黄纬禄也很有信心地说:"虽然我没有真正接触过导弹,也不了解它的内部结构,但对于导弹控制系统所使用的电路,和我以往在工作里接触过的电路还是有相通之处的。"

---

① 梁思礼访谈,2011年6月9日,北京。资料存于采集工程数据库。

原来 P-2 导弹采用的是无线电－惯性混合制导系统。导弹的纵向射程控制用惯性捷联式制导，横向采用无线电横偏校正系统。纵向捷联式制导系统是在导弹弹体上沿纵轴直接安装一个摆式加速度表，在飞行中敏感导弹纵向的视加速度（即除引力外，所有外力引起的加速度）。当实际飞行的导弹视速度值和事先的预定值相等时，就发出关闭发动机的指令，达到扩展射程的目的。但是，导弹的视速度并不等于导弹的真正速度。当有干扰作用时（如推力发生变化、起飞重量有偏差、有风和推力偏斜等），按导弹视速度关闭发动机就会造成射程偏差。P-2 导弹对发动机推力偏差和起飞重量偏差造成的射程偏差采取了补偿措施，即在关机方程中加进一个与时间成比例的常量，以提高命中精度，这种补偿叫作单补偿方案。无线电横偏校正系统的工作原理是由设在发射点后方的地面发射装置向预定的弹道空间发射两个无线电波束，它们互成角度、宽展适宜并由两个调制频率交替调制，在空间形成一个与导弹的射面重合的等信号面。当导弹在飞行前后由于干扰而偏离射面时，弹上接收机将收到的信号变换为与弹体偏离等信号面的方位角速度成正比的指令电压，通过偏航姿态的控制，将导弹拉回到射面中来，实现对导弹的横向控制。

在仿制中，梁思礼和所科技人员一起拼命学，从不知道导弹控制是怎么一回事，到逐步了解导弹飞行主动段是如何控制的、横偏校正系统是怎样工作的。就是这样一点一滴日积月累，他们搞清楚了 P-2 导弹控制系统的工作原理和设计参数，为自行设计做好了技术储备。

几个月后，黄纬禄和梁思礼带领控制系统组画出了 P-2 导弹控制系统的设计图纸。梁思礼在笔记本上留下了兴奋的记录：

> 从 1959 年 6 月开始，组织了决战指挥小组。奋战几个月，突破了关键技术 37 项，完成两套地面控制系统，攻克 137 套弹上控制设备的 15 项关键技术。[①]

[①] 中国航天科工集团公司二院档案，1960 年第 16 卷。

正当梁思礼雄心勃勃地准备继续扩大战果、开始控制系统的总装之时，西伯利亚的寒流来了。

1959年，中苏两党两国的关系开始恶化，苏联的援助工作开始大打折扣。同年9月底，赫鲁晓夫来华参加中国国庆10周年阅兵式时，毛泽东断然拒绝了苏方提出的在中国建立长波电台和建立苏中联合舰队的建议，致使双方的分歧进一步加大。第二年7月16日，苏联政府照会中国政府，决定自1960年7月28日至9月1日，撤走全部在华的苏联专家，同时停止发送援助中国建设的设备、关键部件和重要物资。

在苏联专家撤走之前，梁思礼已经明显感到他们的态度有了变化。

> 当我们想发射P-2导弹考核试验靶场时，他们处处设卡，说我国生产的液氧不合格，一定要求使用苏联西伯利亚生产的液氧。液氧在-183℃就会变成气态氧，从那么老远的地方运来，运输过程中液氧就会蒸发得寥寥无几，这明显是在有意制造障碍。

得知苏方的决定，中国政府紧急复照苏方，希望他们重新考虑并且改变这一决定。但是，让中国人万万没有想到的是，他们盼星星盼月亮等来的回音竟是苏方毫无商量余地的态度——在一个月的极短时间内撤走了援华的1390名苏联专家，撕毁了两国政府签署的12个协定，废除了200多个科技合作项目。到1960年8月12日，在国防部五院的苏联专家也全部撤走。

仿制P-2导弹的任务刚刚进入关键阶段，"老大哥"撤走专家、终止图纸和设备供应的行径，使导弹仿制计划濒临夭折。中国人终于明白，世界上没有任何一个国家愿意培养自己潜在的竞争对手，尖端技术是永远买不来的！

聂荣臻对广大科技人员说："逼上梁山，自己干吧！靠别人是靠不住的，党中央寄希望于我们自己的专家！"

梁思礼回忆说：

在二分院第一设计部工作的最后4名专家，于1960年8月12日全部回国。

由于他们撤离得特别突然，一些关键设备只供货一半就停止了供应，有些未到的图纸资料也不给了，这等于是对我们的仿制工作釜底抽薪。在那种情况下，有些人出现了悲观情绪，如果没有苏联的援助，我们恐怕干不下去、要收摊不干了。但是，党中央指示我们要自力更生，发奋图强，依靠中国自己的力量把导弹打上天。原来从原材料到元器件全都应该由苏联提供援助，现在他们撕毁了协议，逼着中国自己去做这些原材料。这样的压力反倒促进了我国航天事业自力更生的步伐。①

图6-1　梁思礼任中校时的照片

后续的仿制工作是极其艰苦的，比如导弹所用的材料、元器件等很复杂，许多都是中国自己没有的。聂荣臻提出全国大会战、全国大协作，行行业业支援航天，开展重要原材料、基础元器件、关键设备的联合攻关。尤其是重要原材料的协同创新，当时全国各地直接或间接参加联合攻关的单位多达1400多家，逐渐建立起了我国自己的材料和元器件协作网，使我国的工业基础大大提升。梁思礼说："苏联人逼我们，反倒把我们的能耐逼出来了，有很多原来我们不会做、做不了的东西，通过仿制1059导弹全带起来了，等于带起了整个国家的基础工业，他们也是'功不可没'啊。"

到1960年上半年，仿制P-2导弹所需材料的绝大部分都按技术要求试制成功。梁思礼带领着工作组继续下厂，不仅下到整机厂，还深入到元器件生产工厂里去解决各种元器件问题。苏联专家撤走后深陷困境的仿制

---

① 梁思礼访谈，2011年6月9日，北京。资料存于采集工程数据库。

工作，很快就变得井然有序起来。

1960年10月，仿制的1059导弹终于总装完毕，临近发射试验前，导弹加注什么推进剂呢？苏联专家撤走前曾明确告诉中方说我国生产的液氧杂质太多不合格，而待中方向苏方订货后，苏联的液氧又迟迟不见发货。

"1059"总设计师、中国专家梁守槃不甘心，他在办公室里反复计算，通宵达旦。一天清早，梁守槃激动地告诉大家："我保证，中国的液氧没问题！是苏联专家计算错了，他们把杂质的气态容积当作了液态容积……中国的液氧完全可用，如果出现严重后果，我个人愿接受一切处分。"①

钱学森经过复核，果断支持使用国产推进剂。

1960年11月5日，在苏联专家撤走的第83天，凝聚着中国人民自力更生精神和不屈不挠意志的1059仿制导弹，在酒泉导弹发射试验基地腾空而起。7分32秒后，弹头准确命中550千米外的目标，这是中国人的争气弹！

梁思礼的同行、亲自参加这次发射的技术人员董若环在回忆录中这样写道：

> 记得，在那布满干枯骆驼草的戈壁中，我们住在一个尚未完全建成的筒子楼里。气温是摄氏零下二十几度，早晨洗漱是靠战士挑来的几桶热水加上楼道里大缸中的冷水混着使用，厕所在楼外相当远处，晚上是漆黑一片，只能靠手电帮忙。饮食条件也相当艰苦，主食是青稞面做的黑褐色馒头，副食也很简单，肉、菜都靠从兰州运来，供应量很少，但这些生活小事都被测试发射导弹掩盖了。
>
> 发射的当晚，"1059"矗立在发射台上，几只探照灯的光柱把"1059"全弹和整个水泥地发射场坪照得很亮，我们配合发射团的工作，协助解决技术问题。虽然只是初冬天气，但已夜寒难耐，我们个个头戴皮帽、身着皮衣、脚登皮靴，但还是冻得手脚麻木。生理的感

---

① 《天魂》编委会：《天魂——航天精神纪事》。北京：中国宇航出版社，2011年，第43页。

觉已全被精神的关注所取代,思维完全集中到一点——测试与发射。当我平生第一次现场目睹导弹在红色火焰簇拥下飞离发射台、稳稳升空时,当我看它顺从地程序转弯飞往目标时,当我听到准确到达落点、发射试验成功的广播时,我确实被这壮丽的景观和成功的喜讯震撼了!

梁思礼也回忆说:

发射这天正好是老搭档谢光选的生日。"1059"发射成功,大家高兴极了,聂老总已是60多岁的高龄,不避大西北戈壁滩上的刺骨寒风,亲临基地指导发射。在晚上的庆功宴上,聂老总发表祝酒词说:"在祖国的地平线上,飞起了我国自己制造的第一枚导弹。这是我军装备史上一个重要的转折点。"[①] 接着他说:"这次试验情况,我已经打电话报告了毛主席和周总理,他们听了都很高兴,要我代表他们向全体参试人员表示祝贺和谢意。同时要求大

图 6-2 在中国人民革命军事博物馆展览的东风 1 号导弹

家再接再厉,争取更大的胜利……我为我们五院规划的研制路子是先仿制、后改进,再自行设计。现在,"1059"发射成功,标志了仿制阶段将要结束,开始转到自行设计阶段,希望大家奋发图强、自力更生,扎扎实实地再干他一二十年,直到搞出我们的洲际导弹上天!"[②]

---

① 梁思礼口述,吴荔明、梁忆冰整理:《一个火箭设计师的故事》。北京:清华大学出版社,2006年,第58页。
② 梁思礼访谈,2011年6月9日,北京。资料存于采集工程数据库。

1964年2月，中国人民革命军事博物馆展出了一枚1059导弹，从此它有了一个正式的名字：东风1号，不过梁思礼那一代亲身参加过导弹研制的航天人，总喜欢在这个名字的后面加上一个尾缀——"争气弹"。

此后，我国的地地弹道式战略战术导弹均以"东风"命名。

导弹在眼前爆炸

1962年的早春，酒泉导弹试验基地丝毫没有江南的春意，迎面吹来的风还是冷得让人打寒噤。

这几天，我国自己研制的东风2号导弹即将发射试验，但是导弹起竖后下面的燃气舵不停地抖动。梁思礼和试验队员怎么也找不到原因，心急如焚的他急得满嘴大泡，烟也抽得愈加厉害。有一天，他抽着烟和在北京的控制系统研究所所长黄纬禄通电话，一起分析原因。当通话结束后，电话员硬是从话筒里磕出了半筒子烟灰。

东风2号导弹的研制要从两年前说起。

1960年，在1059导弹即将仿制成功时，国防部五院提出要在仿制的基础上自行设计具有实战价值的东风2号中近程导弹。在一次党委扩大会上，钱学森坚定地说："苏联专家说他们走后，这些导弹零件会变成废铜烂铁。这不行！我们就是要自力更生，一定要自行设计出自己的导弹！"

然而好事多磨。1961年夏天，党内有关导弹、原子弹"下马"还是"上马"的争论闹得沸沸扬扬。"下马"方认为，国家正在遭受严重的自然灾害，又没有了苏联的援助，仅靠自己的力量难以完成技术难度很大的"两弹"，不如把钱用在经济建设上；"上马"方认为，拥有一批爱国的科学家，这是成功研制"两弹"的最重要的基础，而且经过努力已经具备了一定技术基础，不能轻易放弃。在北戴河召开的国防工业委员会工作会议上，两种意见针锋相对、互不相让。

聂荣臻坚决反对"下马"，因为逆水行舟、不进则退。他在给中央报告中多次表示：要"变压力为动力""变气愤为发愤""集中全国力量，立足国内，突破两弹技术"。

最终，中央主要领导在危急关头旗帜鲜明，支持"上马"。毛泽东主席还专门做出指示："在科学研究中，对尖端武器的研究试验工作，仍应抓紧进行，不能放松或下马。"

中国航天人放弃了扶着苏联老大哥肩膀登天的想法，在仿制成功1059导弹的基础上，走上了一条艰难的自力更生的道路。

东风2号导弹以1059导弹为基础，总体设计不做大的改动，只是增大火箭发动机的推力，并对弹体结构、控制系统作相应的改进设计，使其射程从500多千米增加到1000千米左右。在自行设计中近程地地导弹时，为了满足控制系统新的测试要求，地面测试发射电气设备还改进和新设计了提高陀螺仪修零精度的修正放大器、姿态控制系统静态测试仪、转接控制器等。

1960年12月3日，国防部五院发布命令，任命梁思礼为二分院第一设计部副主任。1963年2月19日，任命他为东风2号导弹控制系统主任设计师。

梁思礼的女儿梁红曾这样向媒体介绍他父亲当年的经历：

> 那些年，父亲不仅要隐姓埋名，工作和生活环境也非常艰苦。航天事业初创时期，他们完全是白手起家。没有办公室，就在北京郊区飞机场的大机库里工作。没有宿舍，就搭帐篷、睡地铺。60年代初，他在基地执行发射任务时，条件则更加恶劣。他们住在四面透风的房子里，肆虐的大风和沙尘暴刮得床上、身上、头发里到处是沙子。沙漠里滴水贵如油，别说洗澡，就连洗脸的水都少得可怜。没有电，晚上只能靠手电筒照明。赶上三年困难时期，食品供应极其紧张。他们吃不饱饭，饿得全身浮肿。但每天依然坚持工作，直到完成任务。不仅工作艰苦，压力也非常之大。[①]

[①] 梁红在"拳拳报国心　浓浓家乡情——新会纪念梁思礼院士诞辰92周年图片展开幕式"上的发言。

梁思礼回忆：

> 第一发中近程地地导弹的设计是各系统自己分别搞的，因为当时有"1059"的样子，所以基本上还没有脱离开苏联的框框。
>
> 为了缩短研制周期，控制系统仍采用"1059"的体制，制导系统采用捷联式制导方案，射程控制采用电解积分仪，横向控制采用无线电横偏校正系统，但在部分整机和线路上做了许多修改，如横偏校正系统加大了发射机的功率、水平陀螺仪上程序机构的凸轮重新进行了设计、变换放大器选择了磁放大器的方案、舵机进行了改进设计等。据统计，控制系统与"1059"不同的设备共有65项，其中完全重新设计的19项、改进设计的46项。可见两者虽然体制相同，但已做了相当大的改进。[1]

梁思礼的工作日记中曾这样记录：

> 纵向制导用电解积分仪，事先充电量相当关闭发动机时的速度，放电完时内阻骤增，使电解元件两端电压骤增，此电压经磁放大器放大后，通至电磁继电器使其接通，发动机闭合。事实上由于发动机推力偏离额定值，起飞重量的偏差等，会引起射程偏差。[2]

可见，他在考虑着对这种干扰的补偿。为什么要搞补偿呢？原来这是将一定量的电流通过补偿线圈来平衡部件不动时地心吸力对摆产生的倾斜，补偿值是采用一个平均值，横向靠无线电校正。

第一发东风2号中近程地地导弹研制进展很快，近两年时间完成了总装测试，于1962年3月4日出厂。运送导弹的专列从北京出发到酒泉发射场，要翻过海拔4000米左右的乌鞘岭。梁思礼和总装厂的同志一起押运导弹产品，从感情上讲，所有研制人员都对自己花了很多心血亲自研发的

---

[1] 梁思礼访谈，2011年6月9日，北京。资料存于采集工程数据库。
[2] 梁思礼工作笔记。资料存于采集工程数据库。

这枚导弹非常珍爱，大家都把导弹看作自己第一个要出嫁的女儿，生怕发生什么问题。因此火车每走一段路就停下来，让车上的人小心翼翼地对产品进行检查，结果火车一直走了5天5夜才到达发射场。

梁思礼充满了必胜的信心，那时他的第三个孩子即将出生，他和妻子约定，如果生男起名梁凯，生女则叫梁旋，他做好了"凯旋而归"的充分准备。

导弹到了发射阵地以后，虽然大家表面上信心很足，但心里又好像不太踏实。梁思礼生怕会出现意外，天天和技术人员一起苦思冥想技术细节，他烟抽得很厉害，每天会消耗两包"大前门"香烟。意外还真的出现了，当高高的导弹立在发射车上时，在猛烈的寒风中，导弹下面的燃气舵开始不断抖动，梁思礼他们不知道是什么原因，于是一边在现场测试，一边请北京导弹控制所做各项模拟仿真试验。他在酒泉基地不断地和在北京的黄纬禄电话沟通，一方面通报靶场现场的测试情况，另一方面了解所里故障模拟仿真试验的进展，电话经常是连续不断地打上几个小时。本节开头讲的就是此时的一幕。

经过了所里的实物故障仿真试验与试验结果的比对，发现燃气舵抖动问题一时无法解决，但可能不会影响发射，所以经过技术阵地测试、发射阵地合练检查和发射前测试、加注、瞄准后，东风2号导弹的首次飞行试验终于确定在1962年3月21日9时进行。

大家期待的目光都聚焦在导弹身上。

谁也没有想到，导弹刚刚起飞几秒钟，就明显地偏离射面。弹体产生摆动情况，而且振幅越来越大，以至于弹体在飞行18秒时发动机起火，火苗从尾舱内窜出。69秒，导弹喷着大火一声巨响坠毁在发射台不远处，地面被炸出深4米、直径22米的一个弹坑。

图6-3　1962年3月21日，东风2号导弹首飞爆炸

第六章　逼上梁山

巨大的爆炸声震惊了所有在场的人，第一枚自行设计、生产的中近程地地导弹悲壮地夭折了。很多人趴在地上把头埋在沙子里，好久没有抬起头来，总装厂的工人师傅失声痛哭。梁思礼蹲在大坑边抱着脑袋，两眼盯着坑底，心痛地一句话也说不出来。

梁思礼对当时的爆炸记忆犹新：

> 导弹发射前大家都要撤离现场，聂总也在现场，他和其他同志都撤到导弹后方几千米远的敖包山的山顶上，我和陈德仁同志（我是控制总体室主任，他是方案理论室主任）都搞控制系统，想看看导弹飞起来弹道转弯的情况，如果撤到敖包山那儿根本看不清楚。于是，我们坐上吉普车到导弹侧面1～2千米的地方观察，当时确实有点盲目自信，实际上这样做是很危险的。结果，导弹发射起来以后，像喝醉了酒似地摇摇晃晃，头部还冒着白烟，最后落在了发射阵地前300米的地方。那个导弹20多吨重，装满了推进剂液氧煤油，掉下来以后把地面砸出了一个20多米直径的大坑，同时一个小的蘑菇云起来，我看得一清二楚，我们的第一个宝贝蛋儿就这样掉下来了。我们高高兴兴充满希望地发射出自己历尽艰辛设计制造出的导弹，又亲眼看着它坠落在地，非常沮丧。[①]

失败的教训

中近程地地导弹试射失败的第二天，五院副院长王秉璋、钱学森乘专机赶赴试验现场，立即召开全体试验人员大会。

试射失败，给控制系统的设计人员造成了很大压力，梁思礼以负疚的心情立即加入基地事故现场故障分析小组，认真查找自己的问题。回京后

---

① 梁思礼在纪念航天事业创建35周年航天传统精神报告会上的报告，1991年10月。资料存于采集工程数据库。

又与所内技术人员历时4个月从控制系统元器件、部件到各分系统，从分系统到整个控制系统，不知经历了多少回合的故障分析。在故障分析过程中，钱学森每星期来所一次，听取大家的意见，并一同参加讨论。梁思礼清楚地记得钱学森给控制系统设计师们打气说："导弹飞行稳定问题，国外早已解决，西方资产阶级能办到的事，东方无产阶级也一定能办到，控制系统一定要杀出一条血路来。"

于是，第一设计部组织了以陈德仁等15人为首的"杀血路"分析小组。在黄纬禄、梁思礼、沈家楠等专家带领下，控制系统设计师们在遥测、外测参数不全，又无飞行试验结果分析经验的情况下，很快开始了紧张的故障分析工作。

该组夜以继日地进行分析和试验，梁思礼与设计部科技人员从导弹的改进部分入手，对东风2号导弹控制系统每一个环节的问题都抠得很细，都问一个"为什么"。通过大量分析、计算和故障模拟试验，终于查清了控制系统失稳是弹体弹性振动引起的。

作为第一个自行设计的型号，大家缺乏经验，没有系统工程的概念，不会从全局出发考虑总体和分系统之间以及分系统与分系统之间的关系，把复杂的问题看得过于简单了。其一，没想到东风2号导弹的弹体比"1059"弹体加长了3米，导弹细长比有了明显增大，飞行起来会出现"扁担效应"，出现上下弹性振动，这一振动会引发一系列问题。其二，为了方便部队测试操作，设计师系统把控制系统仪器舱从非常狭窄的弹体中段移到了尾段。从表面上看，这一改动无关紧要，可是没想到原来位置上的仪器舱处于全弹振动一阶振型的波腹，受到的振动很小，而移动后的仪器舱恰好处在全弹振动的波峰，受到的振动异常大。

这两个"没想到"，导致了弹性振动频率与控制系统频率产生耦合，控制系统失稳破坏了弹体结构，加剧了导弹解体。[1]

梁思礼说：

---

[1] 《中国运载火箭技术研究院院史》编辑委员会：《中国运载火箭技术研究院院史 1957-1987 上册》。1994年，第166页。

那会儿还没有"系统工程"这么一说，但是通过钱学森带领大家进行系统分析，我们知道了问题出在两个分系统的耦合上，根子是不懂得从总的大系统着眼。后来经过钱学森的理论提炼，我们明白了要从总体设计，即系统工程角度来设计导弹，这是我们认识上一个很大的提高。

问题找到了，如何修改设计？

梁思礼立即组织控制系统设计人员一起查阅、翻译了大量国外资料，反复研究控制对象和控制装置的特点，归纳出美国12种主要导弹的制导方式及特点，推导了在考虑弹体弹性振动、推进剂晃动、静不稳定度以及在大风、阵风等干扰作用下，系统的运动方式及其稳定性控制方程，提出了优化控制装置安装位置、采用程序变、网络变、速率陀螺反馈、冲角控制、模型反馈、正弦信号试探自适应、横向加速度稳定晃动等多种技术方案及具体的解决措施，并对每一种方案和措施都进行了充分的验证。那一段时间，每周五钱学森都亲临第一设计部参与、指导控制系统的故障彻查与改进工作。在《二分院1963年上半年研制工作计划执行情况的报告》中，有如下记载：

上半年以稳定系统为中心，进行了大量的分析、计算和试验工作。目前已基本解决了试射中暴露的弹性振动与系统抗干扰性两个问题。

试车弹控制系统检验性模拟试验，从1月中旬开始准备到5月中旬全部结束，共计完成了双波道晃动、三波道刚体和双波道弹性三项模拟试验。通过试验结果分析，证明稳定系统设计的参数可以满足技术任务书的要求。

为了提高设计精度，黄纬禄与梁思礼还主持控制系统方案大讨论，让年轻的技术人员充分发表自己的意见，同时虚心倾听别人的意见，鼓励互相提问题，辩论问题。在大家畅所欲言中，黄纬禄与梁思礼经过认真分析，认识到原方案采取加速度表上加入K补偿误差较大。于是提出新的设计方案要考虑弹体俯仰角问题，用水平陀螺仪来修正导弹的速度误差，从而引出了双补偿方案，提高了设计精度，为后续在研型号的制导方案奠定了基础。

经过两年多的拼搏，梁思礼以及总体部、各分系统的工程技术人员共完成了4类17项试验：第一类，包括结构静力试验、稳定系统仿真实验等7项系统鉴定或验收试验；第二类，包括弹上测量系统、综合测试等5项系统与系统间的协调性试验；第三类，包括全弹试车等2项试验；第四类，包括弹体横向振动特性的测定地方3项振动试验。

图 6-4 东风 2 号导弹

踏踏实实的脚印，踏出了通向成功的道路。

1964年6月29日，茫茫戈壁艳阳高照。

改进后的东风2号导弹腾空而起直扑目标，一声非同寻常的巨响，宣告中国航天人正从必然王国走向自由王国！

7月9日、7月11日，东风2号导弹连续发射两次，均获成功。9~10月间又连续发射5次，也获成功。

试验结果证明，梁思礼和大家的工作卓有成效。经过修改的控制系统，设计是正确的，质量是可靠的。

梁思礼曾总结说：

> 东风2号导弹第一次失败，从个人历练来说，失败比成功更有启发、更起作用。正因为失败以后做了大量工作、总结了经验，才使我们把坏事变成好事，才真正懂得应该怎样自行设计。我们总结的三条经验是：

第六章 逼上梁山

1. 必须重视总体和系统的综合设计

从外观上看，东风2号导弹掉下来像是稳定系统设计上有问题。最初一段时间内，第一设计部承担着极大的压力。问题分析清楚后，大家认识到它不是单独某个分系统的问题，而是两个系统交链产生的问题。在仿制阶段不会出现这类系统之间不匹配的问题。因为别人一切已为你设计好了，你只要照着做，各系统凑到一块儿必然是协调的。可是自行设计就不同了，总体不是各分系统的简单"代数和"，它是一个有机的整体，是"化学和"。即使每个分系统单独试验时没有问题，并不等于诸分系统联在一起就没有问题。所以必须加强总体和分系统的综合工作，要从全局高度去研究和规定各系统之间的关系，而系统内部也必须规定各仪器设备之间的衔接匹配关系。分系统要服从大局，自觉地贯彻总体的要求。这套做法经过以后多个型号的研制实践，就演变成为现在的系统工程管理。

为了加强系统总体，第一设计部从组织上有意识地强化当时理论研究室的系统方案组、稳定组和综合室弹上、地面综合组。在加强理论工作方面，总体设计部和第一设计部对弹体的传递函数方程进行了修改和补充，充分地考虑弹性振动和推进剂晃动的影响。使被控制的对象的数学描述更接近真实。综合组以弹上和地面大图为依据，负责对各系统内部和外部接口的协调和匹配，并处理联接后的新问题。

2. 必须重视加强地面试验

从失败中，我们深刻认识到导弹上天之前一定做好充分的地面试验，尽量把问题在地面上彻底解决。为了深入了解全弹的弹性模态，在702所建造了我国第一座振动塔。对全弹在加注状态下进行横向振动，以确定各阶振型的频率、波形和阻尼系数。以试验测得的数据修正理论模型，使弹体传递函数更真实地反映上天后的飞行状态。全弹振动试验还有另一重要任务是选择速率陀螺的最佳位置。全弹振动试验虽然是一部和702所的任务，但它已经成为第一设计部非常关注、不可缺少的地面试验。第一设计部把一个旧车库改造成综合试验室，在其中进行弹上及地面全系统综合试验，以暴露系统之间不协调的问题和经常冒出来的干扰问题。综合试验通过后还要与一部和遥测、外测、安全系统一起进行匹配试验，还要在全弹试车台进行全弹试车。在飞行试验前还要在基地进行合练，以检验弹与地面设备和车辆的协调性，同时对全弹所有的系统进行一次全面实地考验。

这些试验都成了司空见惯的传统做法，但它们都起源于东风2号的首发失败，直到现在，这整套地面试验程序对提前暴露质量问题仍然起着不可替代的作用。

3. 必须严格遵循研制程序办事

当时，我们确实是"初生的牛犊不怕虎"，只凭着一股子热情和勇气，大家的工作是千军万马齐头并进。控制系统还没有做完各种试验就交付总装，发动机总装完之后还在等发动机试车结果，这就违背了导弹研制的客观规律。我们从失败中认识到，无论设计、试验、生产都要按一定的程序进行，前一段工作没有完成，决不可贸然进入下一阶段。①

由于梁思礼善于总结且归纳到位，钱学森还专门委派他和孙家栋分别到二分院和一分院，面向研究室主任和六级以上技术领导、骨干进行宣讲。

打造令西方惊颤的杀手锏

1964年10月16日，中国第一颗原子弹成功爆炸。美国新一届总统约翰逊不屑一顾地说："中国的原子弹只是一个粗糙拙劣的装置。"不过，没出几天他便改变了这种说法。因为在测试分析捕捉到的云层颗粒后，他们发现中国的原子弹使用的是铀^{235}，其爆炸威力要比美国投放到日本的那两颗原子弹大得多且设计得更加完善。但是美国国防部长麦克纳马拉仍然不

---

① 梁思礼：《梁思礼文集》。北京：中国宇航出版社，2004年，第247页。

相信中国人的能力，他预言："中国5年内不会有原子弹运载工具，没有足够射程的导弹，原子弹也无从发挥作用。"有些媒体还嘲笑中国是"有弹没枪"。

他们不知道的是，中国人已潜心打磨"新枪"了，此时正在筹备子弹上膛的事儿。这把秘密研制的"新枪"就是改进型中近程导弹。

1965年5月，梁思礼所在的国防部五院改制为第七机械工业部（简称七机部），所有人员集体转业，脱去军装，一切待遇按地方规定执行。同年，七机部制订了1965—1972年八年的战略导弹发展规划，即八年四弹规划①。

四弹为中近程导弹、中程导弹、中远程导弹和洲际导弹。

这时梁思礼正在参与中近程导弹的研制工作。1965年6月1日，七机部任命梁思礼为导弹控制所副所长。同年9月18日，任命他为我国自行设计的中近程地地导弹改进型东风2号甲的控制系统主任设计师。

导弹、原子弹"两弹结合"的重要前提是要造出合适的"枪"——原子弹的运载工具，即东风2号甲中近程导弹。其射程要达到1200千米，比已研制成功的东风2号导弹射程大大增加，这不仅需要增大发动机的推力，控制系统也需要作方案性的设计修改。

考虑到中近程导弹落点的横向偏差主要是由导弹在关机点的横向速度造成，因此只要在导弹飞行过程中控制横向速度，使之在关机点附近达到最小就可以了。为了测出导弹的横向速度，梁思礼与设计人员经反复分析，提出了横向坐标转换方案：在弹上增加一块横向加速度表，同时利用纵向加速度表和垂直陀螺仪的偏航角输出，经过简单计算得到导弹的横向速度，通过姿态控制系统的偏航波道控制导弹的横向速度，就可以控制导弹落点的横向偏差。

原先东风2号制导系统的单补偿方案针对风干扰问题，采取的办法是在发射前用气球来测定风速和风向，在发射时对预定值予以修正。这样做既麻烦又不准确，在黄纬禄的主持下，设计人员做出了双补偿方案。

---

① 《中国运载火箭技术研究院院史》编辑委员会：《中国运载火箭技术研究院院史1957-1987 上册》。1994年，第277页。

因风干扰等引起导弹速度方向的变化，可以由水平陀螺仪和在弹上增加一个法向加速度表来测得，所以只需在纵向加速度表中增绕补偿风等干扰的线圈，其他无需变动。这样，关机方程中不仅有对发动机推力、起飞重量变化的补偿，还有对风、推力偏斜等干扰的补偿，故称之为"双补偿方案"。

在黄纬禄、梁思礼的主持下，东风2号甲导弹的控制系统将无线电-横偏校正系统改为了全惯性制导。这样的改进，大大提高了武器的作战性能，减小了由制导方案引起的误差，更加符合实战要求。

由于控制系统所已经对上述技术问题进行过充分的预先研究并且有了成功的预研成果，所以只用了10个月就顺利完成了导弹的修改设计与试验，为装载核弹头进行"两弹结合"试验打下了基础。

两弹结合，就是把原子弹做成核弹头装在导弹上，由于核弹头的体积和重量大大缩小，它对环境的要求更加苛刻，研制难度确实很大。聂荣臻提议这项工作由钱学森、钱三强共同主持。

导弹总体技术负责人谢光选在相关会议上介绍：

> 两弹结合，好比一个"啰嗦汉"娶了一位娇小姐。之所以这么说，是由于导弹起飞前要有起竖、粗瞄、垂直测试、火工品安装、燃料加注、精瞄等一连串的啰嗦事；而原子弹却是个怕热、怕冷、怕潮、怕振动、怕过载、怕冲击、怕静电、怕雷电的娇贵小姐。导弹、原子弹同属于尖端技术，是由两个系统分别研制，双方互相都不了解。两弹从恋爱到结婚，有一个从相识到结合的复杂过程，有大量的工作要做。[①]

说到这里，谢光选忍不住抿起嘴笑了。

张爱萍副总参谋长听得哈哈大笑起来，边笑边把两手一握风趣地说：

---

① 何建明：《天歌——走进中国火箭的摇篮》。北京：作家出版社，2012年，第62页。

我就要当"哆嗦汉"和"娇小姐"的介绍人，硬要把他们撮合在一起欢欢喜喜拜天地，我要当他们的证婚人，给历史做个见证。不要怕美国人说中国是"有弹无枪"，我们就要枪好弹好，打出一朵朵漂亮的、有声有色的蘑菇云。

钱学森插话说：

当然，搞两弹结合是非同一般的事情，美国从原子弹到两弹结合搞了13年，苏联搞了6年，我们暂定3年"结婚"，或者再提前1年，那就要我们在座的介绍人加把劲。还有一个问题也是一道关口，怎么过关就看我们的弹道专家咋个唱戏啦。中央专委已经给大家把台子搭好了，这个台子就是我们辽阔的960万平方千米的国土。美国人在海洋上搞导弹核武器试验，那是因为他们有海上霸权，有20多艘航空母舰和几百架飞机，他在海上打靶，世界上哪个国家敢干涉他。苏联有2200多万平方千米的大疆域，不需要到大海上去。苏联的原子弹、导弹试验是在地广人稀的西伯利亚进行的，试验的风险很小。我们试验既不能到海上，因大海大洋的出入口都被美国封锁了，更不可能到西伯利亚，只能在自己的国土上进行两弹结合的飞行试验。为避免不幸事件发生，弹道设计一定要准确无误，所以产品必须是高质量、最可靠的，二机部、七机部都要采取严格的措施，特别是担负具体设计制造任务的单位更不可有一丝一毫的疏忽。只有追求永远的成功，这一对"夫妻"才会和谐美满。①

图 6-5 东风 2 号甲导弹与核弹头 "联姻"

① 何建明：《天歌——走进中国火箭的摇篮》。北京：作家出版社，2012年，第62页。

钱学森的话令在座的人肃然起敬，更感国家使命的庄严、肩上责任的重大。

"两弹结合"试验比单纯的原子弹试验更为困难和危险，一是导弹不能偏航，二是核弹头必须在预定目标上空实现核爆炸，稍有差错就会造成严重后果。西方国家称这种试验为"魔鬼的选择"。

梁思礼带队在酒泉基地发射中近程地地导弹改进型8发定型弹后，又直接带队参加了"两弹"结合的全程试验。按照设计部的职责分工，技术工作方面由黄纬禄、梁思礼负责，具体分工是黄纬禄以无线电控制为重点，梁思礼以惯性控制为重点。

两弹结合试验计划为先冷试（不装核燃料）、后热试（装核燃料进行爆炸）。梁思礼为确保控制系统的弹上、地面仪器、设备性能良好，质量可靠，遵照周恩来总理指示的"严肃认真、周到细致、稳妥可靠、万无一失"的16字方针，带领试验队做到三认真：一是认真做好发射前的技术准备工作，确保发射可靠。在前面8次飞行试验成功的基础上，又采取了5项可靠性措施。二是认真做好测试发射工作，确保发射成功，严把质量关。梁思礼和控制系统综合设计室主任刘纪原，主管弹上、地面设计的张西方、张季亨等设计人员，经过日夜连续奋斗，查出导弹控制系统弹上3个仪器输出振荡、6个仪器内部有异响等20多个问题，除8台仪器更换外，其余都在现场得到妥善解决。同时认真检查了导弹系统地面设备30多项。对连接不好的部位进行处理，保证了设备运行、讯号畅通，确保了控制系统运行无误。三是认真搞好团队协作，确保圆满完成发射任务。在两弹结合的测试过程中，全体参试、设计和工作人员不分弹上、地面，不分二机部、七机部，不分试验部队和地方单位，都积极认真地搞好团队协作，对测试、发射中出现的问题积极查找原因、进行排除。

七机部一院和二机部核九院在基地研究电路原理图时，梁思礼建议在一院的电路中增加一个漏电电阻，以避免高压静电带来的影响。这一建议得到一院、九院同志的赞同。

谢光选回忆道：

当时钱学森问我，查出什么问题没有，我回答说："我在电路方面不怎么熟"，他说："你找过梁思礼吗？"后来我找了梁思礼。一院、九院研究电路原理图时，梁思礼考虑到核弹头的安全性，为保万无一失，建议在一院的电路中增加一个漏电电阻，防止高压静电的产生，得到一院、九院的赞同。但基地有些同志提出，按照上级指示精神要报聂帅批准后才能组织施工，双方意见不一，钱学森同志说："设计师系统有更改技术状态的权利，这项改动立即实施，并由我报告聂帅。"①

为考验核弹头引爆控制系统的可靠性，1966年4月10日—5月23日，试验队先后用中近程导弹进行了4次飞行试验，均获得成功。

梁思礼回忆说：

1966年6月30日，周总理不顾出国访问后的旅途疲劳，风尘仆仆地到酒泉基地视察，询问发射场的建设情况和指战员的生活情况，并兴致勃勃地亲临发射现场，观看了中近程导弹的合练和1059贮存弹的发射实况。当导弹发射成功时，周总理十分高兴，站起来鼓掌，向在场的参试人员表示祝贺。当晚还会见了全体参试人员，并亲切地说，科学试验要加快速度，鼓励大家要"共同为国防科学技术现代化而奋斗"。

1966年9月15日，飞行试验达到了战术技术指标中最大射程的要求。10月7日，为考验导弹头部和弹体安全自毁系统工作的可靠性，导弹在酒泉基地进行了飞行状态下的自毁试验，取得满意结果。10月13—16日，为检查核装置引爆控制系统能否正常工作，又进行了两次冷试，两发导弹均在目标上空的规定高度实现化学爆炸。至此，导弹已完全具备了"两弹结合"的热试条件。

---

① 中国运载火箭技术研究院：《钱学森与航天一院》。北京：中国宇航出版社，2011年，第114页。

图 6-6 1966 年 10 月 27 日，两弹试验获得圆满成功

图 6-7 1966 年 10 月 27 日，聂荣臻在一望无际的茫茫戈壁上与参加导弹核武器试验的科技人员们在一起（前排左二为梁思礼）

第六章 逼上梁山

1966年10月27日，东风2号甲导弹与核弹头对接好竖在发射台上。此时火工品已装好，稍有不慎就会发生弹毁人亡的重大事故。梁思礼不顾个人安危，亲自带领控制系统二岗和一岗的测试人员检查弹上各仪器和电缆是否可靠连接，还到弹上检查连接电池的正负极性连接是否正确、牢固。

当测试人员刚乘汽车撤离到安全地区，那动人心弦的时刻就到了。随着一声春雷般的巨响，导弹携带核弹头从熊熊烈焰中腾空而起，紧接着一颗绿色信号弹升起，高音喇叭里陆续传出了"导弹飞行正常""核弹头在预定的距离精确命中目标，实现核爆炸"的响亮声音。

两弹试验获得圆满成功！

发射现场沸腾了，大家激动地互相拥抱，热泪流在了一起。戈壁滩上，竖起了一面鲜艳的五星红旗，身着厚厚冬装的聂荣臻、钱学森、谢光选、梁思礼等站成一排，大家发自内心地笑起来，摄影师定格了这些共和国功臣们的笑容。

图6-8　1966年，参加"两弹结合"部分试验人员合影（三排右七为梁思礼）

割掉导弹的"洋尾巴"

1964年9月，中央军委下达了组建第一个战略导弹阵地的命令。那年冬天，时任中国人民解放军副总参谋长的张爱萍，带着梁思礼与二炮一位参谋处长亲赴全国各地勘选导弹部队驻地和阵地。他们先来到东北，那里的雪下得很大，他们拄着木棍钻山沟、穿密林，风餐露宿，在没膝的雪地里艰难跋涉。他们一条山沟一条山沟地踏勘，一个阵地一个阵地地选点，对即将开建的导弹阵地的山形、高度、坡度和石质进行详尽考察。一行人风尘仆仆，每日行车和步行百余里。

为了探清每一个阵地的方位、坐标和射程，梁思礼他们亲自用尺子测量大地。张爱萍谆谆告诫主管部门的同志，苏联的地形与我们不同，决不能照搬他们的数据。

东风2号导弹是按苏联的框框搞的，原有的控制系统采用无线电－横偏校正系统，即由该系统向空中发送一个无线电等信号面，导弹发射后沿着等信号面飞行，假如偏离等信号面，则由弹上接收机等自动校正横向偏差，从而提高横向落点精度。

梁思礼解释说：

> 无线电横偏校正系统是怎么工作的呢？比如说发射阵地在这儿，你要打纽约，必须做到三点成一线，就是搜索雷达、发射点和打击目标要连成一条线。假如要换另外一个打击目标，这个搜索雷达就得挪到另外一个点，重新构成三点一线。搜索雷达在发射点后面几千米的地方，它必须到处挪动，才能瞄准目标，所以这个系统使用起来非常麻烦。同时我们还做了山地试验，发现无线电波碰到山坡以后就反射，造成舵杆扭曲，结果导弹瞄准就会瞄偏、打不准目标。[①]

[①] 梁思礼访谈，2013年4月2日，北京。

苏联的发射勤务指南中严格规定了阵地的地形要求，不符合这个要求就会使等信号面发生畸变，影响命中精度。苏军的阵地多在开阔地上，他们很容易按照发射勤务指南操作。而我国为了作战需要，阵地要建在山区隐蔽的地方，横偏校正系统在山地会受到地形的干扰，导弹发射时，搜索雷达必须搬到朝向发射目标的位置，如果发射目标变化，搜索雷达就得随之搬来搬去，像一条不停甩动的大尾巴，很难达到实战要求。为了验证影响等信号面的程度，第一设计部组织由童凯等同志和二炮的同志一起在西安近郊用飞机进行了等信号面测量，历时几个月，证明等信号面确实发生了畸变，说明苏联勤务指南上所讲的是有根据的。

由于作战使用不便，二炮要求研制单位去掉无线电横偏校正系统，即"割尾巴"。在一个型号飞行试验成功接近定型的时候，要求做这样大的方案变动，无疑是非常困难的。但这是用户的需要、实战的需要，梁思礼和他的研制团队必须千方百计去满足。

好在当时有较成熟的技术储备，早在1961年9月，五院二分院组织了控制系统技术发展途径的方案大讨论，在全惯性制导方面提出了许多新思想和方案，其中"双补偿制导方案"和"横向坐标转换方案"首选列入了预先研究计划，并作为东风2号02批2组备份方案开展配套预研工作，到1965年年初提出"割尾巴"时，该方案已经经过各种地面试验，达到了可以应用的成熟程度。

在决定改进型东风2号甲导弹上马哪种制导方案时，设计师系统提出了三种方案。第一种方案是"坐公共汽车"方案，即把双补偿和横向坐标转换两套装置作为"乘客"装在东风2号上，在飞行试验时，测得这两套装置的有关信息以判断工作质量。这种方案比较稳妥，但试验周期长。第二种方案是"半搬方案"，即每次飞行只要更换一套装置，或者把无线电横偏校正系统改为横向坐标转换，而另一套装置仍沿用东风2号的。这种方案有一定的风险。第三种方案是"全搬"方案，即用双补偿和横向坐标转换装置把东风2号原来的制导系统全部换下来，这种方案的风险最大，但一旦试验成功，就能立即把新系统正式用到型号上去，可以大大缩短试验周期。

梁思礼、刘纪原等技术负责人充分相信新系统在理论上的正确性和实现的可能性，坚决主张上"全搬"方案。为此，第一设计部内开展了一场激烈的争论，通过反复讨论比较，1965年7月5日七机部正式批准采用"全搬"方案。由梁思礼带队，仅用一年时间就完成了修改设计及飞行试验，并取得连发连胜的好成绩。

1967年12月，采用"全搬"方案的东风2号甲改进型导弹定型，随之进行了小批量生产，使用情况一直良好。但是在1967年5月、7月和1968年9月，3发批次性抽检弹的发射却接连失败，而且故障现象很奇怪。一发导弹在正常飞行一段后，突然向前翻滚，像体操运动员那样在空中连翻了7个筋斗，落在发射台前160多米处；另一发情况更为严重，导弹在刚起飞不久就向前翻滚，像跳水运动员那样落在发射台前面不远的地方。这时成批导弹已生产出来，由于出现故障无法交付部队，发射现场的同志搞不清是怎么回事，研制单位的压力非常大。

当时正值"文化大革命"，军管会考虑梁思礼对此型号导弹比较熟悉，便将他从洲际导弹研制队伍中调回来处理这个问题。由于没有遥测数据，很难分析，梁思礼建议将两发战斗弹改装成遥测弹，打遥测弹进行分析。在打遥测弹时再现了同样的翻筋斗故障，由于取得了遥测参数和外弹道参数，梁思礼和13所的研究员滕人忠对故障进行综合分析，费了很多心血才彻底从原理上搞清楚，原因是水平陀螺内环校正线路电刷接触不良、烧蚀，使舵偏到振动点所致。产生这一质量问题是生产时擅自改变成熟的工艺规程所致。

梁思礼分析道：

> 正常情况下，水平陀螺仪处在惯性空间，会受到地球自转的影响。当导弹竖立在发射台上，水平陀螺仪受到地球自转的影响，会产生漂移；但修正电路可以不断地修正，使其不产生漂移，陀螺的电刷控制在正负10度的中间，则俯仰电位计的电刷不至于碰挡钉。但是，修正传感器的电刷压力不够，使刷子脱离了修正板，起不到修正作用，那么导弹在发射台上停留时，水平陀螺受到地球自转影响产生的

漂移修正不回来；导弹刚起飞，基准坐标已经变了，俯仰电位计的电刷也偏到一边靠近挡钉。导弹立起后，发射时间有时会延误，如果导弹在发射台上停留的时间越长，电刷离挡钉越近；导弹起飞后，俯仰程序开始没多久电刷就碰到挡钉，基准坐标全乱套了，导弹就会向前翻滚。导弹发射后翻滚时间有早有晚，与发射推迟的时间有关，停留时间越长，翻滚的时间越早。①

故障的产生实际上是管理方面的问题，"文化大革命"打乱了正常的工作秩序、破除了规章制度和操作规程，工人在装配水平陀螺仪修正电刷时没有按规定的工艺来干，在拧固定螺钉时少拧了 1.5 圈，因此造成了电刷压力不够、水平陀螺仪修正电路接触不良，最终导致导弹翻跟头。

后来，按照工艺要求，工厂把电刷的固定螺钉拧好，同时设计人员又增加了一个监测报警电路，保证电刷脱开时及早被发现。梁思礼的出色分析和果断处理决策，使导弹"翻跟头"问题得到了彻底解决。

1969 年，东风 2 号甲改进型导弹正式装备部队，成为第一代为我国站岗放哨的战略核导弹。

---

① 梁思礼访谈，2013 年 4 月 2 日，北京。资料存于采集工程数据库。

第七章
八千里路云和月

20世纪60年代，洲际导弹凭借其超远程的核打击能力，成为大国军事政治博弈中最有份量的筹码。1965年3月，中央专委决定研制中国的洲际导弹——东风5号。1969年冬天，叶剑英在视察国防科研工作时说："没有远程运载火箭，毛主席睡不着觉。"

叶帅的话让研制人员坐立不安，但现实的困境却是国家的工业、技术基础极为薄弱，还有"文化大革命"的严重干扰和破坏。在那个风云激荡的年代，梁思礼和数万研制人员一起披荆斩棘踏上了东风破晓的雄关漫道。

"文化大革命"来了

1966年6月，七机部出现了批判修正主义、批判走资派的大字报。

梁思礼所在的控制系统研究所是个重灾区，所里还有几位"造反派"的头头。有一天，梁思礼正在实验室里做实验，突然外面吵吵嚷嚷乱成一片。原来是一室的一些技术人员给七机部部长王秉璋写了大字报，正在征集大家签名。梁思礼是研究所的副所长，一室的指导员推开实验室大门问梁思礼要不要签名。梁思礼在1965年开展的"四清"运动中刚刚受到冲击，当时研究所的领导全部"上楼"（挂起来、靠边站），不许工作，只能学《毛泽东选集》、学焦裕禄、写检查，谁自我检查深刻，谁才能"下楼"。梁思礼由于家庭出身问题，检查了好多次都通不过，有一次他写了80页的检查，仍然被认为认识不深刻，没有和资产阶级臭知识分子家庭划清界限。好在当时东风2号导弹研制战线急需他去解决技术问题，他才得以勉强被批准"下楼"。

"下楼"后的梁思礼心有余悸，他哪敢忘记工宣队"要到群众中去，和群众打成一片"的教导。这次革命群众找到自己要求支持，是看得起自己。他还看到大字报上已经有一些研究室主任、指导员签了名，顿时热血冲上脑门，未加多想就提笔签上了自己的名字。

一觉醒来后，梁思礼有些后悔。七机部部长王秉璋是个老革命，从1957年调入国防部五院一直担任领导工作，为国防科技工业立下了汗马功劳，工作起来也是个不要命的主，虽然有缺点和错误，那也算不上"修正主义"。梁思礼思前想后，觉得自己昨天的行动有些太鲁莽，于是在大字报贴出去之前找到"造反派"，说自己不参加签名了。

没过多久，大字报上墙了，梁思礼的麻烦也跟着来了。大字报上的签名处，副所长梁思礼的名字排在第一个，由于他临阵反悔，他的名字被画上了一个大大的黑"×"。那时候，只有被打倒的人的名字才会被划上黑"×"。七机部副部长曹光琳正巧来所里检查工作，看见大字报还以为是梁思礼出了问题被揭发打倒了，引得"文化大革命"工作组的人将怀疑的目光转向梁思礼。而造反派也有点怨恨梁思礼，认为他临阵脱逃是"假革命"。所以"文化大革命"刚一开始，梁思礼就一头撞上了冲击波。

1966年6月中旬，正当厄运悄悄向梁思礼靠近的时候，东风2号改进型地地导弹进入定型飞行试验阶段。定型飞行试验非常重要，导弹定型后才能装备部队，虽然工作组还在怀疑梁思礼，但是导弹的控制系统不能没有负责人，梁思礼还是被批准带队去酒泉试验基地参加导弹飞行试验。8发定型试验弹发射得还算顺利，梁思礼接着又参加了两弹结合试验，在基地一待就是4个多月。

这4个月间,北京乃至全国简直是"天翻地覆",七机部也形成了"915"保皇派和"916"造反派两大群众派别,两派对峙,天天写大字报、搞批斗会。梁思礼听说北京"破四旧"破得很厉害,母亲的家也被红卫兵抄了,心中十分惦记老母的安危。无奈,基地工作特别繁忙,容不得他一刻分心,他只好强按思母之心,全心全意投身"两弹结合"的工作。只有在夜深人静的那一刻,他每每辗转反侧,双眼噙着泪花祈祷母亲平安。他默默地望着大漠的明月,请它给母亲捎去儿子的歉意——自古忠孝不能两全,儿在办国家的头等大事,不能回去照料母亲。

"两弹结合"试验任务结束,梁思礼回到北京,他没有参加任何派别。但有时单位批斗"走资派",梁思礼作为陪斗者,也得站在台上接受教育。有一次,造反派找了一根稻草让梁思礼举着,讽刺他是"捞稻草的人"。梁思礼很反感造反派肆意污蔑人的做法和打砸抢的行为,他又是个憋不住要讲真话的人,结果又吃了一次亏。

作为国防部五院的元老级人物,梁思礼对造反派炮轰聂荣臻、污蔑聂荣臻执行的是修正主义路线很不认同。在一次群众大会上,他以国防部五院见证人的身份发言,历数自己的亲身经历,陈述聂荣臻带领大家自力更生、艰苦创业、为国争光的事实,认为国防部五院和七机部执行的是毛主席的革命路线,不是修正主义路线。梁思礼的发言立即引发了两派斗争的新高潮,一时间大字报铺天盖地,"915"说"梁思礼讲得好极了""916"说"打倒保皇党的孝子贤孙梁思礼"。

由于梁思礼是梁启超的儿子,又在美国留学了8年,因此他的一举一动都受到工宣队、军宣队的注意。他的这一讲话顿时引起了他们的警觉,怀疑梁思礼是否别有用心挑起事端。于是两派都成立了专案组,开始审查梁思礼的问题。梁思礼虽然没有什么"现行活动",也没有像一些更倒霉的干部被关进牛棚,但是每天心绪不宁,惶惶不可终日。他的哥哥姐姐,如思成、思庄、思懿、思达、思宁都被下放或关进牛棚,他的爱人赵菁有一阵也因为"历史"问题被隔离审查,梁思礼独自带着三个孩子到处流浪。梁思礼的生活如同惊弓之鸟一般,时刻担心自己哪一天被当作"牛鬼

第七章 八千里路云和月 *143*

蛇神"揪出来，感到非常孤独和苦闷。

梁思礼的母亲被造反派"破四旧"赶出正房，打发进杂物间。孤苦的老人后因肠癌住进医院，于1968年不幸撒手人寰，享年82岁。惊闻母亲去世的噩耗，梁思礼向军管会、工宣队、军宣队请假，想回去为母亲料理丧事，但是未获批准。这个陪伴梁启超为救国事业四处奔波、为养育梁家众多子女不辞辛劳的善良女人，临终时没有一个儿女在旁，没有留下一句遗言，就默默地、遗憾地、痛苦地离开了人世。临时照顾过母亲的一位亲戚由于得了痴呆症，也说不清母亲骨灰的下落，母亲连一捧骨灰也没有留下。① 每每想到此，母亲的背影就浮现在眼前挥之不去，梁思礼潸然泪下，内疚自责和悔恨遗憾充斥于心，终生难忘。在母亲去世27年后，梁家全体成员在梁启超夫妇墓地东侧为她立了一块碑，并在碑后栽种一棵白皮松，命名为"母亲树"，以此纪念他们敬爱的"娘"和"婆"。

1968年6月8日，七机部在南苑的一院发生了大规模武斗，从国外回来的博士、材料专家、703所所长姚桐斌被打死。姚桐斌是新中国著名的冶金学和航天材料专家，是航天材料及工艺技术研究所的主要创建人之一，曾留学英国伯明翰大学工业冶金专业，获博士学位后在英国伦敦帝国理工学院从事研究和讲学。1957年，在周恩来总理的亲自安排下回到祖国，到刚刚成立的国防部五院担任材料研究室主任，从1958年到1968年，十年间他带领研究所突破了一系列材料难题，开创了我国自己的航天材料学科，为国防科技工作做出了巨大贡献。

周恩来总理得知姚桐斌不幸遇难的消息后十分痛心，批示严惩凶手。他深知科学家对我国国防建设的重要性，紧急开列了一份重要科学家保护名单，立即命令七机部军管会对七机部所有六级以上的高级知识分子采取保护措施。梁思礼当时在二院工作，是四级研究员，也在被保护之列。

二院地处永定路，办公区是一个封闭的大院，为了保护他们这些不可多得的高级科研人员，军管会采取了严格的措施。白天他们在大院里上班，但下班后不许回家，都集中住在图书馆一个封闭角落的几间房子里，

---

① 梁忆冰访谈，2014年9月28日，北京。资料存于采集工程数据库。

每天由家属送饭,食宿都在那里。梁思礼记得,那时儿子梁左军每天给他送饭。在走廊的门口,有解放军战士荷枪实弹日夜看守,不许任何人入内,造反派几次想冲进去揪斗人,都被严厉制止。

梁思礼"享受"这种被保护的待遇一个多月,等七机部形势稳定下来后,才慢慢恢复正常生活。

乱世苦战

20 世纪 60 年代末,我国面临着严峻的国际形势。

1969 年 3 月,中苏边境发生珍宝岛武装冲突,中苏关系进一步恶化。国家决定集中优势力量加快研制我国远程运载火箭①。

1970 年,我国第一颗人造卫星"东方红一号"上天以后,国防科委和七机部腾出精力开始抓远程运载火箭。

所谓远程运载火箭,实际上指的是东风 5 号洲际导弹,其射程可达 8000 千米,搭载核弹头可以对来自远方的敌人进行还击,是保卫国家的"倚天长剑"。

当时极"左"思潮盛行。虽然七机部的研制工作没有停止,但"文化大革命"破坏了正常的工作秩序,各种条例、规章制度都被视为"管、卡、压",变成了一纸空文。七机部军管会要求科研人员在 1970 年 10 月 1 日前将东风 5 号发射上天。为了赶进度,军管会还提出了改革研制程序、不搞"繁琐哲学"、减少导弹试验数量、缩短研制周期等 6 项措施,这些措施虽使得导弹的研制进度明显加快,但这种不按科学规律办事的做法为后续工作埋下了巨大隐患。1 月 13 日,一院组成以副院长、东风 5 号总设计师屠守锷为首的 19 人会战指挥部,导弹各个分系统全线出击搞群众大会战。这时,梁思礼在控制所的副所长职务早已名存实亡,基本上是"靠

---

① CCTV10:纪实片《军工记忆——东方破晓》,2012 年。

边站"的人，由于要处理技术问题，所内也找不到他人，军管会还是让梁思礼、牟德贵参加了指挥部的工作，但梁思礼是以一个普通技术人员的身份参加研制。虽然他认为跨越研制程序的做法问题很大，但他没有发言权。在那个非常年月，不仅他说了不算，就是总设计师屠守锷说的话也不管用。

> 那时，我心想这样搞恐怕要出问题，所以我留了个心眼，弹上产品我没敢拿出去参加"会战"，只建议把地面自动化测试设备协作放到北京市。当时只抓进度，结果这些设备在控制系统综合测试时问题百出，大部分都需要在200厂返修，甚至重做。虽然经过大量返工凑合着能用，但在以后总装测试和靶场测试出现许许多多的问题。由于"十一上天"的后墙不倒，前一阶段该完成的工作没有做完就带着问题向下一阶段转，于是把问题都集中到了总装测试阶段。①

东风5号的第一发弹基本上靠的是拼人力和非常规方法。导弹的各部件、分系统带着很多没有解决的技术问题汇聚到了总装厂，导致导弹总装费尽了周折。军管会看梁思礼在中近程导弹改进型的故障排除工作上干得不错，就指定梁思礼主持总装厂的导弹总装测试工作。

过去，总装测试一般一个多月时间即可完成，而东风5号第一发弹由于赶进度，控制系统、平台、计算机、伺服机构、遥测系统、外测系统等都是带着本系统未解决的问题到总装厂来的，总装系统联试过程中接口上又出现许多不协调问题，致使整个总装测试花了100天。

梁思礼对那个难忘的100天始终耿耿于怀：

> 为什么出现这些问题，就是因为搞会战的时候，有好多事情需要时间好好地去干好，但要赶快出厂，结果好多要干的事情没有干完、干好，就送出来了。如13所的平台，为赶在"十一"前交付，9月30

---

① CCTV10：纪实片《军工记忆——东方破晓》，2012年。

日没做完，就送到总装厂来了，还组织人员敲锣打鼓到院办门前去报喜，表示完成任务了。过完"十一"，再拿回去返修。就这样，分系统没做好，单机没做好，送去做总装调试，怎么干的出来呢？

大会战中还有很多地方小厂做的产品根本不合格，焊接质量很差，只好再找航天系统的工厂修改或者重新做，结果表面上轰轰烈烈，实际上欲速不达。①

在一片混乱和重重困难中，梁思礼和同事们就像紧急救火队员，不分黑白昼夜加班干，他们坚持按聂荣臻倡导的严明的纪律、严密的组织、严肃的态度"三严"作风，一丝不苟，不放过一个问题。将不合格、不匹配的产品退回去或在现场修改。在一次总装中，有一个脱落插头上的小钢珠丢失了，梁思礼和总装测试人员甚至包括在场的总设计师、主任设计师都跪在车间大厂房里到处寻找，最后在一个铁轨缝中找到了小钢珠，这个问题才算了结。在另一次测试中，笔录仪上出现了一个不应该有的"毛刺"现象，而且是时隐时现。大家为了查清原因，"守株待兔"等了十几个小时，最后发现是相邻车间瞬间用电载荷突变所致。

梁思礼连续苦战了 50 天，终于累得尿血住进医院。后 50 天由他的同事王永志主持，继续把总装测试搞完。

王永志回忆说：

我去接这个测试，到那儿一看，那问题是真多。一给指令，伺服机构就漏油，底下还要放个盆儿接油；一测试还漏电；在高压条件下还漏气。这真是一个三漏机构，装油漏油、装电漏电、装气漏气。②

导弹在总装厂总共待了 100 天。虽然在地面测试时间长了些，但终于使得各系统匹配协调、测试参数达到合格标准，可以用来做飞行试验，导弹最后总算出厂了。

---

① 梁思礼访谈，2011 年 6 月 9 日，北京。资料存于采集工程数据库。
② 王永志访谈，2013 年 8 月 22 日，北京。资料存于采集工程数据库。

好事多磨。导弹运到酒泉导弹试验基地后，在技术阵地仍是问题不断，如程序配电器中的弹簧原材料有微裂纹。经查是材料成分不对，必须重新更换。又如由于导弹采用的是串联式两级的结构方案，结构尺寸又比较大，而设计人员缺少大型导弹的设计经验，心里没底，致使导弹竖立在发射台上测试时发生较大的振动。这个问题在试验室和总装车间里都没有出现过。

试验队的研制人员日夜奋战，在制导、推进、结构材料、发射测试技术等方面取得了重大的技术突破，终于排除了故障。由于测试不很顺利，上级领导机关不时放出"要不要转移到发射阵地去""要不要发射"的怀疑信息，所以大家情绪很低落。结果又用了第二个100天才算通过技术阵地测试，准备转到发射阵地。

东风5号在发射阵地工作8天后，总检查前的工作全部完成了，未出现故障和反复。这样，又进行了4次总检查。根据检查结果，钱学森、屠守锷、梁思礼三人认为导弹已经具备了发射试验的条件，他们开始准备回北京汇报的材料。

可是，情况突然发生了变化。

这时，从北京传来了军管会领导的指示，说经过这么长时间的反复测试和折腾，这枚导弹"已经老了""就让它老死在地面上吧"，军管会不同意发射。我们全体在试验现场的科技人员不同意这种看法，认为这枚导弹的技术问题虽然很多，但经过反复测试和修改已经基本具备发射条件，上天成功的可能性很大。即使不成功，也可以发现薄弱环节，为今后改进指明方向。因此，形成了技术队伍主张打、军管会领导不同意打的局面。由于是洲际导弹的首次发射，中央军委、周总理非常重视，把钱学森、总设计师屠守锷、总指挥张镰斧、我和王永志调回北京。他于1971年9月8日下午在人民大会堂新疆厅接见并听取我们汇报准备的情况。周总理边听边问，非常认真仔细，最后拍板同意发射，并一再要求我们做到"严肃认真、周到细致、稳妥可靠、万无一失"。这是在"9·13"林彪事件即将发生的最紧张时候，周总理在日理万机的情况下,抽出时间具体听这枚导弹的汇报,体现了国家对航天国防科研的重视和关怀。[①]

周总理特别平易近人。在汇报会结束后,按汇报人员名单顺序问每个同志的籍贯、年龄和其他情况,就像和大家拉家常一样。当他看到梁思礼的名字时就问:"梁思成是你什么人?"梁思礼回答:"思成是我的二哥。"周总理当即说:"那么你的父亲就是梁启超了",并且又看了梁思礼一眼,说:"唔,你很像你的父亲梁启超。"总理接着说,他年轻的时候听过梁启超演讲,还历史地、客观地谈了一些对梁启超的看法。

总理又问梁思礼是否有个姐姐,梁思礼以为他是问在北大图书馆任副馆长的梁思庄。总理摇摇头,说是搞外交的。梁思礼才明白总理问的是在中国红十字总会对外联络部工作的梁思懿。梁思礼回答:"是梁思懿吗?"总理点头说:"对,是梁思懿。"就在"文化大革命"极"左"思潮闹得最凶、科学技术人才被任意践踏的时候,周总理对人的关怀、对知识分子的尊重、对历史的尊重、对曾经在他身边工作过的普通人员记得那么清楚,这些都使顶着"反动学术权威""臭老九""保皇党的孝子贤孙"帽子、还在尽力搞国防科研工作的梁思礼心中充满暖流。

北京汇报后,梁思礼一行回到基地。

1971年9月10日,东风5号洲际导弹实施首次低弹道飞行试验。导弹起飞正常,一、二级按时分离,二级稳定飞行至207秒发动机提前6秒关机,弹头比预定落点远了565千米。

通过这次试验,东风5号上采用的新技术全部通过

图7-1 东风5号洲际导弹

[①] 石磊:《钱学森的航天岁月》。北京:中国宇航出版社,2011年,第363页。

飞行考核，证明导弹的设计方案正确、各分系统基本协调。[①] 周总理指出，飞行试验基本成功，不能认为是失败。这个结论给了大家很大的鼓励。

按照原定的试验方案，飞行试验后应及时回收弹头，以便分析试验数据。可是当梁思礼他们向上级申请使用飞机时，得知一切飞机都停飞，连寻找弹头这么重要的事也不行。酒泉基地距离中蒙边境100多千米，部队接到上级指示向中蒙边境调动，空气如凝固般紧张，大家不知道发生了什么事，都瞎了。

还没等到东风5号发射的试验数据传过来，试验队就被要求紧急撤离回北京。梁思礼心里放不下东风5号改进的事情，趁着撤退专列一次拉不下这么多设备和人员的机会，主动留下来思考、梳理问题。

王永志回忆说：

> 1971年9月13日，试验队接到立即撤出试验基地的通知，我们连收集资料、整理东西都来不及，立即撤退。赶到清水火车站，火车一次也只能拉上十个八个人，在这种情况下，梁思礼与我示意让试验队的同志们先走。我们两人就到一边等着，一起继续商讨着没有收回弹头如何确定导弹改进的事宜。我们讨论说这个弹必须进行根本性的修改。比如发射支点一直摇是不行的，非得挪到底下；解决射程不足问题，弹体需要加长1米；这样引起另外一级的仰角太大了，还需要改小。梁思礼还提出有关地面计算机测试的重大修改项目。回到北京后，我们又进行了多次酝酿，形成了十大修改意见，报上级机关得以批准。[②]

当时七机部的有些领导认为在飞行试验中，屠守锷、梁思礼作为技术领导不听指挥，坚持要发射，决定回北京后要组织开批判会。幸而不久"九一三"事件的真相公布，政治气氛改变了，批判会之事也就不了了之。

[①] 《中国运载火箭技术研究院院史》编辑委员会：《中国运载火箭技术研究院院史 1957—1987 下册》。1994年，第63页。

[②] 王永志访谈，2013年8月22日，北京。资料存于采集工程数据库。

拿下"平台—计算机"新系统

要想成为战场的主人,重要的不是你拥有多少数量的利剑,而在于你的利剑拥有多强的大脑。导弹控制系统就充当着"大脑"的角色。

控制系统的功能是保证导弹稳定飞行和准确命中目标,它包括制导系统、姿态控制系统、弹上综合系统和地面测试及发射控制系统四个子系统。

东风5号的设计方案开始于1965年。在此之前的导弹没有计算机装置,用分离元件组成的计算装置又大又重,计算精度也很差。东风5号要求目标打击精度更高,控制系统的改进首当其冲就是改变过去的制导方案。这是技术跨度非常大的举措,每一项新技术都充满了挑战,都是设计师们需要面对的拦路虎。

由于东风5号采用地下井热发射[①],因此它不同于以往研制成功的地地导弹,它不能加尾翼。整个导弹像一根铅笔,静不稳度非常大,极难控制。1963年,钱学森来12所组织大家为东风2号导弹第一发失败"杀血路"时,就曾要求他们研究如何控制好"铅笔"式导弹的技术,这回在研制洲际导弹上就碰上了这种技术。东风5号第一次采用摇摆发动机进行推力矢量控制,带来了"狗尾巴效应"难题。所谓"狗尾巴效应",就像一只狗摇尾巴——弹体就是狗身体,摇摆发动机就像狗摇动的尾巴。由于发动机(狗尾巴)有相当大的重量,它摇动产生的惯性可以把弹体(狗身)带动起来。如果形成正反馈,则摇摆幅度会愈摆愈大,使整个弹体不稳甚至折断。另一个难题是,地下发射井的井口内径不太大,井壁距离弹体壳体只有几十厘米,而井深却有几十米。导弹在飞离井口以前如果有较大的姿态角度,则有碰到井壁产生爆炸、井弹俱毁的危险。东风5号的直径比以往型号加大不少,使推进剂在贮箱中的晃动频率降低很多。在设计稳定系统

---

① 热发射指的是携带战斗部弹头的发射。

时，既要考虑弹体弹性振动，又要考虑推进剂晃动的频率交连。为了减轻弹体的载荷，梁思礼带领研制人员在姿态控制系统中加上了加速度表作为输入，一旦出现大侧向风时，可控制弹体朝风向倾斜以减小攻角。①

梁思礼在《远程火箭研制片段》一文中写道：

> 由于这一型号首次采用多项新技术，使姿态稳定设计受到极苛刻而又相互矛盾的参数限制，设计难度之大是空前的。经过12所王贵斌、林平、董维三等同志的精心设计，这个型号的飞行非常稳定可靠。第一次进行地下井热发射时，经多台摄影机从不同方向拍摄从导弹点火起飞到飞出井口，证明导弹几乎无偏差地笔直上升，安全余度很大。另外在远程火箭第一次飞行试验时，从遥测数据中（经事后分析）看到，由于一个钽电容瞬间短路，使一个摇摆发动机摆到极点，以后钽电容又恢复正常，但弹体受到一次较大的脉冲干扰。由于稳定设计余量大，稳定系统抗住了，使导弹仍继续正常飞行。②

为了制订既满足精度要求、又具有发展潜力的制导方案，运载火箭研究院专门组织了东风5号制导系统的方案讨论会。控制系统研究所在梁思礼和徐延万的主持下，重点对捷联式制导方案和平台－计算机方案进行深入细致的研究。

考虑到平台—计算机方案能直接建立惯性基准，不需要坐标转换，同时制导方案比较简单、可以降低对弹载计算机的要求、在制导方程中不出现姿态角，所以也不需要高精度的模数转换或数字输出的传感器。此外，平台能改善加速度表和陀螺仪的动态环境，有利于提高器件的使用精度。因此，经过反复权衡，梁思礼最后决定在东风5号上采用这种新的制导技术。

---

① 作者注：后因东风5号导弹弹体结构强度能承受较大风载荷，为简化起见，在02批就未再用加速度表控制。

② 梁思礼：远程火箭研制片段。见：梁思礼，《梁思礼文集》。北京：中国宇航出版社，2004年，第77页。

此前，梁思礼做了大量的信息收集工作，在他的笔记本上记载着当时国外进展的信息和他的思考，他组织情报技术人员从美国、苏联战略导弹的发展趋势、主要战略武器的技术指标，控制系统仪器中弹载计算机发展概况和陀螺与加速度表、平台、电源、仪器可靠性、地面设备自动化等方面，编译整理出《地地导弹控制系统国外情况简报》供研究人员参考。他还特别提示大家，要批判地理解和利用它，吸取有用的东西启发思路，赶超世界先进水平。

平台—计算机制导技术是将平台上测得的三个姿态角信号经过分解器和综合后送到弹载计算机。同时将测得的三个加速度信号送到弹载计算机，由计算机根据制导方程和导引方程进行制导计算，控制导弹飞行。

平台—计算机制导技术的关键是要有运算速度快、小型化的弹载计算机，也就是集成电路计算机，由它完成制导程序的实时计算，发出各级关机信号、程序俯仰信号、遥测数字信息以及修正弹道用的导引信号。它的成败，关系着东风 5 号有没有聪明的大脑，决定着我国的战略武器能否形成战斗力。

1965 年，国外的集成电路刚刚研发出来，仅有美国民兵 –2 导弹使用了集成电路弹上计算机，元器件还经常出问题。而我国的计算机正处于从电子管向晶体管转变的时期，其整体技术还比较落后，梁思礼他们此时的决定无疑是具有前瞻性的大胆决定。梁思礼用"在白纸上画画"来形容这项任务的艰难："再难，也要咬着牙走下去，必须把技术掌握在自己手里，因为这是国家的需要。"

任务落在了梁思礼领导的控制所和航天 771 所身上。先由控制所下达任务书、提出技术指标，再由 771 所具体研制。

20 世纪 60 年代对于大多数中国人来说，计算机似乎是远在天边的尤物，不懂

图 7–2 梁思礼（右一）与沈绪榜讨论问题

得这项技术的大有人在。控制所的技术人员对计算机也不大熟悉，除了能提出体积、质量、可靠性与适应恶劣环境的要求外，提不出设计计算机需要的性能指标要求。因此，只有通过仿真计算来求出弹载计算机的字长、容量与速度等基本指标。

771所计算机专家沈绪榜院士回忆说：

> 那个时候，弹上计算机该怎么做是个空白，没有技术指标，没有合适的元器件。梁总根据现实条件，主动从系统设计上想办法，特意从控制所安排崔鑫水等人直接与我们一起研究摸索。那时候只有纸，好几盘纸带都给你，让你算出在指定精度、计算周期、体积、功耗不超过多少的条件下，做出这么一台计算机。接到这一任务，我就与崔鑫水一起在晶体管计算机上算。①

万事开头难，由于受当时工作条件限制，很多工作都需要手工来完成，大量数据只能靠穿孔纸带输入，运算一次很不容易，要花很多时间。为了赶时间，办公室里白天人人伏案，夜夜灯火通明，谁也不愿离开工作岗位。梁思礼经常到试验室了解指标计算、逻辑设计情况。沈绪榜等人就依据逻辑设计做线路设计、版图制作、芯片制备、器件组装、整机装调、运行考核、三防处理、例行试验等，这一系列的工作就像一条流水线一样不停地运转着。1966年9月，一台全部国产的22位双极小规模集成电路弹载计算机终告完成。

正当大家如释重负、喜极而泣的时候，一个坏消息传来：所有指标都达标，只有一个指标未达标——计算机体积过大，装不进弹舱，而且由于所用的组件太多，可靠性也不高。

梁思礼明白，解决的办法唯有提高芯片的集成度，芯片用的少，体积就小了，计算机上的组件少了，可靠性也就相对提高了。可在当时，这是个大难题，没有一年半载是搞不出来的。

---

① 沈绪榜访谈，2014年4月18日，北京。资料存于采集工程数据库。

梁思礼开动脑筋和大家一起商量，能不能从设计上来想办法，在满足精度要求下，调整计算机字长，这样计算机体积不就小了吗？

谈起当时的思路，梁思礼常常引以为豪：

> 我与一室搞制导系统的同志决定从理论和系统设计上去解决问题。我们重新推导了制导方程和关机方程，牺牲一些方法误差，以减少计算机的负担，从而减少计算机的复杂性。从整个制导系统来看，方法误差增大后影响不大。由此我们的弹上计算机采用的是增量计算机方案，没有乘除法，只有加减法，虽然粗了一些，但是少用了近1/3的集成电路，解决了小型化难题。①

沈绪榜非常感谢梁思礼，他说：

> 在我们的计算机研制遇上几乎不可逾越的鸿沟时，梁思礼从系统的角度考虑问题，放宽了设计上的方法误差，乘除干脆不要了，只搞加减，那就简单多了。对误差的分析，大家从方式上、从平台上、从计算机上这么一分配，就解决了大问题。②

虽然弹载计算机研制好了，但经过试运算，精度指标达不到，满足不了使用要求。沈绪榜与崔鑫水两人怎么也想不明白，自己是按教科书的精度分析方法分析的，怎么会出这么大一个漏子呢？于是他们天天待在实验室，一台机器两人用，X、Y、Z三个方向算，一个方向算不出，又改为另一个方向算，但还是找不到误差是怎么来的。就这样连续不断地算了三个多月后，梁思礼来到实验室和他们一起分析缘由，三人讨论来讨论去，终于想到这样分析的是一重积分的误差，而实际运动是从加速度到距离的二重积分，所以在这4毫秒的运算周期中，积累误差就来了。找到了

---

① 梁思礼口述，吴荔明、梁忆冰整理：《一个火箭设计师的故事》。北京：清华大学出版社，2006年，第73页。

② 沈绪榜访谈，2014年4月18日，北京。资料存于采集工程数据库。

误差的原因,他们由此提出了一种多重积分误差校正的新方法。

梁思礼说:

> 那会儿就是团队精神,就是大家互相帮助。系统有困难,他那边努力;他那边有困难,搞系统的努力。大家没有保留,互相协作。他的机器不保留,我们的计算公式也不保留,大家就在一起干,这确实是我们中国自己的创新,连个螺丝钉都是中国的,这是真正的国产化。

很难相信,东风5号洲际导弹上使用的第一台弹上计算机,竟然是只有12条指令、没有乘除法指令的算术型增量计算机,其运算速度只有每秒近两万次的水平,存储量小得只有768个字节,制导计算完全是通过增量的累加得到全量的。

1971年9月10日,这种计算机参加了我国东风5号洲际导弹的首飞试验,一举获得成功。

在1986年出版的《当代中国的航天事业》一书中,这样描述和评价梁思礼的创新性贡献:

> 为提高大型运载火箭的制导精度,专家梁思礼和他的同事们经过理论研究和反复计算,完成了关机方程和导引方程的推导,从而有可能用一个中速度、小容量的箭上计算机完成大型运载火箭的高精度复杂运算。这样的制导方案和国外常用的平台式制导系统相比,具有突出的优点和创新,为我国惯性制导系统的发展开辟了新的途径。[①]

在1993年梁思礼申报中国科学院院士的表格中,推荐者有这样一段话:

> 在火箭、导弹制导控制技术的理论和实践上,他具有很高的造诣

---

① 《当代中国》丛书编辑部:《当代中国的航天事业》。北京:中国社会科学出版社,1986年,第180页。

图7-3　1985年，梁思礼参与研制的液体地地战略武器及运载火箭项目荣获国家科学技术进步奖特等奖

和丰富的经验。作为控制系统的主要技术负责人，他在洲际导弹东风5号和长征2号运载火箭控制系统研制中，开创性地采用"平台－计算机"方案，从理论和实践上解决了弹上计算机集成电路化等许多科学技术难题。大大提高了制导精度，使洲际导弹准确命中目标。为此，他曾获得国家科技进步奖特等奖，为我国火箭、导弹制导控制技术达到国际先进水平做出巨大贡献。

闯关速率捷联惯导系统

导弹要准确地扑向目标，离不开方向盘把握方向。谁是导弹的方向盘？它就是控制系统中的惯导系统。梁思礼正是打造这个方向盘的人。

第七章　八千里路云和月

惯导系统主要分为平台式惯导系统和捷联式惯导系统两大类。二者主要的区别是：前者有实体的物理平台，陀螺和加速度计置于陀螺稳定的平台上，该平台跟踪导航坐标系，以实现速度和位置解算，姿态数据直接取自于平台的环架，它不仅体积大、重量重、可靠性低、维护复杂、费用昂贵，而且系统性能还受到机械结构的复杂性和极限精度的制约；后者利用计算机强大的解算和控制功能，摒弃机电平台，将陀螺和加速度计直接连在载体上作为测量基准，惯性平台的功能由计算机完成，该系统结构极为简单，减小了体积，减少了重量，降低了成本，简化了维修，提高了可靠性。1969年，美国将捷联式惯导系统作为"阿波罗"13号登月飞船的应急备份装置，在其服务舱发生爆炸时，该系统发挥了决定性作用，成功将飞船引导到返回地球的轨道上，成为捷联式惯导系统发展中的一个里程碑。

在我国早期的中近程、中程、中远程地地导弹研制中，由于没有计算机，采用的是不完整的惯导系统，叫作位置捷联惯导方案，是用位置陀螺确定导弹飞行中的空间位置，再通过计算装置来控制导弹的飞行轨道。位置捷联惯导系统傻大粗笨，方向把握的精度不高。

梁思礼有个非常好的习惯，经常关注国外精确制导技术的研究。他发现在保证命中精度的前提下，国外已经把低成本和小型化作为研制工作的重要参考指标。他敏锐地觉察出，捷联惯导进一步的发展是使用速率陀螺装置，就是速率陀螺加上弹上计算机，称为速率捷联惯导系统，这将成为中近程战术导弹最理想的选择。

速率捷联惯导装置由两个挠性陀螺、三个加速度表、电子器件与变换器组装在一起，装在弹体上。一个惯性组合可把弹体三个方向的速度、三个方向的角速率同时都测出来。这个装置小巧、灵活、精湛，造价每套仅百八十万元，每年可产几百套，配合四元数计算为数学平台，效果非常好。

相反，如果让战术导弹也使用洲际导弹的平台－计算机系统，那尺寸大暂且不论，仅每套两三千万元的成本、专业厂每年只能生产1~2套的速度都让使用单位吃不消。所以，梁思礼的意向很明确——近程、中近程战术导弹应该选择成本较低的速率捷联惯导系统。

20世纪70年代末，国家从"文化大革命"的阴影中走出来，梁思礼也迎来了思想创新、技术创新的春天。1978年7月，在中央派驻的工作队的主持下，一院党委重新任命了控制所的领导班子，梁思礼任所长兼党委副书记。1月31日，七机部党组决定恢复型号总设计师制度，并任命了各型号的总设计师，其中任命梁思礼为东风5号洲际导弹副总设计师[1]。

2月20日，七机部参加全国科学大会代表共76名，有148个项目获奖。梁思礼等参加大会并获得4项全国科学大会奖，即地地型号导弹补偿方案制导系统、脉冲数字控制系统研究、某导弹控制系统综合设计、某导弹全惯性制导系统。

再次焕发了青春的梁思礼，像是一下子回到了年轻时代。他积极组织速率捷联惯导系统的预先研究工作，一干就是10年。预先研究的课题组设在控制所，由一室、六室和13所的一部分人联合研究。

该课题开题时，一些权威人士听着连连摇头，认为是不可能的。理由一是，我国的惯性器件精度与国际水平相比还很落后，陀螺仪精度差50倍，加速度表精度差一个数量级；理由二是，由于陀螺漂移和加速度计的误差随时间逐渐积累，惯导系统长时间运行必将导致误差积累。

梁思礼的信念很坚定："什么事都是逼出来的。过去苏联撤走援助，把我们逼得能干了；现在困难逼我们，一定能把我们逼得更聪明。"

梁思礼反复给他的干将们打气：随着计算机技术的迅猛发展，运算速度提高、体积减小以及惯性器件精度的提高和尺寸的减小，都使得在运动体上构成捷联系统成为可能。

梁思礼思考着将陀螺敏感载体运动角速度的数据送给导航计算机，通过积分得到载体坐标系，再在导航坐标上转换矩阵，而后将加速度计测量所得的比力进行变换，根据转换矩阵和姿态方位的唯一关系计算出载体的姿态和方位角。

---

[1] 中国运载火箭技术研究院关于转发《屠守锷、梁思礼等同志任职的通知》的通知。

沿着这个思路，在工程实践中就可以将陀螺仪和加速度计直接安装在导弹上，省掉了机电式的稳定平台。但平台的概念仍然存在，它是用计算机软件建立的"数学平台"来代替机电平台实体，又称"软框架"，这样就为速率捷联惯导系统的发展创造了条件。

制导方案技术专家王永平说：

80年代中期，围绕着上平台系统还是上捷联系统有过一场大的争论。有的老专家提出捷联系统量程范围宽、动态误差大，精度不可能太高。但在梁思礼的力推下，课题组苦干了三年，用丰硕的成果打消了人们的疑虑。

课题组成员管润东动情地回忆到：

研制过程太艰苦了，什么事情都得自己动手干。我们在某机场做挂飞试验，由于是军用机场，空域飞行时间不便协调，接到通知就必须立即起飞。有几次是在 −15℃ ~ −20℃这样天寒地冻的时节做试验，我们都没有羽绒服穿，仅靠一件军用棉大衣御寒。我们在飞机上把惯性组合设备包上棉被挂在机舱外侧，舱门不能关闭，试验人员靠一条安全绳拴在腰间蹲着操作设备，遇上大风，人冻得浑身发抖，心里就想有一口热水喝就好了。有的人晕机呕吐，机上连塑料袋都没有，只好抓起鞋套往里面吐。在机场做试验，没有生活服务项目，连厕所都没有。遇上沙尘天，沙子打在脸上生疼，但是试验还要继续做，而且从飞机上下来，容不得你休息，就要当即处理试验数据，因为下一项试验在等着用呢。[①]

梁思礼对课题组的工作给予了极大的肯定，他说，这个课题非常重要！没有这个课题，就没有后来的捷联惯导。该课题为后来的型号研制创

---

① 管润东访谈，2014 年 7 月 30 日，北京。资料存于采集工程数据库。

新打下了很好的基础，成为我国真正的第一个应用型速率捷联惯导系统。

1987年结束课题时，梁思礼任该课题评审组组长。后来这个项目获得了国务院颁发的国家科技进步奖二等奖。

在这个课题的基础上，航天部开始在二院的一个型号、066基地的一个型号、一院的两个战术型号中应用，一院的型号最先打成功，随之，后续的型号也开始使用。

事情也不是一帆风顺，1991年有三个近程战术导弹使用该系统后，飞行试验都失败了，导弹落点出现很大的偏差。1992年，航空航天部林宗棠部长任命时任部科技委副主任的梁思礼和部总工程师王礼恒为精度分析小组组长，去解决试验中出现的故障。梁思礼组织一院有经验的老同志直接参加分析，后来发现是设计队伍地处三线，比较年轻、缺少经验，在结构上没有考虑惯性器件支架的位置和支架周围的环境等问题。使用该系统时，由于惯性器件是固联在弹体上，所以导弹发射飞行时的振动和冲击环境会使惯性器件发生动态误差，如果不注意惯性器件的"生存环境"，就会发生偏差[①]。没过多久，设计人员采取了一系列改进措施，很快就把问题解决了，使得这些战术导弹顺利定型装备部队，极大地提高了我国常规武器的战斗能力。

后来，速率捷联惯导系统遍地开花，几乎在所有的导弹型号上得到了应用，地地战术导弹、地空导弹、飞航式导弹、海防导弹都采用了此项技术，甚至神舟飞船的返回舱也用上了这个系统，还延伸到用于运载火箭的上面级，用于运载火箭冗余制导，梁思礼领导的团队走出了从成功到成熟的道路。

1993年，使用了速率捷联惯导系统的导弹交付给二炮部队列装。1995年在人民解放军进行的东海演习中，该型导弹发发全中，大大助长了军威和国威。

---

① 梁思礼：《关于某型号02批连掉三发的故障分析及处理情况》。资料存于采集工程数据库。

给导弹配上精明的体检师

导弹发射前，必须经过严格的"体检"，要全面检查导弹身体的各个部位性能、参数是否达标。

梁思礼负责的地面测试发射控制系统就是导弹的体检师。地面测试发射控制系统一般由测试和发射控制两部分组成。测试部分负责参数测量，发射控制部分具有供配电、状态控制与显示、点火与紧急关机等功能。

地面测试发射控制技术经历了手动、程控、计算机控制、CAMAC 测试系统、VXI 测试系统和 PLC 程控器控制技术的发展过程。这个过程与我国导弹、火箭技术的发展紧密相连，是一个结合我国国情不断采用新技术，完善功能、提高性能和自动化程度的过程。

梁思礼亲身经历了这个艰难的发展过程。20 世纪 60 年代初，我国近程导弹使用的测试发射控制系统基本是手动操作，用电表和人工读数进行参数测量，用人工扳开关和继电器电路实现状态控制。那时，完成全部地面综合发射测试约需 8 小时。到研制中程导弹时，采用了半自动化测试，发射准备时间为 3 小时。到研制中远程导弹时，虽然采用了自动化测试，但由于测试项目多、测试状态多，发射准备时间约为 6 小时。

随着计算机技术的飞速发展，计算机智能化的优点越来越显现。梁思礼敏锐地感觉到，应当让这个聪明的家伙加盟导弹体检师的队伍。

梁思礼首先想到了一个人——弹上计算机的设计专家沈绪榜。他把沈绪榜请到酒泉导弹试验基地。当时，东风 5 号已经使用沈绪榜和他的同事设计的弹上计算机，他想听听这位计算机专家的想法。

沈绪榜回忆说：

在基地，我第一次看到了自己设计的弹载计算机和洲际导弹，我也看到控制系统的测试设备功能有些不完善，无法测试到控制系统的各个部分。于是,我就将自己的想法告诉我们771所带队的副所长。副所长马上跑到副总指挥钱学森那儿去汇报了。第二天,钱学森的秘书把我找去,我向钱老详细汇报了用计算机对控制系统进行测试的方案和30多个测试项目的测试方法等构想,并说明这需要控制所支持才能干得了。钱老听了我的汇报,当即决定这一任务交给771所完成,由控制所抓总进行测试。①

当时梁思礼正带着大伙儿研究计算机测试的可行性,听到这个令人兴奋的消息,一个词儿立即冲进脑际——相见恨晚。他马上跑到沈绪榜的宿舍,抓住他的手连连说:"你说得真好,我也有同感,应该这样,应该这样。"

根据沈绪榜的建议,钱学森提出利用弹载计算机,加上若干地面设备(如信号源、采样开关、测试控制台等)来测试弹上控制系统。这样,到1971年导弹准备进行首次飞行试验时,梁思礼决定把由地面测试设备来测试的方案(简称地测方案)改为用弹上计算机来测试的方案(简称弹测方案)。

由于计算机比程控电路的功能更强,弹测方案丰富了测试内容、缩短了测试时间、提高了测试效率。该方案利用计算机的算术运算和逻辑运算功能,实现了数据的自动转换、自动装订及校验等功能,改进了测试方法,增加了测试项目。一些需要较多计算的参数测试,以往不具备条件,现在都可进行测试,例如惯性稳定平台的稳定回路的动态测试、加速度表的当量值测试、姿态角传感器传递系统测试及惯性器件的指令检查项目等,都是采用弹测方案才实现的。

弹测方案还采用了抗干扰能力强的积分式模数转换器,可定时自动进行"零位"校验、修正转换系数及"漂移"系数,以减少环境条件对模数转换器的影响,保证测试精度。由于实现集中显示、测试和控制,使地面电缆网减少一半,既节省了费用又便于操作。在数字传输电路中,还首次

---

① 沈绪榜访谈,2014年4月18日,北京。资料存于采集工程数据库。

采用了镀膜屏蔽电缆代替过去的同轴电缆，而且随时可以把测试数据和状态信息送向发射团监控指挥中心。

梁思礼回忆说：

> 钱学森很赞成弹测方案，还专程到我们综合试验室来找我，我也很赞成，所以很快我们就干起来了。我提出综合测试必须与搞计算机的联合起来，因为一方知道该怎么做，另一方知道该怎么测，这样就能想办法去做好。

为了实现弹测方案，梁思礼与从事综合测试的孙凝生等人做了大量的工作。他们与771所承担弹载计算机和测控台、计算机研制的设计人员一起协同工作，为了增加弹载计算机的功能，控制所主动把指令系统做了改动。经过各有关方面的努力，弹测方案终于获得成功。

这两种方案相比，在测试体制、方法、功能、速度、抗干扰性能和故障诊断等方面，弹测方案比地测方案均有较大提高。测试方法的改进大大缩短了测试时间、提高了测试效率，对于提高导弹作战反应能力具有极大的现实意义。

任何事物都有两面性，弹测方案也有它的不足之处。弹载计算机的基本任务是完成导弹飞行中的控制，有些试验测试状态因与基本任务相矛盾而不能进行。随着计算机技术的发展，梁思礼他们又研制了专门用于地面测试与发射的计算机，这样两类计算机可以各司其职、互不干扰、各显其能。

后来弹测方案也运用到了运载火箭上，第一个应用的是长征三号运载火箭，获得了很好的效果。20世纪70年代，把计算机控制纳入测试系统，成为我国运载火箭地面测试发射控制分系统发展的阶段性标志。

走出"作坊"

1984年8月，一颗返回式卫星发射在即，可是在测试时突然卡壳，卫星试验队带来的测试设备机箱风扇发生了故障，卫星测试只好暂停。大家急得像是热锅上的蚂蚁，一拨人在想办法排故，另一拨人在和北京商量对策。然而，时不我待，按照发射进度，卫星必须在一定时间内完成测试。即使从北京再带一台设备，也是远水解不了近渴。如果耽误了星上控制系统测试，就会错过最佳发射窗口，导致卫星入轨后无法正常工作。想到后面带来的麻烦，卫星试验队里笼罩着一片焦虑的气氛。

这时，有个试验队员说："现在全航天系统都要求用'卡马克'，火箭试验队带了一套备用设备，咱们干嘛不去他们那里借用一台机箱用呢？"一指捅破了窗户纸，这句话提醒了卫星试验队，他们赶快派人去火箭试验队借来一台测试机箱，插入卫星控制系统测试模块后，卫星测试工作得以继续进行。

"卡马克"指的是CAMAC，是英文Computer Automated Measurement And Control 字头的缩写，即计算机自动测量和控制国际通用标准接口系统。试验队用上这个系统，最大的功臣莫过于梁思礼。

无论是导弹，还是火箭、卫星，发射前的体检工作和发射后的数据分析工作一个也不能少。20世纪70年代以前，我国导弹自动化测试的程度很低，大部分的测试工作都是手动的人工操作和利用机械式或电子控制的巡回检测装置，只有特殊的重要的部分才使用电子计算机，从而测试时间较长。由于操作人员容易失误，测试结果也难以重复，出现差错时也难以查找。最为严重的是，各个型号队伍都各自研制一套自己的测试系统，大家都从头做起、互不通气，测试设备都是专用的，不仅各型号之间不能通用，有时同一个型号的不同批次也不能通用。随着导弹型号越来越多，每批产品之间的技术状态和指标不同，加上航天产品技术复杂、功能全、批次多，测试的难度增加，每上马一个新的型号，就要研制不同的专用测试设备，呈现"百花齐放"的乱象。

梁思礼看在眼里急在心头，他对此进行了认真的调查，发现当时航天系统有20多个单位、三四千名技术人员在干同一类的事情，大家闭门造车，技术上往往是低水平重复；新的型号上来了，老型号的测试系统就搁置起来，仅以70年代末期的统计为例，设备重复研制生产的经费已花了几千万元；如此做法，既耽误研制进度，又浪费大量的人力、物力和财力，还给部队的使用带来很大麻烦。

梁思礼认为，这是直接关系部队战斗力的大事，必须痛下决心，使导弹的测试彻底走出小生产的"作坊"模式。

1980年5月，东风5号试验成功后，国防科委主任张爱萍针对型号测试工作中设备分散、批次多、互换性差、低水平重复研制等问题，提出要搞标准化、系统化、通用化、规格化的通用自动化测试系统研制的指示。七机部根据张爱萍的要求，于1980年11月在郑天翔部长的大力支持下，由林爽、宋健两位副部长挂帅，组织一院、二院、五院成立了由7人组成的测试、遥测总体方案论证小组。这个小组对部内外负责研制生产测试设备和数据处理设备的20多个部、所、厂、站进行了调研，调研地区遍及北京、上海、沈阳、哈尔滨。

通过对现有计算机系统方案及各种接口方案的梳理和分析，论证小组确定了"测控系统必须引入计算机为主机"的控制方案，采用标准化、系统化、通用化的模式，采用模块式组合结构，尽量减少控制设备的数量。基于这三条思路，论证小组通过对几种国际标准的比较，选择了国际上美、苏、日、德、法、英等20多个科技先进国家都采用的CAMAC系统，并形成方案论证报告。该报告包括结构标准、信息传递标准、模拟信号标准和软件标准等多种国际标准。CAMAC系统的特点是接口标准化、功能模块化、结构积木化。它对外部设备和计算机依赖性小，如要改变主机机型，仅改动U型机箱控制器或分支驱动器即可，在计算机硬件日新月异的时代，它可以随时方便地升级换代而不必像专用系统那样大动干戈。

方案论证报告很快得到部党组的批准，1981年7月23日，七机部下发了《关于研制通用测试设备的通知》[①]，明确要求今后研制的导弹、卫星、运载、弹头、战术导弹及地面系统的综合单元测试设备都要统一到 CAMAC 系统上来。

1981 年 9 月，航天部从几个研究院中集中了从事地面测试设备研制的技术人员组成总体组，正式成立了 CAMAC 系统总师系统。由于总体组的人员来自于一院 12 所、二院 17 所、五院 501 部和 502 所，所以 CAMAC 工程代号为"一二五工程"，梁思礼为总设计师。

在梁思礼的带领下，"一二五工程"研制的序幕拉开了。相继开始了总体设计、系统设计、模件研制、软件研制、系统实验等各阶段的研制工作，CAMAC 系统标准规范等文件的制订也同时展开。

首先，梁思礼与总体组确定了系统控制方案、各项总体设计文件和模件的研制方案。用于测试的计算机根据不同的场合和用途，选用了两种微机系统，一种配用 CCU 控制方式，另一种配用分支驱动器控制方式，

图 7-4　1988 年 10 月，梁思礼（左六）参加某型号 CAMAC 测试发控系统鉴定会

---

① 七机部《关于研制通用测试设备的通知》，1981 年 7 月 23 日。存于航天档案馆。

第七章　八千里路云和月

然后选择一院和五院5个型号的导弹、火箭、卫星作试点，用上述两种CAMAC控制方式实现试点型号的测控和综合测试。

其次，根据系统测试控制对象化的要求研制不同模件，用以完成不同的测试控制任务。如选用采集开关、A/D变换器、交流变换器能完成直流电压和交流电压的测试，选配相应的控制开关和D/A变换器可以输出模拟量控制输出。总之，两种微机系统和系统配置相应的模件和软件，不仅能完成直、交流电压量、电流量、时间率、频率值、相位、转速、温度、反电势等各种物理量的测量，还能完成高精度的测试、长距离的传输。

另外，总师系统还组织编写了《"一二五工程"总技术条件》《"一二五工程"功能模件任务书》《"一二五工程"电子元器件筛选条件》等一系列设计文件和测试方针及质量管理规范等文件。

在工程的研制中，梁思礼以对工作高度负责的精神，始终与总体组一起制订正确的系统方案及各种技术指标，带领全体人员精心设计、科学施工。在关键时刻，他敢于拍板，对CAMAC系统应用于正在研制中的型号起到了积极的促进作用。当时型号的测试设备水平还很落后，使用计算机的测试设备并不多。CAMAC系统用于导弹、火箭和卫星的测试设备属于一项新生事物，领导和总师需要承担一定的风险，对测试设备研制人员的个人利益也有一定的影响，因此在推广时还是遇到一些阻力。

为推广CAMAC系统，1985年梁思礼撰写了《在航天部内全面推广贯彻CAMAC系统标准》[①]一文，并在多个研究院、所做报告，苦心孤诣地介绍CAMAC的作用，不厌其烦地宣传推广CAMAC将给航天发展带来的好处，还编写教材组织培训。

梁思礼以及研制团队成员多次深入一线，进行大量解疑释惑的工作，并最终得到运载火箭技术研究院领导的大力支持，率先将CAMAC系统用于东风5号（01批）综合测试设备、某导弹型号和长二丙运载火箭地面测试系统、两种返回式卫星姿态控制系统测试设备中，并取得了很好的效果。

---

① 梁思礼：《梁思礼文集》。北京：中国宇航出版社，2004年，第49页。

在总体设计完成后，梁思礼他们又组织各研究院分头搞不同的硬件模块和软件，从 1981 年 9 月至 1984 年 9 月，经过三年的努力，完成了上百种硬件模块和几十种应用软件。严格按 CAMAC 系统标准规范研制生产的 55 种硬件和 5 个软件文本通过了部级鉴定，开发的多个战术战略导弹、卫星 CAMAC 应用系统和工业仿真系统中有 7 个通过部级鉴定，充分证明了 CAMAC 系统标准能够满足航天部各型号或工程的测试与控制任务的要求[1]。

几个试点的实践证明，采用 CAMAC 系统标准规范是型号和其他测试设备通向模块化、通用化、系统化、标准化和自动化的重要途径。有了 CAMAC 系统标准规范，设计师特别是系统设计师就可以根据各自的实际需要，使用 CAMAC 硬件和软件产品，快速、灵活、方便地组建各种规模通用的 CAMAC 测试系统。这些 CAMAC 硬件、软件和测试系统与以往研制的专用测试设备相比，具有较好的质量、较高的可靠性和自诊断能力，使研制经费大大降低。大系统的测试设备每套可节约 80 万~100 万元，小系统的测试设备每套可节约 40 万~60 万元。不同型号的测试设备的继承性可以达到 60%~70%，使型号所需要的测试设备的套数明显减少、研制周期缩短 50%。另外，由于采用了 CAMAC 系统标准规范，使用部门可以缩短培训时间，方便维护、修理和使用，便于军民品结合，还有利于国际技术交流和向国外出口航天产品。

本节开头的一幕，就是试点中发生的真实故事。由于使用了 CAMAC 系统的通用机箱，卫星试验队可以使用火箭试验队带去的机箱，所以很快解决了问题，保证了发射前测试任务的顺利进行。像这样的例子还有很多，而这在以前是根本不可能做到的。

此后，航天产品的地面测试系统不再允许各型号自搞一套，而是把经费和精力投入到水平更高的专用模块和功能模块的研制上。适应中国国情的 CAMAC 系统的研制推广成功，使我国导弹、运载火箭、卫星的地面测试设备变"百花齐放"为"一枝独秀"，逐渐走出小"作坊"，得以向标准

---

[1] 航天工业部颁发的 CAMAC-GPIB 接口模块的研制鉴定证书，1986 年 4 月 8 日。存于航天档案馆。

化、系列化、模块化方向发展，现代化水平得到不断提高，为赶上和达到世界先进水平奠定了扎实的技术基础。

从1985年到1991年，"一二五工程"共获得部级科学技术进步奖24项，其中一等奖5项、二等奖11项、三等奖8项。1987年，梁思礼因为在CAMAC工程研制工作中的突出贡献，获得国家科技进步奖二等奖。

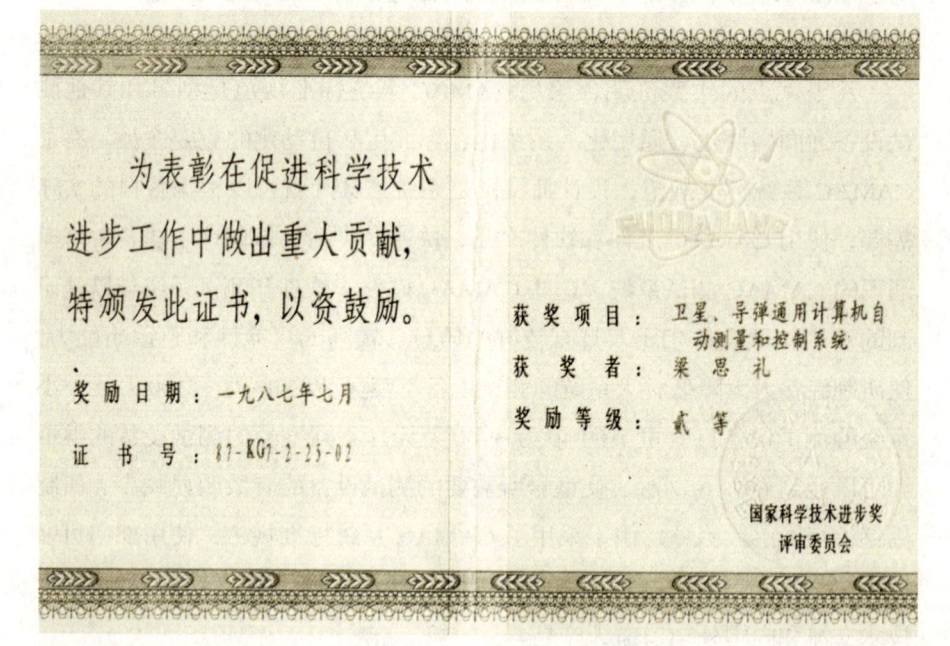

图7-5 1987年7月，梁思礼率队研制的卫星、导弹通用计算机自动测量和控制系统项目荣获国家科学技术进步奖二等奖

第八章
水头如箭破夔门

梁思礼是航天工程领域中不可多得的具有前瞻性思维和勇敢担当的人。

父亲早年"放洋",东临日本、西游欧美的经历使得梁思礼很早就知晓"天外有天";8年的美国留学,更使他具备了良好的外语、开阔的视野和多维度思考问题的能力。他虽然是导弹控制专家,但他的思想从不局限在控制系统,他对新鲜事物具有极强的敏感性,经常考虑很多与航天事业发展有关的全局性问题,他的许多重大建议和实施,往往如同引发一场脑力震荡一样,促进技术、管理革命。

提出可靠性工程新思路

1980年夏末秋初的一天,时任七机部第一研究院[①]党委书记的张镰斧找到梁思礼,对院里的一项提拔决定进行了一次例行谈话。

张书记告诉梁思礼,研究院准备任命他为副院长,并就今后的工作

[①] 后来改名为中国运载火箭技术研究院。

意向征求他的意见，梁思礼当即表示希望从事型号产品质量方面的工作。1980年11月17日，梁思礼被正式任命为第一研究院副院长，主抓质量工作。从此，他走上了型号产品研制质量和可靠性工程的研究、探索之路。

20世纪80年代，正是美国企业开始应用质量管理大师威廉·爱德华兹·戴明的理论进行大规模质量管理体制变革的时期。

戴明是美国人，他的理论创建于20世纪40年代，他倡议把统计学运用于工业生产，强调质量控制的重要性，但是没有引起美国企业和政府的重视。1947年，他被盟军最高指挥部派赴日本，帮助当地的战后重建。战后的日本，工业基础几乎全被战争摧毁，物质的匮乏使大量美国货流向日本，日本对美国的贸易产生了巨额逆差。当时的日本产品以质量低劣而闻名。国际市场上，"Made in Japan"的标记等同于劣质产品的代名词。

过去，几乎所有人在质量管理上都有两个认识误区：一是认为质量是生产者的责任，二是认为高质量必然造成高成本。而戴明为了澄清这两个误区不遗余力。他在东京向日本最有实力的21位企业家（控制着日本80%的资本）传授管理思想时强调："大多数的质量问题是管理者的责任，不是工人的责任，因为整个愚蠢的生产程序是由管理者制定的，工人被排除在外。"同时他指出："如果能争取一次把事情做好、不造成浪费，就可以降低成本，而无须加大投入。"

在随后的30年间，戴明不断完善关于质量管理的理论框架和操作要点，如"管理十四要点"、分析解决质量问题的"四步质量环节：学习、吸收、消化、创新"等，都是在日本成型的。

戴明的一整套理论在日本创造了奇迹。1955年，日本的产品质量总体水平超过了美国；到了20世纪70~80年代，不仅在产品质量上，而且在经济总量上，日本工业对美国工业造成了巨大的挑战，来自全球各地的买主均为日本产品疯狂不已，日本的企业界对戴明感恩戴德，称他为质量管理的"教主"。此时，美国才如梦方醒，赶紧"出口转内销"，推行戴明的日本经验。

梁思礼是对国外新经验非常敏感的人，也很善于与自己的工作实践相结合，解决新问题。当时研究院内型号研制任务不断增加，新技术大量应用，产品质量问题层出不穷，各级领导为此疲于奔命，到处"救火"、堵漏洞。他担任主管质量的副院长后，更加迫切地感到必须探索一条新的快、好、省的产品质量可靠性工程道路。

可靠性工程是为了达到系统可靠性要求而进行的有关设计、管理、试验和生产一系列工作的总和。它是在总结工程经验并伴随着近代数理统计学、系统论发展的基础上逐步形成发展起来的，利用可靠性工程技术手段，能够快速、准确地确定产品的薄弱环节，并给出改进措施和改进后对系统可靠性的影响。

梁思礼意识到，在航天系统内，对于可靠性工程的理解过于看重它的事后影响，所以早期对航天型号产品的可靠性研究偏重于产品失效率的统计计算，对于正在研制的产品走的也是以试验、筛选、检验控制为主，设计为辅的"失效工程"路线。通俗的说法叫作"马后炮"。

梁思礼对自己多年亲身经历的导弹控制系统研制工作中的成功经验和失败教训进行了反思和总结：

> 研制第一代武器的教训就是在型号开始时和整个研制过程中对质量和可靠性重视不够，直到遥测弹开始总装齐套时才强调质量。在总装测试之前，甚至在出总装厂之前，才搞群众运动式的质量复查，有时在靶场即将试射时还要复查质量，这种最后算总账的办法实际上是一种"不得已而为之"的办法。当然做比不做要好，但它是不能从根本上解决问题的。因为，如果没有做到"从头抓，不间断地抓"，到总装测试时，设计和生产都木已成舟，即使在复查中发现了质量问题，改也困难。过去质量复查往往只能补补漏洞、小修小改，不能从根本上消除隐患。在更多的情况下，只是判断一下质量问题可能带来的后果，如后果不严重，就只好带着问题上天。
>
> 第一代武器许多质量问题的"病根"，在于有些新技术在预研工作不充分的情况下就仓促上马，边研制边攻关。但型号产品有时间要求，没有时间去解决技术关键，只好带着问题步入以后的研制阶段。
>
> 我们过去也有成功的经验，如某某在20世纪60年代初期，当时

是按专业分院,比较认真地贯彻了聂总的"预研、型号研制和小批量生产"三步棋的方针。在某某上马之前,发动机、惯性器件、控制系统等都有了比较充分的预研储备,某些关键元器件的技术关键问题均已突破,新的制导系统已通过试验弹的系统试验。因此,某某从设计方案到第一发飞行试验仅用一年九个月的时间,而且质量一直比较好。①

梁思礼越来越清晰地认识到,只依赖成品检验和统计计算的质量管理方法已经不能满足当前武器多型号研制发展的需要。他查阅了一些国外的资料,但是当时正值改革开放初期,国门刚开,关于质量管理的理论大多是一些从事批量生产企业的资料,而像航天部这样既有设计,又有生产、试验等研制任务的综合性很强的单位可借鉴的资料和经验都很少。航天工程本身又是一个大型的系统工程,不像电视机、电冰箱或机床等民用工业产品那样单纯,所以既无理论又无现成的经验可以照搬。

梁思礼在1982年所长质量工作会议上总结道:

  我们是你中有我、我中有你的大系统,可借鉴的资料就更少了,我们只能通过总结自己的经验,学习运用全面质量控制原理和普遍规律,结合自己的情况,从现有的水平出发,去创造,去实践,逐步地形成航天部全面质量管理系统的方法和理论,靠自己去闯出一条具有航天部特色的全面质量管理的道路来。②

他特别提出了自己的新观点:

  过去,人们往往把可靠性工作和概率统计、可靠性预测及可靠性评估、抽检等可靠性数学联系起来。我认为,航天产品的可靠性工作

---

① 梁思礼:导弹控制系统研制工作的质量和可靠性管理(一).《微电子学与计算机》,1992年第2期,第1-4页。

② 梁思礼:《梁思礼文集》.北京:中国宇航出版社,2004年,第20页。

不是一个学术问题，而是一个工程实践的问题。[①]

梁思礼总结分析了航天型号研制的现状和特点：

第一，子样少。航天产品的研制不同于民用产品的批量生产，每个批次的研制产品数量很少，而且设计都各不相同。"在小子样情况下，运用数理统计方法很难达到应有的置信度，计算出来的东西不可信"。所以不能仅依赖失效概率统计去筛选、检验和把关。

第二，研制周期有限，导致质量与进度发生冲突。在计划安排时，往往是预定了一个完成日期，然后从后向前倒排，也叫"后墙不倒"。每个研制阶段并未按科研规律和程序的需求分配时间，而是取决于最终上交产品的期限。

第三，研制经费有限。经费下达往往只考虑型号产品研制成本，未包括可靠性工作所需的资源。

在这种情况下如何提高航天产品的可靠性？梁思礼进行了大量的调研，总结了正反两个方面的经验教训。1982年，他撰写了一篇文章《导弹控制系统研制工作的质量和可靠性管理》，全面阐述了他调研后对可靠性工作本质的理解。

> 日本的可靠性专家指出："质量是生产出来的，不是检验出来的"。
>
> 这句话很有道理，但不够全面。全面地看，可靠性和质量是设计出来的、生产出来的、管理出来的，而不是试验出来的、检验出来的、统计分析出来的。
>
> 可靠性工作在本质上是一个管理问题。在具体实施上，又是要在整个型号研制过程中，解决一系列问题的工程技术。应从工程技术的角度考虑和处理这一问题。可靠性工作只有渗透到每一个研制阶段，每一项科研、设计、生产任务中去，才能真正奏效。各种试验、工厂检验、质量复查都是可靠性工作的必要手段，今后必须加强，但它们

[①] 梁思礼：导弹控制系统研制工作的质量和可靠性管理（一）。《微电子学与计算机》，1992年第2期，第1页。

只能说明产品可靠性的现状。同样,可靠性数学的应用及普及推广也是必要的,但我们只能用它作为一种工具,定量地预测或评估产品的可靠性。它只能比较定量地说明产品的可靠性达到多少,靠它不能提高可靠性。要想从根本上提高产品的固有可靠性,只能通过周密的设计、精心的生产和严格的管理。①

梁思礼还对"产品的质量和可靠性是设计出来的、生产出来的、管理出来的"理念做了详尽地解释:

> 设计本身就决定了产品固有的可靠性。生产是按照设计的要求去做。如果图纸本身的可靠性水平就那么高,生产也无法提高。有许多表面上看来是生产质量问题,仔细分析起来却是因为设计质量造成的。原材料、元器件本身的质量及其正确的选定,正确地使用是设计的基础,还有工艺方法和环境条件的确定,试验技术、试验参数的正确性、计量标准的精确度、测量仪器的好坏、计算方法和计算工作的正确性、各种各样的技术保障工作等,都是基础性的东西。根深才能叶茂,一座高楼大厦建筑在沙滩上,是站不住脚的。
>
> 研究设计也好,试验也好,应该是"金字塔"式的,也就是基础要宽大,全弹(即塔尖)才能稳固。而现在成了"陀螺",成了"倒三角"。我们的劲头、领导的精力、我们的经费应该更多地用在哪里,是用在前工序还是后工序呢?我们现在是按"倒三角"式的不稳定的形式工作,而不是"金字塔"式的稳定的形式工作。我们今后应该更加重视技术基础工作,把主要精力放在前工序上,特别是要加强预研工作、方案可行性论证、方案设计、元器件质量及试验工作等。②

---

① 梁思礼:导弹控制系统研制工作的质量和可靠性管理(一)。《微电子学与计算机》,1992年第2期,第1页。

② 梁思礼:《梁思礼文集》。北京:中国宇航出版社,2004年,第19-20页。

梁思礼的这一观点给当时相对封闭的航天人注入了一股清风。在他的启发下，航天质量管理理念提升了一大步：系统可靠性不能仅仅依靠对系统的检验和试验来获得，还必须从设计、制造和管理等方面加以保证。首先，设计是决定系统固有可靠性的重要环节，制造部门力求使系统达到固有的可靠性，而管理则是保证系统的规划、设计、试验、制造、使用等阶段都按科学的程序和规律进行，即对整个系统研制实行严格的可靠性控制。各级领导很快达成了以上共识。

梁思礼又借鉴国外的可靠性理论结合中国航天的小批量研制生产实际，总结提炼出"十倍理论"[①]"水桶理论"[②]"全面质量管理十原则"[③]，用以指导一院的质量可靠性工作。

"十倍理论"即可靠性工作应从源头抓起、工作重心前移，即从导弹研制过程的源头抓起。航天产品的研制过程为：预先研究—方案设计（包括技术攻关）—初样设计—试样设计—飞行试验—定型—批量生产。只有抓好预先研究这一源头，才能达到事半功倍的效果，它是实现快、好、省的产品研制目标的前提和基础。经过充分完整的预研设计，是产品高可靠运行的关键所在，型号研制工作每深入一步，对系统或硬件的设计修改就增加一份困难，所付出的代价也随之增大。一个问题处在概念设计阶段时，可能花一元钱就能解决，而问题拖到方案设计阶段，就要花10元钱，拖到初样阶段，就要花100元钱，以此类推。拖到定型阶段，则木已成舟，花再大代价也无法更改。"十倍理论"表明两者呈数量级变化的关系。

"水桶理论"即水桶装水多少取决于最短的一块木板，"整个产品的可靠性取决于最薄弱环节的可靠性，最薄弱环节加强了，产品的可靠性也就相应提高了。"然后对下一个薄弱环节再加强，这样，总的可靠性就会逐步提高。

---

① 梁思礼口述，吴荔明、梁忆冰整理：《一个火箭设计师的故事》。北京：清华大学出版社，2006年，第87页。

② 梁思礼口述，吴荔明、梁忆冰整理：《一个火箭设计师的故事》。北京：清华大学出版社，2006年，第87页。

③ 梁思礼：《梁思礼文集》。北京：中国宇航出版社，2004年，第19-26页。

"全面质量管理十原则"即预防为主，事先控制，将事后把关转变为事先控制；从源头抓起，实现全研制过程的质量控制；可靠性设计，编写《可靠性设计手册》，加强设计评审；可靠性增长及充分的地面试验，PDCA循环，用充分的地面考核试验检验设计方案的正确性；举一反三，防止故障再发生；提高外协件的可靠性，抓质量信息的积累和反馈；加强技术基础工作；生产过程质量控制；用全员的工作质量来保证产品质量；使用和维护问题。

　　这十条原则涵盖了研制工作的方方面面，既有原则又有具体内容，非常全面、实用。如在"可靠性设计"原则中，对编写《可靠性设计手册》以及落实、设计、审核职责等提出了明确的要求。在"可靠性增长"原则中，强调过程管理、改进，"尽早告警，及时纠正，也就是PDCA循环的原则，尽早发现薄弱环节，及时解决"。在"举一反三"原则中，则重点说明当产品出现故障后，一定要追根求源、彻查原因，针对失效机理采取相应的改进措施，避免类似问题再次发生，使质量问题彻底"归零"。在"加强技术基础工作"原则中，提出了提高元器件、元材料的可靠性，

图 8-1　1992 年梁思礼调研长二 E 火箭质量问题

加强工艺基础、计量及标准化工作等。

为了使十条原则得到落实,梁思礼一方面积极向下属厂、所推广十条原则,强调全面质量管理要做到"三全",即全面工作、全过程、全员参与,还制订了一系列保障措施,如建立质量管理体系,为质量工作"立法";加强信息系统的管理及质量教育培训,制订质量保障计划等。

在他的大力宣传和推广下,产品质量和可靠性的三个"出来"的观点逐渐深入人心,得到一院和七机部领导的一致认同。他推行的关于质量和可靠性的一系列观点、建议和措施在科研生产中得到积极推广并取得明显效益,使一院逐渐走出质量问题成堆的困境。其中最明显的效果,就是我国的长征二号运载火箭连续成功地把23颗返回式遥感卫星送上天,该火箭也因此获得了航天总公司颁发的"金牌"火箭称号。

梁思礼在可靠性领域做出贡献的可贵之处有三点。第一,具有开创性。20世纪70年代以来,国内军工行业遭到"文化大革命"的破坏,科研管理体系已濒临瘫痪或半瘫痪状态;国际环境也处于冷战时期,国外科技信息对我国已封锁多年。因此,在无现成经验可以借鉴的情况下,他探索并倡导了一系列适合中国航天国情的质量可靠性理念和方法。第二,方法有效。他提出的一系列提高产品质量和可靠性的措施切实可行,"从实践中来,到实践中去",对航天型号产品质量的持续改进大有益处。第三,注重提高。他提出全面质量管理的概念,强调质量可靠性必须渗透到科研生产的全部过程中、覆盖到全体人员和全部工作中。

1992年任新民院士主持召开载人航天可行性论证会时,梁思礼做了一个《关于载人航天的可靠性考虑》报告。与会专家认为,报告针对载人航天工程提出了"极小批量的全面质量管理十原则",对载人航天工程的质量和可靠性具有十分重要的意义[①]。梁思礼在航天型号质量可靠性方面的有益探索受到了钱学森、林兰英、庄逢甘等专家及同行的肯定和好评。庄逢甘院士曾这样评价:"梁思礼在导弹控制系统研制工作的质量和可靠性管理方面发展了一套适用于整个航天产品的管理办法。"

---

① 梁思礼:关于载人航天的可靠性与安全性考虑.《质量与可靠性》,2000年第4期(总第88期),第3—5页。

中国火箭技术研究院自动控制所原所长董若环对他们的老所长梁思礼有着深深的敬意：

> 梁老对航天可靠性工程作出了精辟的论述，他是可靠性工程学的倡导者和创造者，也是推行的人。老所长梁老讲的"可靠性是设计出来的、是生产出来的、是管理出来的，不是检验出来的"，他这种指导思想一直是我们自动控制系统研制工作的一个指导原则，在各种研究、设计、试验和生产、验收工作中得到了认真贯彻执行。梁老提出全面质量管理，这个全面是指三个方面：全部门、全过程和全员，相当于全体参加科研工作的人员都来参加质量管理，最终的目的是提高可靠性。梁老的这些论述是我们学习的依据，《梁思礼文集》中的第一篇文章就是他的可靠性论述——《导弹控制系统研制工作中的质量和可靠性管理》。所以我们首先贯彻执行的就是他的"可靠性是设计出来的"这一观点。我们进行各种导弹型号的控制系统设计时，实际是落实了他的这种指导思想。像长征二号F运载火箭，就是运送神舟飞船上天的火箭，这个火箭的可靠性至关重要，当时研制的时候就提出了"三高"要求，即高可靠性、高安全性、高质量。老实讲，在整个型号研制过程中间，梁老的"可靠性是设计出来的"的思想一直起着指导作用，我们在具体的研制过程中采取了很多冗余设计措施，直接提高了可靠性。所以运送杨利伟上天以及后来运送多名航天员上天的长征二号F运载火箭一直都是很可靠的。这是梁老提出的指导思想在我们这里奠定的基础和显出的效果。①

梁思礼曾担任航天部科技委可靠性专业组组长、宇航学会可靠性专业委员会主任、航天质量协会领导等职务，他在不同场合积极宣传，不遗余力地推动各项质量工作的落实。他撰写的《导弹控制系统研制工作的质量和可靠性管理》被收入《中国科学技术文库》。

---

① 2016年5月董若环在十二所梁思礼同志追思会上的发言。

除了研制洲际导弹的贡献之外，梁思礼在可靠性工程方面做出了突出的贡献，1993 年 6 月，他当选为中国科学院院士。

推广 CAD/CAM 技术

在主持了两年质量工作以后，1983 年梁思礼又有了新的"发现"——影响航天产品质量中的人、机、料、法、环（人员、机器、材料、法规、环境）等诸多因素中，人的因素所占的比例相当大。比如，当时航天产品的机械和电路板图纸都是由设计师手工绘制，机械图由描图员、晒图员复制为蓝图，电路板图由贴图及照相工人复制为底片，然后才下车间加工。中间环节多、出错概率大、修改困难、效率低下；产品的力学、热学特性等只能等加工出成品后，通过试验得出结论；产品的制造模式已经不能适应现代型号产品生产发展需要。

由于梁思礼早在东风 5 号洲际导弹采用计算机方案就开始接触计算机，对其功能和特点有较深刻的了解，所以他想到，如果能够运用计算机技术，通过编制各种程序、驱动各种控制来完成不同的人工工作，就能大大减少出错的可能，因此他开始关注 CAD/CAM 这一技术领域。

CAD/CAM（Computer Aided Design/Computer Aided Manufacture）即计算机辅助设计与计算机辅助制造，它是 20 世纪 60 年代在计算机被广泛运用以后，在制造领域逐步发展形成的一门新学科。其主要特征是将计算机运用于各种设计、生产过程中，利用计算机运行速度高、图形处理效率高、存储记忆能力强、检索查询方便等特点，帮助设计和制造人员进行创造性工作。

1983 年，梁思礼调任航天工业部科学技术委员会常委，他向航天部领导提出开展这项工作的想法，并在部里的支持下开始了国内外的调研工作。

在国内，他们调研了三机部的飞机零件制造厂和六机部的造船厂等单位,这些厂所大都引进 IBM、CDC 等大公司的大型计算机系统,设备的软硬件都非常昂贵,实现起来比较困难。

当时,航天部在 CAD 方面的技术还是一张白纸。首先,理念上一片空白,而且一无设备、二无人员;其次,CAD 这种设计工具能否解决航天系统自身的问题,也存在疑问。大家对 CAD 技术只有一些朦胧的了解,因此希望多了解一些国外的情况。于是,1983 年 7 月,部里决定派人赴美考察,由部机关、一院、二院、三院和 771 所、710 所等单位选派代表组成了一个 7 人考察团,梁思礼任团长,成员有谌潜、王文超、张志义、王新福等,这次考察成为航天系统开展 CAD/CAM 工作的起点。

图 8-2 1983 年,梁思礼在美国与国外专家讨论问题

20 世纪 60 年代中后期,美国在航天、航空工业需求的牵引下,有力地推动了 CAD 技术的发展。为了增强产品的竞争力,洛克希德—乔治亚公司、麦克唐纳—道格拉斯公司、波音公司、格鲁曼公司等都相继开发了自己的 CAD 系统,将各种分析功能模块有机地联系起来,将概念设计、初步设计到详细设计、数控、质量控制等各生产管理环节都放在软件平台上实现。一整套软件包共用一个数据库,在同一个几何模型下工作,如果模型数据改动,则数据库中的全部图纸的相关数据也随之改动,这些不同功能的软件包组成为一体化设计系统。如麦克唐纳—道格拉斯公司的 CADD、波音公司的 IPAD 等设计系统包括了绘图、设计分析、制造以及销售等各个方面。波音公司的 IPAD 等设计系统涉及空气动力学、结构力学、传热学、气动弹性力学、飞行力学、自动控制、动力装置等 14 个学科共 300 多个程序,各个公司都在为自己的一体化设计系统而努力。当时美国的 CAD/CAM 技术已在航天、航空、船舶、汽车、机械产品制造、土木建筑、制鞋制衣等行业和领域广泛应用。

梁思礼利用自己熟练的英语对话能力和曾在美国留学的经历，迅速拉近了与美国专家的距离，经常直接与国外一线专家深入探讨问题，得到一手资料。他了解到，设计工作中 50%～60% 的工作量是属于制图工作的，此外还有大量的设计、计算和查找表格、曲线等工作。使用 CAD，可以使设计人员从这些繁琐、重复、容易出错的工作中解放出来，集中精力从事带有创造性的工作。他还了解到，美国企业已经做到了把各自独立的 CAD 和 CAM 有机结合在一起，通过数据库实现 CAD/CAM 设计、生产一体化的成功经验。

考察团在匹兹堡参观了西屋公司，该公司已将 CAD/CAM 技术广泛应用于机械结构设计与分析、电子线路设计、生产、工厂管道设计等方面，仅在材料一项上就减少废料 17%；在底特律参观了通用汽车公司的一个分公司，他们将 CAD/CAM 技术应用于车身外形设计、模具设计和制造、机构运动学设计、工厂布置、电子及数控等方面，已将原来汽车外形设计需要的 4 周时间减少到 2 周。梁思礼一行还在他美国的老朋友、时任波音公司首席科学家林桦的帮助下，到波音宇航公司详细了解了 CAD/CAM 的应用情况。

通过参观，考察团对这些公司的 CAD/CAM 技术发展史、现状、技术、培训等方面的情况有了较为深入的了解。回国后，考察团根据了解的情况写了一份详细的考察报告，在汇报国外情况的同时开始在部内倡导推广 CAD/CAM 技术。

梁思礼利用部内计算机工作会议等不同场合，多次提出 CAD/CAM 技术在航天部内如何开展的思路，包括"理清管理渠道，加强集中管理；以任务带学科，以应用促研制；以 CAD/CAM 为目的，集中力量搞一种 32 位超微机的 CAD/CAM 工作站；集中人力、物力，结合技术改造搞出 CAD/CAM/CIM 一体化规划"等十余条具体的建议和措施。

经过部领导的支持，梁思礼和谌潜等人争取到 60 万元启动经费。在他们的大力推动下，由 710 所三室牵头，一院、二院、三院、五院抽调人员成立了以总体组为代表的组织机构；确立了以经济、灵活的小型计算机工作站和 PC 机为主机，引进并分析、消化国外的 IESP 软件，将其改造后用于航天产品的技术途径,并在一院、五院选择一部分研究所做试点,推广 CAD/CAM 技术。这项工作首先从培训 CAD 绘图开始,后来逐步扩展到 CAPP(计算机辅助工艺设计)、CAT(计算机辅助测试)、CAE(计算机辅助工程分析)、CAQC(计算机辅助质量管理)等各种用途。各单位的 CAD 组织机构从那时开始建立,CAD 工作也由完全陌生到部分人员初步掌握并逐步在设计人员中推广。梁思礼将这些计算机辅助用途总结为"CAX",其中的"X"根据需求可以变化。

经过一段时间的 CAD/CAM 程序模块"本地化"改造及培训工作,计算机辅助电路板布线、出图以及计算机辅助绘制机械图的技术被越来越多的设计师熟练运用。

CAD/CAM 技术开始在航天部的许多研究所、工厂应用并取得初步成效。1985 年,经过"本地化"改造的结构分析软件在民用技术上首先发挥效力,应用于香港天坛大佛的抗风力学分析,后来又用于无锡大佛的力学分析。

与此同时,梁思礼不失时机地在各种场合大力宣传 CAD/CAM 理念。他为此撰写了题为《增强 CAD/CAM 意识》的文章发表在 1992 年的《航天工业管理》第 4 期[①]上。文章针对当时人们对 CAD 的片面理解,提出应从认识和组织方面入手增强 CAD/CAM 意识。这些努力与成果在当时推动了航天领域数字化、计算机应用的发展,为日后中国航天制造业走向现代化起到了积极的促进作用。

经过一段时间的应用,梁思礼对于 CAD/CAM 技术有了更深刻的理解,他在 CAX 和 PDM(产品数据管理)思路的基础上又开始进一步探讨新的问题,即如何将一个个孤岛式的 CAD、CAM、CAE 等功能软件模块有机地集成在一起。总体组在学习、分析、消化国外引进的 IESP 软件包以后,认为该软件架构已经落后,不符合当时计算机技术发展趋势,因此提出必须自行研制一套全新的适合于本单位的软件,走出一条航天人自己的 CAD/CAM 集成化之路。在梁思礼等人的倡议下,从 1990 年开始,在

---

① 梁思礼:增强 CAD/CAM 意识。《航天工业管理》,1992 年第 4 期,第 1-4 页。

主管预研的部领导的大力支持下，部里组织精兵强将，投入大量资金，以总体组和710所为主，集中精力对航天飞行器一体（集成）化设计与制造系统软件（AVIDM）进行开发研制。

这是一个开放式框架结构的大型软件系统，可以将其比喻为一个书架，CAD、CAM、CAE等软件好比一本本书，放在同一个书架上供设计师使用，它是一体化的，信息和数据共享。在经历了一系列艰苦的软件开发、演示验证、试用等环节后，1992年AVIDM系统开发研制完成。这标志着自主可控的、具有航天特色的计算机应用技术上了一个新台阶。

AVIDM不仅仅是一种软件工具，它的深远价值更在于经验的薪火相传。软件专家何国伟对它有这样的评价：

> 对于一代一代导弹型号的研制来说，最要害的问题是怎样提高研发团队整体的设计水平，怎样让下一代、再下一代研发团队掌握好的研发技术。比如梁老设计了这个型号，别人设计了那个型号，每个人都有自己的优点、有成功的地方、也有失败的教训，要把这些设计经验与数据集中起来编成计算机设计软件。这些计算机软件集中了多个人的、不是一个人的优点和经验教训，后人就可以利用这些软件发挥优点，在设计过程中规避风险做到标准化、规范化。这样的话，年轻人掌握了这个软件，就能很快掌握前面一批人的优秀的知识与经验，不用自己再从头一步一步摸索，可以节省很多时间。航天的发展就是这样来的，梁老很早就看出了这个问题的重要性。[①]

1994年，梁思礼率代表团再次到波音公司访问，重点考察了以并行工程方法进行研制的波音777飞机的设计、生产过程。并行工程（CE）是集成、并行地设计产品和相关过程的系统化方法。它通过组成多学科的研制队伍、改进产品研制流程、利用计算机辅助工具等手段，使设计人员从设计开发的早期阶段就考虑到产品全部生命周期中包括质量、成本、进度和

---

① 2016年5月何国伟在十二所梁思礼追思会上的发言。

图8-3 1994年,梁思礼撰写的《并行工程的实践》考察报告手稿

用户需求等所有的因素,达到缩短产品研制周期、提高质量、降低成本,从而增强企业竞争力的目的。梁思礼深切感到并行工程实际上主要是理念问题,与当年毛泽东提出的"鞍钢宪法""两参一改三结合"有异曲同工之效。波音公司将这一理念融入计算机环境中,形成全新的管理模式,强调团队精神、协同工作,实际上是一次改进研制流程的管理革命。为此,他撰写了一篇题为《并行工程的实践》[①]的考察报告和一篇题为《论加强技术基础》[②]的论文,全面介绍波音公司采用并行工程方法研制波音777和737-X飞机的优化过程,在航天部内大力宣传并行工程的先进理念。

AVIDM系统研制开发成功以后,又经过几年不断发展、完善,成功地运用于在研运载火箭、卫星型号当中,并拓展出一系列导弹、卫星研制的集成化系统,成为航天系统自主创新的示范工程。CAD/CAM技术在航天运载器姿控系统、卫星天线、雷达、弹用涡喷发动机、卫星阀门等系统和产品的设计中得到广泛应用,如航天产品中复杂的导弹弹头分析、导弹结构设计及卫星整流罩等产品的有限元结构力学特征分析与仿真计算等都是成功的应用范例。

一同工作过的同事们这样评价梁思礼:梁总的思想总是非常具有前瞻性,理念先进,又很"工程化";他大方向把握得准,坚定地走引进、消

---

① 梁思礼:并行工程的实践——对波音777和737-X研制过程的考察(摘要).《质量与可靠性》,2003年第1期,第1-7页。

② 梁思礼:《梁思礼文集》。北京:中国宇航出版社,2004年,第250-257页。

化、吸收和自主创新的信息化集成之路；他通过对 CAD、CAE 技术推广的统帅、领导工作，对航天系统的数字化工作起到了巨大的推动作用。

在信息安全已成为国家安全重要组成部分的今天，回望梁思礼当年倡导在航天、军工制造行业发展自主可控的软件系统，更是具有深远的国家安全战略意义。航天软件专家何国伟说："在我们这个领域，梁老是大家的老师，他很有远见。"

力挺航天软件工程化

1992 年，梁思礼在美国卡内基－梅隆大学考察机器人时，发现大学里还有一个专门的研究所（SEI）搞软件工程化。他便前去参观，直接向一线人员了解工作情况。美国朋友送给他几本公开发行的有关软件工程、软件测试和度量的权威书，在得知美国国防部制订的对军用软件开发单位软件开发能力的评估办法中把能力分成 5 个等级，其中每一个等级里面又细分为 4 等后，梁思礼查到了这份评估办法，随后又去书店选购了几本相关的书籍。

考察回来后，梁思礼翻阅、思考、研究这些材料，觉得软件工程化问题非常值得航天系统借鉴。联想到航天系统虽然随着计算机及其应用的普及，软件开发越来越受到重视，但是还存在 7 个方面的问题：

（1）软件开发单位没有相应的软件开发管理机制，没有组织机构和岗位，缺少管理办法和规章，一些管理者甚至在技术领导思想上存在"软件不过是硬件的附属物"的误区。

（2）软件开发单位不了解软件工程规范的作用，也不知道需要什么规范。

（3）不重视软件需求分析和软件设计，把必要的文档看成是额外负担，互相联系仅靠口头的"君子协定"或虽有文字约定但很粗略，导致接口部分责任界面模糊，埋下了质量隐患。

（4）软件更改缺少严格的控制与管理。

（5）开发者习惯于个人承担开发一部分软件，从头到尾自己一人负责，分析、设计、编码、测试全由自己完成，即"自编、自导、自演"。

（6）缺乏严格的检验，没有独立的测试队伍。

（7）对"维护"缺乏认识，在经费安排上从不考虑维护的需要，在组织上没有建立相应的队伍，以至发现了问题也得不到改进，不能使软件越用越好。

梁思礼认为，这些问题说明目前的软件开发基本上还处于手工作坊式的软件开发时期，按美国国防部的评估等级，恐怕连最低的第1级也达不到，而美国要求开发军用软件的单位必须达到3级以上水平，为"挑战者"号航天飞机开发软件的IBM公司则达到了最高的5级。每每想到此，梁思礼都有些忧心忡忡。

1992年1月8日，中央专委召开会议专门研究发展我国载人航天问题。会议认为，"从政治、经济、科技、军事等诸多方面考虑，立即发展我国载人航天是必要的。我国发展载人航天，应从载人飞船起步。" 1992年9月21日，中共中央政治局第13届常委会第195次会议在中南海勤政殿召开，会议审议了中央专委提交的《关于开展我国载人飞船工程研制的请示》并批准载人飞船工程立项上马，代号"921工程"，同时要求像当年抓"两弹一星"那样抓载人航天工程[1]。自此，我国载人航天工程全面展开。

梁思礼为我国载人航天工程历经坎坷终于上马而感到无比兴奋，并由此想到这是推行航天软件工程化的极好机遇。原因在于载人航天工程极高的可靠性、安全性要求需要软件工程化作保障，同时新上马的工程从头抓起比在工程中间插入和工程结尾阶段挤进去要相对容易。于是，他从航天技术与管理两方面入手，首先与中国载人航天工程总设计师王永志沟通并提出建议，探讨技术实施的可行性，王永志当即拍板接受了他的建议。然后他向时任航空航天部副部长的刘纪原汇报美国航天飞机和波音飞机公司实行软件工程化管理的经验[2]。

---

[1] 邸乃庸：《梦圆天路》。北京：中国宇航出版社，2011年，第78页。

[2] 梁思礼：《梁思礼文集》。北京：中国宇航出版社，2004年，第117-127页。

梁思礼分析了载人航天工程的三大突出特点：一是安全性、可靠性是关键；二是系统及其庞大、复杂；三是整个系统及其主要分系统中计算机软件起到神经中枢的作用，是系统安全性的关键部分，一旦软件失灵会带来灾难性后果。

梁思礼还分析了载人航天系统中软件具有的特点：一是嵌入系统中的软件多是关键软件，应具有很高的可靠性、安全性、可行性；二是嵌入式软件具有苛刻的实时要求，要在严格的时序下和严格规定的很短时间内完成操作；三是嵌入式软件规模很大、结构复杂，"挑战者"号航天飞机的飞行控制软件就有50万行源代码，我国神舟载人飞船上将多达70万行源代码。

梁思礼说："从前我们的计算机还没有这么发达，嵌入式软件还没有这么多，依靠'三自'的办法还能勉强度日。现在今非昔比，如果不用软件工程的方法，就会全乱套了。"为此，他建议以载人航天工程作为试点实施软件工程化。

刘纪原副部长和王永志总设计师对此非常赞同。王永志曾经在航空航天部一院当过院长，1988年的一次试验令他记忆犹新：

> 那是一次导弹发射试验，很多领导都乘专机到发射现场观摩。可是临射前测试时，突然发现制导系统出现大的干扰，当时怀疑是软件出了问题。可是只有一个人管软件，所有的盘都在他的兜里放着，谁也不知道这个软件是怎么弄的，别人都帮不上忙。他一个人压力巨大，折腾了一夜才发现不是软件的问题，是计算机出了问题。这事想起来后怕，万一这个人生病了、调离了、出国了，别人看不懂他编的软件，离开他玩不转，这是多么危险的事啊！①

刘纪原和王永志决定软件工程化工作首先从航空航天部负责的火箭和飞船2个分系统推行，其他分系统陆续跟进。

---

① 王永志访谈，2013年8月22日，北京。资料存于采集工程数据库。

梁思礼还向王永志推荐了一位搞系统软件很有成就的专家何新贵。很快，中国载人航天工程办公室就成立了以何新贵为组长的软件工程化专家组，负责建立软件工程化体系，指导载人航天工程的软件开发、文档编制、质量控制、评审与测试以及安全性设计等活动，并通过软件工程化工作，建立软件质量独立检测机构和体系，广泛培训参研单位的技术人员和管理人员，使之从规章制度和研制技术上保证载人航天工程任务的顺利实施。

王永志在一次专访中谈到：

> 搞921时，那CPU是劈天盖地的，当时中央专委四号文件就有这么一条：载人航天工程是迄今为止中国航天史上系统组成最复杂、规模最大、要求最高的一个巨型工程。这么大的一个工程，面这么广，用这么多的软件，全是现代化的工程，必须要有更先进的改革，那怎么管理？只有借鉴软件工程化管理。
>
> 1992年，我被任命为"921工程"的总设计师。当总设计师之后，第一步就是进行质量控制，有十项基本要求，其中一条就是软件实现工程化管理，这是带法律性质的强行规定。
>
> 当初我们对硬件的管理是很有一套办法的，比如说我们一个工程图有设计、有校对、有审核、有评审、有标准化管理，最后批准。就是标图栏里头，每一张图纸，你干什么都标上，这张图纸得经过这么多的手续才能下厂生产。软件也必须这么做，首先是软件的设计，软件设计的依据是什么，得有人提总体的要求，然后你才设计这个软件……
>
> 我就把这个思想从航空航天部带到现在的总装，下决心整个工程实现软件的工程化管理，这是中国的第一个全面实现软件工程化管理的工程。但是软件这套东西毕竟是复杂的，我就成立了一个软件专家组给工程总师当参谋。当时我找梁老总问："你看谁当组长比较好？"他建议何新贵，然后还有王纬、谱潜。①

---

① 王永志访谈，2013年8月22日，北京。资料存于采集工程数据库。

一开始，大家还不太习惯，梁思礼就多次向各级总师、各个研究院所反复介绍国外的经验和软件工程化的基本内容及其重要性，并明确提出软件开发必须要依据一定的方法，采用一系列技术，对工程全生存周期通盘考虑，使主要的开发和管理行为规范化。他比喻说，如果把软件 5 级成熟度比作是小学五年级的话，我们现在幼儿园还没开始办呢，应该开始购买小桌子、小椅子，开始办幼儿园。他组织人员参照国外经验编写了 4 大本软件工程标准，以此为蓝本大力推广。

图 8-4　2003 年 10 月，梁思礼与载人航天工程总师王永志合影

在载人航天工程立项至初样研制结束这期间，软件工程化从自上而下地推行逐步成为全型号队伍的自觉行为。

在这期间，梁思礼做了一系列工作策划：一个决心，就是要彻底解决软件开发的"三自"模式；两个目的，要实现软件的透明性和可控性；三步走战略，第一步要做到软件开发过程的透明，第二步要全过程按软件工程化开发和管理型号软件，第三步要建立和健全软件的开发和测试手段，

第八章　水头如箭破夔门

以测试促开发，以过程保质量。梁思礼还提请航空航天部计划司考虑成立相应机构，赋予一定职责，支持一定的经费。在他的建议下，航空航天部计划司落实了八项措施：成立软件专家组；确立"软件主任设计师"岗位，在原先行政管理与技术管理并重的基础上形成了软件质量与硬件质量并重的管理责任；将软件作为产品纳入技术状态表、计划配套表和产品配套表；制订软件技术状态控制要求及图样管理制度；制订软件文档编写及归档办法；制订软件质量管理办法、软件验收交付管理规定；开发软件配置管理系统；给予软件开发费。

在这一过程中，梁思礼参加了多次软件工作会、交流会、培训会等，参与制订了1993—1994年的主要工作项目，为今后的软件工程化管理奠定了基础。

当载人航天工程进入试样后，面临即将到来的首飞任务，软件工程化的工作更加急迫。由于前期工作到位、基础扎实，很快就形成了较为系统和完善的软件质量与计划管理规范性文件，研制了专门用于软件测试的仿真测试平台，组织了软件走查工作，采用信息化的手段进行配置管理，组建软件检测站开展第三方确认测试，软件产品有了配套的产品证明书和履历书。

在火箭和飞船两个分系统推行软件工程化的初步经验的基础上，其他分系统如飞船应用系统、生命保障系统、测控通信系统、航天员系统也跟进采用了软件工程。

由于按软件工程化的规定办事，载人航天工程的软件成熟度得到大大提高，上天运行没有出现过问题，圆满完成了各次任务。

2003年10月，当我国首次载人飞行的神舟五号航天员杨利伟安全返回后，在领导、专家与航天员见面会上，王永志总师握着梁思礼的手动情地说："你倡导的软件工程化起了大作用"，这是工程大总师对梁思礼所做工作的充分肯定。

软件工程化不仅在载人航天工程中起了大作用，后来航天所有的型号研制都采用了软件工程的规定和标准，使航天产品的可靠性大为提高。

图 8-5　2003 年 10 月"神舟五号"载人飞船发射成功后，梁思礼与杨利伟等 5 名中国航天员在返回舱前合影

中国要有自己的"心"

　　1989 年 3 月，梁思礼担任航空航天工业部科学技术委员会副主任，虽然身居二线，但他头脑一如既往地冲在一线，甚至有过之而无不及。他有一个很叫得响的观点："科技委要在超前性、战略性、方向性、影响全局的大问题上给部领导当好参谋。"

　　在一次科技委常委评审专业发展战略时，他们发现上级预研部门过分强调把电子技术集中统一在机电部，而对发展专业电子技术（如有特殊要求的航天电子）重视不够，于是起草了一份《航天电子专业发展战略》向上级领导和机关汇报，建议机电部重点搞通用型、基础性的电子技术，一些在具体型号上使用的电子产品则由航天系统自己搞。这个观点得到了上级的首肯。

第八章　水头如箭破夔门　　**193**

与此同时，梁思礼利用"专家论坛"的载体，积极倡导电子系统小型化与系统集成。在一些专题报告会中，他详细介绍随着电子、半导体、计算机、网络、通信、软件等技术的飞速发展，社会已由工业化转入知识经济时代[①]。他认为，工业化时代的竞争关键在于机器，谁拥有先进机器设备，谁就有了先人一等的竞争优势；而在现代信息化社会里，现代经济的基础已从自然资源转为知识资产，独特的知识成为战胜对手的唯一筹码。从海湾战争到对南斯拉夫的空袭可以看出，现代战争实质上是国防电子的较量，进一步说就是含有"知识"成分的IC和器件的自主设计与制作能力的竞争。

梁思礼在航天系统内反复强调高可靠、低功耗、轻小型化、缩短研制周期是航天电子技术的发展方向，这个发展方向正是航天弹、箭、星、船上的电子设备的迫切需求。高可靠，可以减少系统中功能冗余，从而简化系统组成；低功耗，可以减小系统中能源部分所占的重量；电子系统的轻小型化，可以使结构重量进一步降低，减少的燃料重量可以提高导弹的射程和机动能力，或提高运载火箭的运载能力，增加卫星和飞船有效载荷重量和轨控燃料的加注量。

但是，由于弹、箭、星、船上的电子设备受到技术水平的限制，同时受到行政单位自成体系的研制模式的影响，设备的功效得不到充分发挥，导致一定的资源浪费。解决资源紧张与资源利用不充分的矛盾，必须依赖创新和技术发展。

现代航天飞行器控制系统里面最核心的就是芯片系统，芯片系统如同人的大脑一样，能对飞行过程中采集到的各种数据图像进行判断处理，并根据处理结果向飞行器的各部位发出行动指令。梁思礼举例说：

当前在型号研制和生产时，一个元器件往往牵动着众多人的心。如选用的国外元器件已经停产，无法采购，必须换型；采购的这批国外元器件批次性报废；元器件经检测是假冒的，等等，这些都是我们在型号研制中

---

① 梁思礼：从微电子技术发展看电子系统小型化与系统集成.《计算机世界》，1997年7月21日。

经常遇到的。每次这样的消息传来,对整个工作的进展都可以说是不小的打击,都要投入大量的人力、物力去补救,去解决。尤其是元器件的停产,又要做大量的换型评价工作。选用自己的高质量、高可靠的元器件是我们每个系统设计人员的心愿,也是各方迫切的要求。但是国产航天用元器件,特别是高端、高性能的元器件,一是品种少,可供选择的余地少;二是用户少,质量是否稳定、各项性能指标是否达标没把握,有时供货周期还不稳定;三是与其他的国产货物美价廉不同,我们的国产元器件比起进口器件而言,价格往往更高,甚至是几倍、几十倍,因为不是批量生产;这就造成了国产元器件选不到、不敢选、选不起的局面。[①]

面对这样的局面,梁思礼一方面鼓励航天人要有信心,坚定使用国产元器件的信念,能用的尽量使用;另一方面敦促从弹上电子系统中"含金量"高的元件入手,引入新的设计理念,以拥有专用集成电路的自主知识产权,避免我国武器研制生产受外国牵制。

的确,技术的发展给各种飞行器设计带来的变革是巨大而深刻的。尤其是微电子技术、微机电技术以及软件技术等方面的突飞猛进,导致了新的设计概念,其中系统集成以及 SoC(系统级芯片)设计就是顺应这种技术发展趋势的未来火箭、导弹控制系统的主流设计方向。传统的控制系统组成是由一个个结构上独立的设备通过电缆连

图 8-6 1993 年梁思礼当选为中国科学院学部委员(院士)

[①] 梁思礼:从微电子技术发展看电子系统小型化与系统集成.《计算机世界》,1997 年 7 月 21 日。

第八章 水头如箭破夔门

接组成的整体。随着智能设备的增加，电缆的连接越来越复杂，系统的可靠性也在降低，系统的适应性、扩展性也在减弱。为了解决这个问题，美国航空电子系统定义设计了 1553B 串行总线。通过串行总线技术，使系统的规划更加统一和简练，但仍然存在着设备数量多、占用空间大、功耗大、牵扯面广、适应性与通用性差、开发周期长、效率低下等缺陷。在这种情况下，系统集成与 SoC 设计应运而生。当时，无论是国内还是国外，完全的 SoC 还无法一步实现，但将多个设备的功能集成在一个机箱内、形成小型化的"单机系统"是"片上系统"的过渡，也是技术发展中必不可缺的环节，并将为 SoC 打下系统结构的基础。随着微电子技术的发展以及背景型号的牵引，火箭、导弹控制系统集成设计的需求十分强烈，势在必行。

梁思礼特别关注这一新技术的发展，出国考察时深入了解前沿动态，曾多次在出国访问的考察报告上介绍相关情况，积极倡导、推动12所加强这方面的技术研究，并帮助12所于2003年获批成立国家重点实验室，其中重要的一项工作就是研制航天控制系统 SoC 的设计并应用于我国航天型号。

12所的设计人员林金永在采用 FPGA（现场可编程门阵列）技术实现弹载计算机等电子系统的系统集成设计工作中回忆：

  梁老总形象地把设计一个电子系统比作搭积木的过程，认为在这个过程中有三种标准的积木块，即微处理器、存储器和 FPGA 或 ASIC（专用集成电路）芯片，并介绍美国的电子系统设计师用现场可编程门阵列或复杂可编程逻辑器件作为电子系统逻辑控制的第三个积木块。伴随着 EDA（电子系统集成化）软件工具和半导体技术的不断发展，航天数字电子系统尤其是弹载计算机和各种控制器的三种积木块已大势所趋。尤其是 FPGA 将半定制器件逻辑集成度高的优点和可编程逻辑器件的用户可编程特性二者紧密结合，使其具有结构灵活、高密度、高性能、开发工具先进、开发成本低、标准产品无需测试、质量稳定和可实时在线校验等特点，从而使电子产品达到小型化、集成化和高可靠性，大大缩短了设计周期、减少设计经费，并最终提高设计的安全性。

在梁思礼的建议下，控制系统所率先成功利用FPGA实现了弹载计算机接口电路和CPU外围控制电路的集成设计，并投入弹载计算机应用。其中，专用6路16位可逆计数器在二次集成之前，所占的面积为158×140×2平方毫米。经过二次集成后，占用的印制板面积为27.5×27.5平方毫米，是集成前的1/58。原来用63个小规模集成电路，现在只用一个大规模的FPGA芯片和一片EPROM（可擦除可编程只读寄存器）。所用的FPGA芯片集成为6000门。显然，经过二次集成后，原电路所使用的元器件品种、数量及印制板面积均大大减小。

CPU外围控制电路及遥测电路的二次集成初步具有了系统级集成的设计思想。因为FPGA内部集成了4块中规模集成电路和30多块小规模集成电路，它用于中断控制、总线控制、弹地通信控制、地址译码和遥测数据的串行移位等，把这些芯片的功能集成到一个10000门的FPGA芯片内，体积与80486CPU相当。若采用20000门的FPGA，则可实现上述所谓的第三块积木的单片化，即用一片FPGA就可实现CPU外围控制电路、遥测移位电路、专用可逆计数电路、时序控制电路的功能。这种集成水平最适用弹上仪器减重，增加导弹、火箭射程。有了系统级的集成芯片，冗余、容错设计就有了更大的物理空间，导弹、运载火箭就会有更高的可靠性和生存能力。

电子元器件是电子技术设计的基础，电子技术的发展总是伴随着元器件技术的发展而发展。从使用分离元件到IC（功能芯片）、SoC（系统级芯片）、SiP（产品级集成芯片），电子设备所用元器件数量越来越少、功能越来越强大、手段越来越灵活、研发周期越来越短、成本越来越低。采用SoC技术后，很多功能可以由一块芯片实现，甚至几个系统的功能都可由一块芯片实现，不仅使电子设备的体积和重量等技术指标大幅度提升，更促使电子技术的设计理念、设计方式、分工模式发生了根本变化，促进了系统融合的发展和研制流程的创新，从而引发了一场电子设计的技术革命。

梁思礼建议：作为对各项指标有苛刻要求的电子设备，理应顺应技术发展的趋势，抓住机遇，借助 SoC 技术有效提升航天电子设备技术水平，实现跨越式发展。

梁思礼说：

> SoC 指的是在一块芯片上实现系统的信息处理功能。它是解决弹、箭、星、船上的电子设备资源矛盾的必然选择，虽然弹、箭、星、船上的电子系统功能各异，实现方式、接口类型各不相同，但是它们在本质上都是对通过采样得到的信息完成数字信号处理，所不同的只是信号处理的算法。
>
> SoC 是提高系统灵活性和设备通用性的有效途径。通过系统策划和顶层设计，对弹、箭、星、船上应用的各类传感器、信息处理装置、执行机构的各个技术层次进行标准化设计，可以实现弹、箭、星、船之间的设备级的产品通用。借助 SoC 技术，信息处理装置可以兼顾通用性与特殊性的要求，从而实现采用通用的硬件设备，配以不同的嵌入式软件，构成不同的系统构成方式。通用的设备可以批量化生产、货架式供应，以此降低成本并提高质量、缩短研制周期。

梁思礼多次给设计单位"支招"，利用 SoC 技术把 CPU 和相关的采集、变换、存储、处理、输入/输出等功能集成在一个芯片上，配合相应的嵌入式计算控制软件，对系统中所有信息进行集中采集、集中处理和输出，从而完成全部系统的功能。这样，通过 SoC，整个系统中所有子系统的功能被融合到一个芯片之上实现，所有子系统间的信息交接接口变成了芯片内部存储器间的数据交换，资源得到了充分利用，相应设备的体积、重量得以大幅度降低。同时，在这种模式下信息融合可以顺利实现。

因 SoC 前期投入大，是一个典型的高投入、高产出的行业，梁思礼结合国情明确指出：要研究航天应用的需求特点，顺应 SoC 的特点和发展趋势，使 SoC 的优势得以发挥，风险得以回避，并借此促进航天 SoC 产业的形成。航天 SoC 的需求，首先，对运算速度、存储容量的要求并不高，但是对可靠性要求极高；其次，对技术和工艺不要求最先进，但是对技术状态和工艺稳定的要求很高，并且要求在相对长的时间内稳定不断地提供同一款产品或者各方面兼容的更高档次的产品；再有，能够在相当长的时间内按照型号质量，保证大纲的要求快速地提供合格产品，并提供及时方便的技术支持和配套完善、易于掌握、使用方便的软硬件开发系统。

可喜可贺的是，在梁思礼的大力倡导和推动下，从2000年开始，航天科技集团公司就着手研发完全自主产权的微型控制芯片系统。他们突破各种障碍，经过多年坚持不懈的努力，自主研发的SoC已经成功应用于航天型号并经受了考验。随着我国载人航天、探月工程、深空探测、空天运输系统等航天任务的不断发展，SoC系统在运载器、航天器的应用领域不断扩大，这对SoC系统提出了更高要求。为承担后续更加重要的任务，航天人将研制出速度更快的处理器芯片。

一块小小的芯片，凝聚了中国航天人长期付出的太多心血。拥有一颗中国"心"，梁思礼功不可没。

た
第九章
国防高科技发展的战略思考

在梁思礼的内心深处，始终把自己的一举一动绑定在爱国报国的责任和担当上。除了在国家具有战略意义的航天领域中"铸剑"，梁思礼把眼光放得更远，把责任担得更大，把担当扛得更重。他人生命题的确立、奋斗坐标的定位、人性天平的度量，统统围绕"一切为了国家利益"，他常常站在世界舞台上放眼高科技前沿，寻找国家的忧虑点，以自己的智慧和能力高屋建瓴地为祖国的未来和发展出谋划策。

参加联合国核裁军谈判

20世纪80年代末至90年代，在打破西方制裁之后，中国外交工作主要面临三项任务：一是应对随多极化趋势发展带来的国际关系的种种变化；二是反对各种霸权主义和强权政治行径，维护世界和平，推动建立更加公正合理的国际政治经济新秩序，以维护世界各国特别是广大发展中国家的权益；三是应对经济全球化趋势和高科技迅速发展给我国带来的影响。在第二项任务中，梁思礼扮演了重要角色。

由于梁思礼有着深厚的技术背景，外语又好，所以1988年他应邀参加了由中国有关民间团体和各界知名人士发起组成的民间团体中国人民争取和平与裁军协会（简称和裁会）交给的有关核裁军的工作，成为"核武器和空间裁军研究组"专家组成员。1989年9月4日，作为中国的唯一代表，梁思礼参加了联合国在乌克兰基辅召开的裁军研讨会。

在和裁会中，他开始进行战略核导弹和外空武器裁军的研究，参与联合国国际核裁军和军备控制活动，与美国科学院的国际安全与军备控制委员会（CISAC）成员及苏、英、法、奥等国家代表进行会晤与交换意见，并参加国际会议阐述自己的观点。他的视野更加开阔，他的思路更加活跃，他说："我原来是搞技术科学的，现在社会科学方面的事也得接触了，工作涉及的面又扩展了。其实核裁军是个战略问题，现在我考虑得比较多的就是国防战略问题。"

20世纪80年代后期，世界的格局悄然发生着改变，美国和苏联两个超级大国拥有数量众多的核武器，美国依仗其核实力称霸世界。而苏联国内局势正处在以其为首的东欧社会主义阵营解体的前夜。一些无核国家也在暗中研制核武器，恐怖主义也是潜在的危险，世界面临着很大的不安全因素。为维护世界和平，由联合国主导的军备控制、核安全及核不扩散的相关活动也在积极推动中。

美国和苏联对核裁军负有特殊、优先责任，他们也是核裁军的主要对象，但是在谈判中，双方都在相互探底，寻求在裁军时保持力量对比的相对稳定。隶属于美国科学院的CISAC是个半官方半民间的组织，在苏联时代就存在，实际上是一个美苏双方互相通气、摸底、放"气球"交流的渠道。最初只是搞核问题，后来把导弹和外空也放在里面了。该委员会由政界、军界和研究人员组成，这些人都是美国发展核武器、导弹的元老，有将军、前司令等人物。后来他们和中国也搞交往，美国也想了解中国核武器的情况。中国与之对口的表面上是民间"和裁会"，实际上"和裁会"中有许多由国防科工委牵头组织的中国方面的权威专家，目的是争取在国际核裁军舞台上有更多的发言权。

梁思礼就是在这种背景下被派往基辅，以专家个人身份参加"关于多边信任建立措施和防止战争研讨会"，这是由联合国以世界裁军运动名义组织的一个裁军研讨会。会议的重点是讨论防止偶发性核武器发射引发核大战和多边核警戒中心问题，同时也涉及常规裁军和一般性建立信任措施及防止核扩散问题。

这是一次重要的国际核裁军研讨会议。与会的有15个国家的27位代表，其中多半是外交界和军界人士，代表的水平和级别特别高，还有由美国耶鲁大学的几位教授所组成的研究组，受联合国委托对会议主题做过研究，在会上他们有两个主题发言。会议的内容涉及核稳定、信任建立措施、核武器数量的合理足够、核不扩散、不首先使用、联合国设立多边和警戒中心以及潜射巡航导弹和化学武器与短程弹道导弹组合八大问题。会议分七个阶段对上述问题进行报告和讨论。会议的第二、三阶段由澳大利亚代表马克先生以《美苏两个超级大国将双方进攻为主的武力结构逐步改变为以防御为主的武力结构和战略，以进一步减少非授权和偶发性战争的危险》为主题做的核安全报告内容相当广泛，政治性和技术性很强，既对美苏提出了批评，也提及了我国的武器出口问题。

会议主席布什比先生考虑到梁思礼的技术背景和专业素养，特别邀请梁思礼在会上对马克的报告作评论。梁思礼巧妙引用马克报告中以及会议其他报告中的一些观点借题发挥，对中国有关核裁军的观点做了深刻阐述。

> 可以打局部核战争或用核武器进行实战和赢得战争的想法是危险的，进攻性的防御和先发制人的战略将导致报复。以博弈论观点来看，核大战无胜者，只能是一个负合局，即两败俱伤。而本次会议的主题是"信任建立和防止战争"则是一个正合局，即双方都是胜者，至少在大规模削减防务费用方面对双方都是有利的。在前一天的会上，苏联和平委员会第一副主席波格丹诺夫教授谈到了为什么两个超级大国的核武器达到5万个，言下之意是不可思议，头脑发昏了。其实这是来源于双方的以进攻为主的武力结构和战略。双方绝大部分核

武器都具备第一次打击能力，目标是对方的地下井、C3I 系统和战备要地，而一方要先发制人确保摧毁必定增加安全系数、加大数量；另一方要"先－先发制人"，则需要更大的数量，如此轮番上升，一直发展到目前这么多数量。据波格丹诺夫声称，确保摧毁仅需 500 个导弹，但要机动并置于核保护地区。而双方拥有多倍于此数量的弹头，当今世界上只有两个超级大国可以发动和进行一次世界大战，特别是核大战，只有它们拥有足够的核武器库进行第一次打击，进行先发制人的"进攻性防御"（也可解释为侵略）。现在国际形势趋于缓和，两个超级大国都感到有削减核武器的需要，这样才能有 START 谈判。不过我认为仅削减 50% 是远远不够的，削减 75% 甚至 90% 也不为过。仅仅削减武器数量还不够，还应改变武装力量的结构。目前的以进攻为主的结构需要改变，应主要削减第一次打击能力，而核报复力量可以保留。例如 MIRV 应减少或取消，而机动发射导弹可以保留，逐步把进攻为主的结构改变成为以防御为主。苏联最近提出的"合理的足够"概念，即对防御来说是足够而对主动进攻则数量是不够的。我在原则上赞成此概念，不过到底数量是多少合适尚未提清楚。减少第一次打击能力可以说就是一个信任建立措施。

另一个建立信任措施就是有核国家承担义务不首先使用核武器。中国在 1964 年刚拥有核武器时即宣布在任何情况下都不首先使用核武器。如果所有有核国家都这样做，则对防止核大战、建立相互信任将会起很大作用。[①]

会上，梁思礼建议由联合国倡导，使所有有核国家签署一个不首先使用核武器的多边协议。梁思礼还对潜基巡航导弹和化学武器、弹道导弹等问题发表了评论。难能可贵的是，梁思礼回国后迅速把会上得到的很多信息，特别是值得我国关注的大国外交形式、战略武器发展动向及核裁军方向等问题向有关部门做了汇报，引起了高度重视。

---

① 梁思礼:《梁思礼文集》. 北京：中国宇航出版社，2004 年，第 70–75 页。

梁思礼在回国后的报告中谈到：

"信任建立"已经作为一种和平战略和手段而存在，它可以化解国际紧张和相互猜疑。多边信任措施已经实际应用于东西欧关系，双方规定范围内的军事演习都事先相互通知并派观察组进行实地核察。信任建立还可为常规裁军铺平道路。

会上，美国代表在发言中把中国纳入了"存在核不稳定"问题的国家，意思是中国的核武器没有可靠的核预警系统、C3I 系统和安全发射系统及高度精选的操作人员，因此容易产生误发射和未授权的发射。梁思礼虽然在会上对此进行了反驳："由不稳定到稳定是一个过程，美国也是在 20 世纪 70 年代才逐渐改善其 C3I 系统，其他国家也正在改进过程中。即使美国现在已经达到的水平是否就真经得起核战争的考验，也难以预料。"但是他由此意识到，一个有核国家建立核安全发射系统及 C4I 系统的重要性。会议之后，他多次向国家有关部门提出：美方提出的问题确实值得我们重视。我们第一代核武器除生存能力不高外，在实战（核战）中能否有效实施核反击确成问题。他建议在第二代武器准备中，尽快建立我国配套的核预警系统、核安全发射系统及 C4I 系统，加强中国最高级别的核武管控。

会议中，对"两伊战争中，伊拉克既使用化学武器也使用短程弹道导弹，造成了巨大伤亡"颇多议论，梁思礼敏锐地感到国际上会对短程弹道导弹军售进行制裁的倾向，于是他及时向有关部门汇报，提请尽早研究对策。

在关于不首先使用核武器的问题上，梁思礼也把美国教授私下与他谈论"如果美国承诺不首先使用，那么原来在美国核保护伞下的日本、联邦德国必将研制自己的核武器，你们愿意看到日本发展核武器吗？"的观点及时反馈给国内有关单位，以便制订外交对策。

1991 年 9 月，梁思礼参加了第 41 届普格瓦什（Pugwash）科学与世界事务会议并作大会发言。他从全面禁止和彻底销毁各类大规模杀伤武器，包括核武器、化学武器和生物武器，削减战略核武器条约、核不扩散、军备控制，苏联内部稳定对世界和平的重要性以及外层空间军备控制等几方面阐明了中国的主张。特别是针对外层空间武器化的问题指出：

> 我们的任务就是要提出外层空间裁军和军备控制的问题。一方面我们要努力争取防止对正在开发的空间武器系统如 DSI（GPALS）、ASAT 等的试验和装备；另一方面我们必须指出，把现有的空间两用系统用于军事战斗将会使战斗能力放大若干倍。要制止这样的应用是一个非常复杂的任务，但它将是外空军备控制的重要内容。

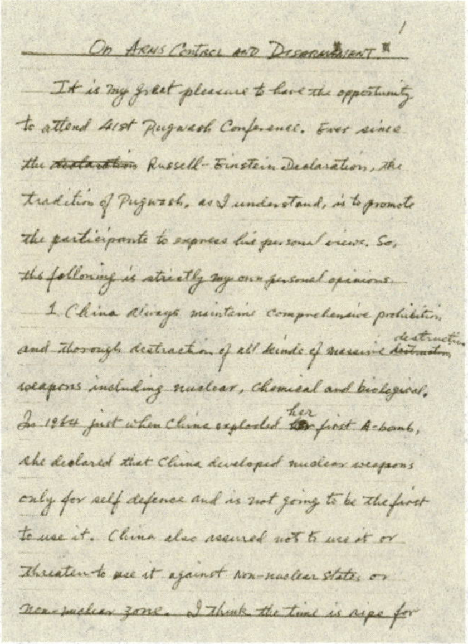
1

On Arms Control and Disarmament

It is my great pleasure to have the opportunity to attend 41st Pugwash Conference. Ever since the Russell-Einstein Declaration, the tradition of Pugwash, as I understand, is to promote the participants to express his personal views. So, the following is strictly my own personal opinions.

1. China always maintains comprehensive prohibition and thorough destruction of all kinds of massive destruction weapons including nuclear, chemical and biological. In 1964 just when China exploded her first A-bomb, she declared that China developed nuclear weapons only for self defence and is not going to be the first to use it. China also assured not to use it or threaten to use it against non-nuclear states or non-nuclear zone. I think the time is ripe for

图 9–1　梁思礼在第 41 届普格瓦什科学与世界事务会议上的发言手稿

核裁军会议及谈判中，不仅需要外交家、学者，也需要工程技术专家。在早期我国参加的核裁军活动中，梁思礼以其精湛的专业技术功底、深入了解掌握国家政策和战略构想的智慧以及无障碍的语言沟通才能，在各种场合积极宣传他的观点和主张，维护国家权益，为促进世界和平与安全发挥了不可或缺的作用。

空间安全是大国之要务

在科技委工作期间，梁思礼从没有放慢自己的脚步，除参加一系列武器型号的研制评审外，他的眼光总是盯住遥远的星空，他看到在这块晴朗的天穹里产生了很多的危险因子，他在为祖国的安全担忧，这是他不泯的爱国情愫使然。

图 9-2 1991 年,梁思礼在 12 所综合实验室进行故障审查工作时与屠守锷(中)、林宗棠(右)讨论问题

科学技术的不断进步使人类社会与外层空间活动已经密不可分。从 1957 年苏联第一颗人造卫星发射上天以来,随着各种航天器的升空,形成了庞大的空间系统,为人类不断开拓出一个广阔无垠的新疆域。在通信、导航、气象、遥感、科学实验、地外文明探测等许多重要领域的空间开发,极大地改变了人们的生活方式和思维方式,为人类带来了巨大的社会和经济效益;也使各国为了各自的利益,把争夺的范围从陆地、海洋、天空扩展到外层空间。

如何和平利用太空、确保空间安全?作为一位老航天工作者,梁思礼进行了深入的思考。

还是在 1991 年参加第 41 届普格瓦什科学与世界事务会议时,他就对超级大国否认外层空间"武器化"的言论给予驳斥,他在大会发言中明确指出:

通过对海湾战争的反思，这个概念应当加以修正。现在外层空间已经武器化或至少是局部武器化。随着高科技的应用，武器早已不是冷兵器时代单一的兵器，而是以系统形式存在的武器。

现代化战争是武器系统之间或许多武器系统综合大系统之间的对抗。例如，DSP预警卫星被用来帮助"爱国者"地空导弹拦截"飞毛腿"地地导弹。又如，巡航导弹可以用GPS导航星座的信息来提高其精度。我们不应该把"武器"的概念仅限于直接杀伤机构。现代化武器永远以系统形式来工作。在一个导弹系统中直接杀伤机构是弹头，但弹头本身是不能称为武器的。没有雷达、制导系统、控制系统等，光靠弹头是打不着目标的。GPS卫星可以被视为外部制导系统，DSP卫星可以被视为置于空间的雷达，它们都为击中目标做贡献。外层空间的资源已不仅仅用于间接的军事目的，而是已经直接用于武器系统之中。

2006年1月，梁思礼为参加在加拿大举行的中美科学家军控交流活动撰写了一篇题为《和平利用太空 反对太空战》的论文，文中提出了他的担忧、警告和希望，深刻阐述了他的观点。

梁思礼指出，美国推行太空武器化令人堪忧。

在国际社会致力于防止太空武器化的同时，美国却在推行单方面谋求绝对优势的空间政策。冷战结束后，在利用外空的问题上，美国对可能束缚其手脚、抑制其技术和装备发展的任何国际条约的谈判均持消极态度，使得国际社会关于防止外空军备竞赛的谈判进展不大。美国空间发展政策非常明确地指出，美军定义的"空间控制"就是"确保自身空间行动的自由，同时防止对手具备这种自由"的能力，根本目的在于夺取制天权，建立攻防兼备的全球空间军事优势，进而强化其世界霸主地位。美国控制外空的企图、计划和行动不仅一直存在，而且又有新的发展。无论就近期还是长远来看，美国这一有悖于和平与发展的做法，将对国际安全产生严重负面影响，不但损害国际社会在裁军和军备控制领域业已取得的成果，而且会引发新一轮的太空军备竞赛，各国围绕太空资源的争夺也必然逐渐趋于白热化，联合国关于防止外空武器化的倡议也必将化为泡影，这势必会将"太空战"这一新的战争形态推上历史舞台。

梁思礼认为，美国此举对人类"和平利用太空"的毒化作用令人堪忧。历史经验告诉我们，科学技术的发展是一把双刃剑，如果不善加引导，也会给人类带来灾难，甚至是人类的掘墓者。先进的空间技术如果被用于谋取军事优势或进行战争，将严重危及外空的和平、安全和人类的福祉。不幸的是，外空领域的一些发展迹象表明，这种可能正日益变成现实。近年来，"控制外空、抢占外空"等与太空战相关的作战构想和理论相继出台，对外空武器系统的研发正在付诸实施，外空武器化的危险与日俱增。梁思礼疾呼，这种现象值得关注全人类前途和未来一切的有识之士的高度警惕。

在没有发生太空战的情况下，太空垃圾的数量就已经十分惊人了。目前环绕地球1000千米高度的太空中，能够监测到的碎片即"人造垃圾"就有13400多个，监测不到的厘米级的小碎片约有10万个，而毫米级的微小尘埃则多达万亿个。尽管航天器可以设法躲避大的太空垃圾，然而对于那些数不胜数、不大不小的太空碎片则不及躲避，可以说防不胜防，对航天器的生存构成了重大威胁。这些碎片的速度约为每秒千米以上，即使是最小的碎片撞击到航天器上，也可能使其严重受损，产生灾难性的后果。一个质量10克的小碎片如果撞上卫星，卫星会在顷刻之间被打穿或被击毁。历史上航天器与碎片的碰撞已经对人类的太空活动造成了危害，例子不甚枚举。太空垃圾的危害绝非危言耸听。可以设想，一旦太空战爆发，必将产生数量极其惊人的太空垃圾，同时发射的大量弹道导弹也将加入制造垃圾的行列。那么，太空垃圾临界密度点将很快到来，雪崩效应将使整个地球被笼罩在太空碎片之中，我们人类再也无法进入太空，迫使人类永远停留在地球上，终止探索外太空的步伐，也就是等于毁灭了人类的前途。因此，控制碎片数量增长已成为世界主要航天国家和组织共同关心和必须解决的问题。

原子弹等核武器的出现已经打开了第一个"潘多拉盒子"，倘若谁在太空"开第一枪"，就等于打开了第二个"潘多拉盒子"，必将引起更加疯狂的太空军备竞赛，那么人类将面临更大的灾难。在太空问题上，整个人类，不分种族、不分国家，都可以说是"利益攸关者"。太空是人类现在和未来的重要资源，是人类的共同财富。人类需要开发利用太空，而利用太空必须要有和平的太空环境、必须要有洁净的空间环境。否则，进一步开发利用太空将只能停留在人类的梦想之中。[①]

梁思礼警告说："谁在太空'开第一枪'引发太空战，就是对全人类犯下了不可饶恕的罪行。"

外空是全人类的共同财富。利用外空应服务于而不是损害各国人民维护和平、增进福利、谋求发展的根本目的。确保外空的和平利用、防止外空武器化和军备竞赛是各国的权利和义务，也是国际社会的共识。防止外空武器化和军备竞赛，不能等到外空武器实际成型、产生真正危害；不能等到一国率先将武器引入外空，其他国家纷纷效仿；更不能等到外空武器扩散时再采取措施。防患于未然是关键，否则各国和平利用外空的权利和外空资产的安全都将受到损害。

中国反对外空武器化和外空军备竞赛，主张通过国际合作的方式解决有关国家的空间安全关切，这有利于增进国际安全与稳定，符合所有国家的共同利益。为此，中国积极致力于推动国际社会谈判，缔结相关国际法律文书，并与有关国家在日内瓦裁军谈判会议联合提出了关于新的外空条约的工作文件。

梁思礼强调，人类已进入新世纪，和平、发展、合作是当前的时代潮流。太空领域的国际合作是各国开展合作的重要环节，对于推进人类和平利用太空的共同事业具有十分重要的意义。早日达成一项防止外空武器化

[①] 梁思礼署名文章，内部材料，未公开发表。

和防止外空军备竞赛的国际法律文书，有利于维护对外空的和平利用，维护外空资产的安全，促进外空领域的国际合作，并增进各国的共同安全。面对有可能爆发太空战的危险，世界上一切爱好和平的人们应保持高度警惕，携手行动起来，大力呼吁并采取措施遏制太空武器化的势头，共同缔造一个没有武器、远离战火、安全洁净的外空。

此文撰写后，《光明日报》原准备刊发，但是由于太空安全问题比较敏感，文章未能发表。梁思礼和平利用太空的思想曾经与航天科技公司、航天科工集团公司、总装备部、中国国际战略研究基金会（隶属总参）、中国科学院等有关单位领导、专家交流，得到了大家的思想共鸣。

然而愿望与现实仍存在很大差距，各大国为了自身的利益都在大搞太空武器，且这种趋势愈演愈烈，太空安全的愿望实现起来困难重重。

航天发展要有顶层设计

1996年8月，72岁的梁思礼从科技委副主任的岗位上退了下来，成为航天工业总公司科技委顾问。按说他应该回家享享清福了，可他闲不下来，他关心时事、关心国防，时不时还发表些观点、意见，有人和他开玩笑："您老现在说了也没啥用了。"他却一本正经地说："匹夫有责嘛！"

梁思礼是一个具有战略头脑和超前思维的航天科学家。他经常关注一些关系国家安全的重大问题，高屋建瓴、着眼大局，并表述自己的见解。2006年发生的两件事情和网络上传发的两篇文章引发了梁思礼对未来发展的思考。

第一件事是，2006年6月美国举行了一场名叫"英勇盾牌"的军事演习，并且请中国派军事观摩团去观摩，据新华网专稿报道：

中国观摩团在美国关岛观摩了美军代号为"英勇盾牌"的军事演习。由于这是美军首次邀请被视为将有可能对其构成潜在"军事威胁"

的中方观摩美军演习,因而受到西方媒体和军事专家们的高度关注。

"英勇盾牌"演习虽然冠以"盾牌"之名,但却远非单纯的防御性行动。从战略层面讲,演习暗含遏制现实和潜在对手,具有很明显的攻势意味。从战术层面讲,如此规模的海空部队集结,有着非常突出的实战含义。

梁思礼在电视上看到美国的军演有3个航空母舰编队,包括30艘军舰、B2轰炸机和F15、F16、F18战斗机。参加演习的包括海军、空军和海军陆战队等多个军兵种。空军派出了来自全美10个空军基地的战斗机、轰炸机、运输机和其他支援机种,海军陆战队的一个飞机联队和海岸警卫队也参加了演习。这是美军在越战后最大规模的一次海空集结,以检验美军的快速反应和多军种联合作战能力,军演一派气势汹汹的架势。梁思礼感到,不能小看这次演习,它是在美国即将对日本和韩国的驻军进行大规模调整之前举行的,这些调整给人造成的错觉是它将减轻对中国的军事压力,因此美国希望借此次军演向中国发出警告:这些军事调整并不意味着美国将放弃东亚。

第二件事是,佐利克辞职。佐利克是当时美国国务院第二号实权人物,地位仅次于美国国务卿赖斯,是美国对华政策高级参与者。2005年9月21日,佐利克在纽约美中关系全国委员会的晚宴上发表了题为《从成员到责任:中国向何处去?》的演讲。在演讲中说道:"对于美国和世界来说,本质的问题是中国将如何运用其影响力。要回答这一问题,现在是超越对中国在国际体系中的成员资格敞开大门的政策的时候了:我们需要促使中国成为国际体系中负责任的'stakeholder'(利益相关者)。"梁思礼认为,按照佐利克的意思是中美绞在一块了,有很多利益是相连的,既有相互平衡又有相互威慑。但是,就是这么一个重要的人物突然辞职了,他是在什么背景下辞职的?美国在对华政策上会不会有变化?

与此相关的是梁思礼在网上看到的两篇文章,作者是两位年轻的美国学者,一位是布鲁金斯学会的莱勃,一位是兰德公司的普列斯。两篇文章的基本意思是,美国可以一次摧毁俄、中的核力量,中国基本无还手之力。所以,目前相互"确保摧毁"的核平衡已经被打破,美国取得了主动权。他们谈到,来自美国的核攻击将彻底摧毁中国的核反击能力,甚至根本不需要向中国发起突然袭击,因为中国核力量反应速度太慢了,只有东风 5 号能打到美国本土,但是没有机动部署,现在部署在山区,以山峰作为掩护,美国用巡航导弹或者 B2 隐形飞机用核弹完全可以摧毁。文章还说,现在东风 31 号打不到美国本土,没有机动部署,只有部署了大量东风 31A 导弹之后,才具备打击美国本土的能力,但这种能力还需要 10 年才能建立。当然,他们也表示这些都是使用电脑模拟出来的。这两个年轻学者的另一篇文章是《Which Direction in Space》(《空间向何处发展》)。

以上两件事和两篇文章触动了梁思礼敏感的思维,他从中美关系现状和未来中国安全联系到中国航天到底该怎么办,做了一番深入思考,在 2006 年 6 月航天科技集团公司①科技委年会上,他非常认真地做了一个长篇发言,提出了航天发展的顶层设计问题。

我做了一番思考,联系到中国航天今后的发展,我觉得需要一个顶层设计。研究未来若干年,譬如 20 年、30 年甚至 50 年,整个国家能够为航天投资多少?假如把这些投资看作一个大饼,就是到底应该怎么切这个大饼,哪块大、哪块小,孰轻孰重?在规划上,一窝蜂全上是不可取、也不可能做到的。

确确实实你得承认,中国同美国比,在军事、经济、科技上是完全非对称的,你不能跟他兵对兵、将对将,你同他打常规战是打不过的。所以,我们怎么办呢?就是得有个东西,让他不敢打、不能打,这是我们航天的首要任务、对国家安全要做的首要任务,就是让他不敢打。

中国的核战略应该是有限的、有效的核威慑。中国也不需要大量的核武器,没那么多钱,做多了没必要,将来销毁它还费劲。但是,你总得要有一定的数量,而且这个东西必须能从我们本土打到美国本土大部分大城市。随着中国国力的增加,中美以后可能会处于对抗的

---

① 1997 年 7 月 1 日,中国航天工业总公司改组为中国航天科技集团公司和中国航天科工集团公司。

态势，美国将把中国看成是潜在的对手、潜在的敌人，实际上我们也把他看成潜在的敌人。现在我们使用软实力，我们谈和平、和谐，谈和为贵，但对潜在的敌人还要有一手硬的。美国的军演实际就是向你示威、耀武扬威，你怎么办？你跟他兵对兵、将对将，用常规兵力、常规武器对抗，我们干不过美国。所以，我们几位老同志主张搞新一代"杀手锏"武器。在现有的战略武器的基础上，我们必须要有一手能震得住对手的法宝，即使你美国对付弹道式导弹的 MD 系统（导弹防御系统）在 10～15 年后建设好了，你也对付不了我们的"杀手锏"。

我看过美国前国防部长麦克纳马拉写的一个回忆录式的文章，他经历过古巴导弹危机，当时美国要制裁古巴，制裁的方式有两个，一个是用导弹打，一个是封锁、围。军方极力主张用导弹打古巴，但肯尼迪总统得知苏联的中程导弹也已经运到了古巴。他问了空军司令一句话："你能不能保证古巴的核弹头一个也打不到美国？"空军司令说："我保证不了。"结果，肯尼迪就下决心采用封锁的办法，没敢用打的方案。麦克纳马拉在文章里还说，没有任何一个美国总统敢于冒美国本土遭受一发核弹头打击的风险。

到现在为止，美国的导弹防御系统已经花了 460 亿，也许远远不止这个数，他是一定要继续干下去的，不管有多少困难。他一旦搞成了，我们的弹道式导弹的战斗力和威慑力就会受到影响。因此，我们现在就要在他搞成之前或同时，拿出一个导弹防御系统对我们没有办法的"杀手锏"，有了它，就可以四两拨千斤。[①]

梁思礼动情地提出：为了中国的长远和平和利益，中国航天应当打"三大战役"。第一个战役是"过去时"："两弹一星"，保证了国家 50 年和平发展的环境；第二个战役是"现在时"：当下服役的战略核武器；第三个战役应当是"未来时"：研制新型"杀手锏"，而且必须从现在开始着手准备。

---

① 梁思礼：航天发展的顶层设计问题。2006 年 6 月在中国航天科技集团公司科技委年会上的发言，内部资料。

我很着急，我们很多赞成这件事的人都很着急，希望能引起领导和有关决策部门的重视，在国家"切大饼"的方案中，一定要把国防安全放在重中之重的地位，加强航天的未来规划。

关于"空间向何处发展"的问题，梁思礼也有些焦虑。尽管时下载人航天和月球探测是媒体津津乐道的话题，也是国家 2020 规划的重点工程，确实壮国威、振民心。但是，梁思礼从繁花似锦的表象看到了另外的问题，中国的这两个工程并不是互相联系的，而是平行发展、各干各的。那么，未来空间探索的发展向何处去、目的何在，又由谁来通盘考虑和决策呢？

梁思礼注意到国际上对此问题，各国均有自己不同的考虑。美国宣称不再重返月球，要到火星去，一定要到人们没有到过的地方；而欧盟发表了一个白皮书，主张空间技术应当多管地球上的事。梁思礼想：我们中国空间探索的最终目的是什么？是准备建一个月球站，还是准备到哪里去？

梁思礼的看法是我们的立足点还是应该"向内"，以人为本先把地球上的事搞好。他在科技委年会上发言说：

前面谈到如何"切大饼"的问题，国防要切一个角，应该是最大；再切第二块大的，就是空间基础设施建设、卫星应用系统，特别是全球导航卫星系统（GNSS）、对地观测和通信卫星等，当然通信问题将来可以让市场去搞；第三块才是搞载人和探月等工程。

美国的目标是人没有到哪里他就去哪里，占领技术制高点，做全球老大。我们完全没必要那样做，也没必要跟着他的脚印走，我们根据自己的国情和需要作自己的事情，所以我认为载人航天和月球探测要有一定的份额，但不要把蛋糕切得那么大，在两个工程的上面要有个顶层设计，把两大工程的工程目标和科学目标相互衔接起来。[①]

[①] 梁思礼：航天发展的顶层设计问题。2006 年 6 月在中国航天科技集团公司科技委年会上的发言，内部资料。

难能可贵的是，已到从心所欲之龄的梁思礼并不乏想象力，他充满遐想地说：

> 我们应不应该有一个更远大的目标？将来地球上的能源总是要用光的，我们真正要创新可不可以考虑用现在的空间能力搞一个空间太阳能发电站，当然这个事就复杂得多、问题也很多了。但是现在就需要有个人去想这件事，去摸索。譬如怎么把太阳能输送回地球？你要用微波输送回来，那么大功率的微波束下来会带来什么影响等。将来总有一天我们的化学能源，石油也好、天然气也好、煤也好要用光，甚至铀也会用光，铀矿也是有限的。所以我们真正要自主创新也好、放开脑子去想也好，可以不可以我们现在开始着手考虑建立空间太阳能电站的事？①

为此，他还于 2005 年 9 月 5 日专门给胡锦涛主席写了一份关于研发我国空间电站的建议信。

科技委年会结束后不久，梁思礼提出的"顶层设计"问题，特别是他关于开展第三大战役即研制新型"杀手锏"的建议，很快得到了许多专家的认同，有 19 位院士联名给国家有关部门写信，希望国家重视此事，就像当年航天发展有"八年四弹""两弹一星""三抓任务"等长远规划一样。

经过一段时间的论证，国家有了下一步长远规划的考虑，"杀手锏"也被立为国家专项，得到大力支持。

---

① 梁思礼：航天发展的顶层设计问题。2006 年 6 月在中国航天科技集团公司科技委年会上的发言，内部资料。

第十章
大师风范

"我们每个人都是社会的一分子,只有你对社会的回馈大于对社会的索取,社会才能进步。"梁思礼如是说。他终身恪守父亲的爱国教诲,以"苟利国家生死以,岂因祸福趋避之"为座右铭,以自己的行动践行着著名作家萧伯纳的名言:"人生并不是短短的一支蜡烛,而是由我们暂时拿着的一支火炬。我们一定要把它燃烧得十分光明灿烂,然后把它交给后一代人们。"曾经幽默地自嘲为"硬件老化了,软件也过期了"的梁思礼,在旁人看来,他的思想总是处于年轻的巅峰时代。

用前瞻的思想引领精英团队

梁思礼说:"国以才立,政以才治,业以才兴。"这是他从事航天工作近60年的切身体会和实践总结。航天事业是一项巨大的系统工程,是靠优秀的指挥调度人才、专业技术人才、管理人才、技能人才等千千万万苦干实干的人组成的团队,用自己的智慧、汗水和双手来成就的宏图伟业。中国航天的发展得益于有一代代航天人的传承和一支支优秀人才队伍的推

图 10-1　1996 年 10 月，梁思礼获何梁何利奖后与夫人合影

动，梁思礼等老一代航天人不仅开创了航天事业，在这项宏伟壮阔的事业中磨砺了自己，同时以扎实的学术功力、富于创造的精神、敢想敢为的行动、吃苦耐劳的勤奋、虚怀若谷的品格吸引、示范、培养了大批有为的人才，带领他们攀登一个又一个航天技术高点。

有些专家、教授培养人才是通过带研究生或博士生在专业领域里纵深发展的方式，而梁思礼则不同，没有人听说谁是他的学生。梁思礼自己也说过："我没有学生，过去研究所里曾经以我的名义安排带过研究生、博士生，但真正的导师不是我，所以这些研究生、博士生实际上称不上是我的学生。"这一点让人觉得不可思议，人们不禁要问工作几十年了，怎么这么大的专家竟然没有一个学生？其实一点也不奇怪，在几十年的航天生涯中，梁思礼是以带领团队的方式培养人才，以他的超前思维紧紧把握航天发展的前沿新技术、新动态、新方向，引领一个个团队，成长起一批批骨干开拓进取，这也是他与众不同的独到之处。

航天器集成制造（AVIDM）团队的成长是比较能说明问题的一个案例。1983 年以后，梁思礼的视角开始转向计算机辅助设计制造（CAD/

CAM）上。这期间他几乎每年都带团出国参加 Auto Fact 会议，并参观电子设备自动化（CAX 和 EDA）方面的企业，一直跟踪计算机设计的发展趋势。虽然当时西方国家有很多航空航天企业已经采用了 CAD/CAM 工具，收到了很好的效果，但国内那个时候刚起步，大家思想上还存在两个疑虑：一是我们用比较熟悉的简单工具已经能够完成设计工作了，还需要用新的工具吗？二是这种新的设计工具能解决航天复杂工程的问题吗？

为了打消疑虑，尽快实现航天设计技术的革命，梁思礼在 710 所组织团队跟进，并想办法争取到了上级 60 万元资金的支持，首先在航天部承接铸造香港天坛大佛的工程中应用 CAD/CAM。

天坛大佛座落在香港大屿山木鱼峰顶，是当今世界上最大的露天青铜坐像。佛像身高 23 米，连莲花座及基座总高约 34 米，采用内骨架支撑，佛身由青铜壁板焊接而成，重 250 吨。1986 年 5 月，中国航天科学技术咨询公司总承包了这项工程，历时 3 年。710 所团队应用 CAD/CAM 技术经过精心测算，把整个大佛分解成 202 块厚度 10～13 毫米不等的壁板，工厂据此制成极为精确的浇铸模具，浇铸出的每块壁板厚薄误差不超过 3 毫米。天坛大佛要解决海风气流、盐雾、台风等诸多因素的影响问题，这么复杂的结构、铸件，通过 CAD/CAM 解决得非常好。

实践证明，受到复杂环境影响的航天火箭、导弹也是完全可以借鉴这项技术的。710 所团队的工作不仅使众多设计人员提升了对于 CAD/CAM 解决航天问题的信心，推广应用了 CAD/CAM 技术，也使团队的发展一发而不可收。

之后，他们在梁思礼的支持下开始深入考虑航天系统型号的设计问题。他们发现，原来航天系统使用的整体构架包括底层支撑、数据结构、文件系统等都落后了，应该设计一种基于网络的新系统。据计算机专家谌潜介绍：

这个系统好比一个书架，里头装着我们引进的软件，也装着我们自己设计的软件，把这个连起来，就成了一个框架。框架分几个层次，设计到哪一步要用到什么程序的时候，可以在数据库里面拿数据，算完了我再把数据扔到数据库里面去，中间有一个隔离层，如果数据库换了，操作系统升级了，不会互相影响。这个是设计上的一个特点。

这个框架软件名叫 AVIDM（航天飞行器集成与制造），非常实用，在航天系统已经全部推广。目前我国十大军工集团里，AVIDM 是唯一的基于自主知识品牌的框架或者核心管理软件，受到了众多单位的青睐。710 所从事这项工作的团队原来仅仅是一个研究室，后来他们发展成为规模较大的航天神舟软件公司，涌现了许多年轻的技术骨干，仅 AVIDM 软件的年销售额就达数亿元。

还有一个案例。2010 年 8 月，梁思礼参观在天津新建的火箭总装厂——天津航天长征火箭制造公司时，希望公司领导利用新建厂的大好时机认真研究高技术企业新的管理模式。作为航天制造业的窗口，其建设发展和基础工作得到了梁思礼的特别关心和指导。火箭公司副总经理隋国发随即成立课题组，设立了"基于知识管理的精益创新方法研究"课题。一直以来，火箭产品制造主要依靠技能经验。如何依靠一套知识系统将前人头脑

图 10-2　2013 年 4 月 26 日，梁思礼在办公室与大运载公司隋国发讨论三精方案

中摸不着的有益经验进行显性化、标准化总结，为后人所继承、借鉴，做到"人可以走，知识留下""人走茶不凉"？

从2011年开始，课题组按照系统工程理念和精益思想原则，对研发制造过程的多要素进行优化配置，明确了"产品工艺设计型谱技术、工艺成组技术、专业通用技术"三类知识资源，开展技术指标基线标准、过程控制方法标准、指标评价方法标准的技术知识标准化再造。完整地梳理公司生产制造、设备运行维护、人员培训管理等业务的标准化知识体系，这在国内企业尚属首次。

知识管理工作是一项艰难的基础建设工作，隋国发团队在研究过程中遇到很多困难和困惑，有时摸不到头绪，工作一时难见成绩，也很难获得理解和认可。但是梁思礼敏锐地感到："这项研究是管理上的一次大胆革新，能够实现并行工程、同步设计、过程控制、高效创新，像载人航天工程的软件工程化一样，很值得推广应用。"他关心这项研究工作，在团队最困难的时候，他多次听取隋国发的介绍并到生产现场给予直接指导，对正在摸索的工作提出思路及具体的实施方法。尽管他年近九旬，但听取汇报时却聚精会神、专心致志、提问尖锐、指正中肯，这样的交流讨论有时一次能进行三个小时以上。

梁思礼多次鼓励隋国发团队：

> 你们这项工作很有意义，研究精益知识管理、系统精益研发就是要通过研发管理创新，开展技术立法、管理立法和人才立法，推进企业逐步走上法制的轨道、依法治企，最终实现"快速研发、快速育人"。这样脚踏实地的工作，才有助于推动实现中国航天的强国梦，进而推动实现中国梦。我支持你们是觉得你们的工作很有意义，但推广很难，必须"一把手"下决心做才可能推动，希望通过我的支持能赢得那些"一把手"的支持。

当隋国发团队的研究获得初步成果时，梁思礼备感欣慰并给以高度肯定，他提笔给隋国发写道：

我赞成你的"三精方略、精益知识管理"。

八十九岁　梁思礼
2013 年 4 月 26 日

2013 年 7 月 13 日,在航天人才培训中心组织的武器型号项目管理高级人才培训班上,隋国发应邀作《基于知识管理的系统精益研发》报告。为了推荐课程内容、促进航天产品研发,梁思礼不顾高龄,提前一天从北京专程赶到培训中心所在地河北廊坊,亲自为隋国发助威。

由于天热,夜晚梁思礼躺在床上辗转难眠,开空调怕着凉、不开空调又出汗,在似睡似醒中度过了一夜。即使这样,13 日上午他依然精神抖擞地出现在会场。隋国发做完报告后,梁思礼走上台做了 15 分钟的推介演说,在给予很高评价的同时指出了后续工作的方向。

以前我们工作靠人治,现在应该靠法制。你这个就相当于立法,这是科技方面的立法,技术标准化、管理流程化,意义重大,在基础建设方面意义重大。合不合理、可不可行、能不能落地要实践。别怕失败,失败是成功之母,实践出真知。搞好了向航天推广,今后也可向全国推广。我们很多东西都是航天带头做的,然后推向全国的。

在上级领导和梁思礼的力挺之下,隋国发团队的研究课题在天津火箭公司成功"落地",使公司员工的岗位职责、操作规范、技术标准、工作流程、工艺要求、设备维护等工作全部有了法规和标准,每个员工干什么、怎么干,全都能从知识管理的信息化系统上轻松找到指南,公司的管理很快上了一个大台阶。2014 年 12 月初,课题顺利通过专家委员会评审,获得高度评价。评审组认为这项研究:

思路清晰,体系框架完整,资料数据全面,基础工作扎实,按照系统工程理念对多要素进行优化配置,提高研发综合效益,具有创新性和可操作性,可为天津火箭公司型号产品的精益制造与人才的快速成长提供有效的支撑。①

隋国发对此非常感动：

> 梁老心系国家、心系民族、心系航天、心系科学、心系年轻人成长的德技双馨的品行，令人高山仰止的博学精神和专业素养，以及对我个人的支持、鼓励和厚爱，让我永生难忘。

在火箭导弹控制、航天产品可靠性、软件工程化等诸多领域，梁思礼以他前瞻性的思维和独到的视野引领出了很多优秀的技术、工程、管理精英团队。

良师益友

工作中，梁思礼与大家共事，共同的航天事业把他们联系在一起，无论是领导、专家、科技工作人员，还是一线的普通工人，他们同甘共苦、合作共事，结下了深厚的友谊，很多人都成了难以忘怀的好朋友。

火箭总装厂的同事张中华、陶然如是梁思礼的老朋友了。20世纪60年代初，正值三年困难时期，他们一起到满目荒凉的西北导弹发射基地工作。当时粮食、肉食、蔬菜很少，实在饿得受不了，就抓一把又苦又涩的沙枣充饥。大家和着陈毅元帅的《赣南游击词》，模仿来了一首："夜深凉，辗转难入眠。腹内无油又缺粮，摘取沙枣填饥肠，咽完再压床"，然后嬉笑一阵后忍着饥饿入睡。1979年，在紧张地准备执行远程运载火箭全程试射任务之际，张中华突然在发射场大口吐血，把周围人都吓坏了，经过医院抢救脱离了危险。梁思礼十分牵挂他，但是作为这次试验队队长，他必须发射完立即返回北京，不能去医院看望，临走前梁思礼委托别人代为看

---

① 刘淮宇：天津火箭公司管理创新研究取得重要成果。《中国航天报》，2014年12月26日。

望，还特意送来了一块包装精美的巧克力表示慰问，当时巧克力还是不多见的，张中华对此深受感动，几十年后还向梁思礼提起此事。可梁思礼说："你的病我知道，但是送巧克力我已经不记得了。"

梁思礼还有一位患难之交，是火箭总装厂的师傅查喜才。他说："我对查喜才印象最深的是，他不但能排除导弹故障，还会排除口腔故障，给我拔牙。"原来在酒泉卫星发射基地的食堂里，有一天梁思礼吃饭时突然假牙翘了起来，假牙上的金属丝扎到了上颌部，嘴也合不上了。梁思礼张着嘴非常痛苦，正在大家束手无策时，查喜才拿来一把偏口钳，缓慢地取出了翘起的假牙，梁思礼顿时感觉轻快了，他说："你这把钳子不仅能修导弹，还能修假牙，这也是排除了一次故障啊！"

2005年春节，梁思礼专门邀请张中华、陶然如、查喜才等几位老朋友聚会，他们已经都是七八十岁的老人了，大家在一起回忆经年往事、共同战斗的生活场景，畅所欲言、异常开心。

梁思礼对待工厂的师傅是这样，对待老部下也是这样诚恳甚至宽容。

林金是梁思礼在导弹控制所当领导时的一位研究人员，他们一起工作了几十年。当年林金从控制技术角度出发，对时间问题产生了浓厚兴趣，这涉及爱因斯坦的相对论，他似乎想证明相对论的错误，梁思礼把它风趣地比喻为"砍大树"。林金说：

> 那个时候我是业余搞这个，梁总对我一直比较宽容，你有兴趣愿意搞什么就搞什么。所以从70年代开始一直到现在我坚持研究，之所以如此，跟梁总的包容是有很大关系的。

梁思礼说：

> 对林金的大胆，我不只是宽容和包容，在某种程度上是欣赏和敬佩，所以我给他的自由度还是比较大的。从七几年"文化大革命"下放干部以后，他就钻到爱因斯坦相对论的圈子里头，你想40多年他不断地坚持搞这个，而且越搞越深，是很不容易的。我现在可以说对

他的研究看懂了，知道他后来不"砍大树"了，现在要共洽，把爱因斯坦的自洽和他的自洽将来共洽起来。他说的东西有他的道理，但是这个道理本身也是在相对论的基础上，经他研究以后，我就说又长出来一个新的枝子。他到美国也是在继续研究这个，现在也不停止，天天都在干这个事，40年干这一件事不容易。这点梁启超的兴趣主义在他的身长体现得非常深，因为感兴趣，所以钻进去了，越钻越深。

梁思礼比林金大11岁，他还是林金的游泳老师。1965年梁思礼带着林金到京密引水渠的金沟河游泳，从基础开始教他，后来林金学会游泳就上瘾了。1994年林金和梁思礼参加在挪威奥斯陆召开的国际宇航联大会时，林金要到北纬60度、北极圈附近的地区去游泳。10月初的奥斯陆和北京冬天最冷的时候差不多，但是梁思礼心里有底，知道林金有冬泳的本事，于是梁思礼不但不阻止还在旁边给他看衣服。林金说："梁总向来对我都是很宽松、很宽容的，所以我很感谢他。"

梁思礼对年轻人的提携更是令人感动。1998年梁思礼到澳大利亚出差，正好遇上自己原单位的一个搞人工智能的年轻人蔡渝祖，她写了一篇论文要到澳大利亚的国际会议上去宣读，由于英语不够熟练害怕自己说不好，需要有人指点。梁思礼自告奋勇利用出差之余陪她一起去参加会议，给她当翻译，鼓励她、帮助她。每每忆及此事，蔡渝祖始终不能忘怀。

神舟软件公司党委书记车玫也遇到过类似的事情。20世纪90年代她和梁思礼多次出国考察计算机技术，车玫担心自己的外语对话能力，在访问时特别拘束，梁思礼鼓励她勇于提问："车玫，没关系，你就大胆问，我帮你翻译。"车玫说："听到这话我心里感到特别亲切，我特别愿意和梁总一起出

图10-3 1992年，梁思礼（中）与老朋友张克诚（左）、陆孝勍（右）在家中合影

去，因为我觉得每一次出去都有很大的收获，是一种工作幸福。"

梁思礼以他那纯真朴实的性格、睿智慎密的思维、强烈的事业心责任感、果敢的决断力和敢于担当的敬业精神，像磁铁般吸引着周围的人，凡是与他共过事的同事、朋友都把他当成良师益友，梁思礼为此也甚感欣慰。

家 乡 情

梁思礼是个乡情很重的人，对于家乡的建设，他是没有二话、有求必应、尽责尽力。

1992年春天，邓小平同志南巡讲话后，各地方政府积极推动改革开放。新会县根据省委要求，要走一条外引内联、依靠科技进步加快发展的路子，那时候的口号叫"抢占高新技术的制高点"。新会县委、县政府想到了梁思礼，希望他推动一下，把航天高新技术成果转化成现实生产力，促进新会经济发展。

1992年9月，新会县领导第一次到梁思礼家访问，向他汇报了家乡经

图10-4　2001年11月28日，梁思礼和家人在新会梁启超故居前合影

济建设的情况，也谈了家乡发展的设想，希望通过他的帮忙能够把一部分航天高新技术成果转移到新会来。梁思礼听了非常高兴，他说："你们这个想法非常好！根据小平同志南巡讲话的精神，航天部也在构思新的发展问题，其中很重要的一条就是军民分线，加快民品生产，也想找和地方合作这样的机会。"正因为新会县有这个要求，航天部也有这个想法，两家一拍即合。那天晚上，他们谈得很晚，梁思礼说："我明天上班就找领导和有关部门研究这件事情。"此时梁思礼是航天部科技委副主任，还是全国政协委员。

事情很快有了结果。在航天工业科技咨询公司安排下，新会来客参观了航天701所和航天二院的医疗器械公司、航天数控机床公司。参观中，701所的领导给他们介绍了一项最新成果——气垫船。这是第一批国家八个"火炬"计划项目之一，可用于军用、救灾和水上运输、水上旅游等，用途相当广泛且有一定的市场，新会的同志对此非常感兴趣。

在梁思礼的大力支持下，仅用十多天的时间，新会县和航天部就达成了合作意向。11月8日，新会人民政府与航天工业科技咨询公司在全面合作发展高新技术产业协议书上正式签字。签字仪式上，航天工业科技咨询公司又带来八个项目，之后双方对这些项目进行了认真的研究探讨。

11月22日，新会领导专程看望并向梁思礼汇报部省合作的成果。从9月4日第一次到梁思礼家，仅仅用了两个多月的时间，整个部省合作工作就开始了，进展速度之快、合作程度之深令人兴奋不已。

1994年8月7日，航天部与新会倾力打造的"慈平"号HT-903型100客位全垫升式气垫船下水，并举行了盛大的下水庆典，中央、省、市等多家媒体进行报道。《新会侨报》的报道如下：

> 上午11时50分，随着一声令下，气垫船船底的锥型围裙迅速鼓起至1.2米高，船后两台直径为2.9米的航空型空气螺旋桨也开始旋转起来，这时一个令人惊奇的现象出现了，船居然在陆地上"走"了起来。"走"了十几米后，才正式下水。岸上不少嘉宾以为船下水肯定会溅起很高的水花，便连连后退，但是气垫船并没有像一般船那样

掀起波浪，在水面上飞行亦十分平稳。嘉宾们目送它不见踪影后，才回过神来，纷纷竖起大拇指连声赞好。

1994年9月17日，慈平号HT-903型100客位全垫升式气垫船打扮一新，从新会出发，经南海、穿台湾海峡、过东海、入杭州湾，抗击了台风季节恶劣的8级强风、2米大浪，只用了7个白天，安全到达了目的地浙江省慈溪市，创造了一艘轻型小艇2000千米长距离航渡的世界纪录，也证明了慈平号具有世界级水平。

后来，由新会航通高速船开发有限公司研制的我国第一艘穿浪型双体船AMD150也在新会银州湖首航成功了，这艘船被命名为"飞鹰湖"号。"飞鹰湖"号的成功，填补了我国在大风浪地区的航商客运工具的空白。①

时任新会市市长的黎力行回忆道：

翻看当年的工作笔记，我还是很激动的。梁思礼真抓实干，热忱推动航天高技术成果转化，真心真意帮助家乡经济建设，用自己的力量助力家乡的经济发展。我查了我的记录，他的具体指导次数那是数不清了，倾注了很多的心血。比如1993年2月21日，我们到北京去他家访问的时候，他很详细地询问了解合作的进展情况……这件事他不是牵完线、搭完桥就完了，真是很关心。有的时候他就打电话，给很多领导和有关同志打电话问怎么样了，这种精神的确是可嘉。再比如1993年4月30日到5月10日，他刚从国外访问回国，就和夫人回到新会详细了解几家公司，新宇公司、航通都去了，我们合作的单位他都去了解情况，有的时候我们打电话请教他，有的时候他打电话询问工作进展情况，有什么问题他也及时给我们指出来。他为家乡倾注了大量心血。

部省合作项目的开展，使得梁思礼和家乡血肉相连的亲情更加密切。

---

① 欧阳玉玲：新会与航天部合作造出扬威世界的船。《新会侨报》，1994年第238期。

1994年2月27日，新会市在北京举行在京乡亲联谊会成立大会，德高望重的梁思礼被推举为首任会长。此后，他多次召开联谊会，在更高的层面、更宽的领域为家乡服务。

令人感动的是，1995年11月17日，梁思礼将8年前在这一天去世的爱子梁左军的遗款6000元捐赠给新会，用作筹建梁启超纪念馆之用。

梁思礼的女儿梁红在新会市召开的梁思礼院士诞辰92年纪念会上的发言感人至深、催人泪下。

父亲虽然出生在北京、成长在天津，也不大会说广东话，但是对于故乡新会却有着一种血浓于水的感情。

1981年，父亲和三姑梁思庄、五姑梁思懿等一行五人组成"还乡团"，第一次踏上故乡的土地。从那以后，他为建设家乡做贡献的热情便一发而不可收。1981年，他们姐弟向家乡捐赠了"文化大革命"结束后退还给梁家的珍贵文物——战国编钟和陈白沙书法作品。1992年，在父亲的牵线搭桥和大力推动下，以气垫船为代表的多个航天高新技术成果落户新会，开启了新会与航天部全面合作发展高新技术的新篇章。1995年，父亲向新会梁启超纪念馆捐献了六千元人民币用于筹建纪念馆。2012年，父亲牵线搭桥，帮助促成江门恩平航天育种基地与航天科技集团公司合作的项目，用卫星和飞船数次搭载江门的种子遨游太空。三十多年来，给新会和江门的中学、小学题字、讲话、作报告这类事情，他总是来者不拒、乐此不疲。2014年，他最后一次回新会，看到路边山上的外来植物速生桉树林，便多次向江门市领导建议限制种植此树，为了江门子孙后代的利益、为了江门农业能够可持续发展保护山林地力。

他爱家乡的一草一木，更爱家乡人。每次回到江门、新会，父亲都要见见老朋友，每次见面都会感到分外亲切。2015年11月，他的肺病已经很严重了，但是听到家乡茶坑村被评为全国十大最美乡村之一，他不仅很高兴，还不顾胸闷气短，在航天档案馆同志的帮助下录制了一段贺词，后在中央电视台播出。

家乡的人民也同样爱戴我父亲。今年4月14日父亲去世后,江门和新会的各级领导和各界人士举办了隆重的悼念活动。最令人感动的是头七这天,许多素不相识的江门群众自发来到江门市中心院士大道的梁思礼塑像前,点起蜡烛,献上鲜花,表达他们的哀悼之情。这一切都说明了父亲为江门、为新会所作的贡献,人们没有忘记。父亲已经走进了江门人民的心中。

图 10-5　航天英雄杨利伟和我国第一位飞天女航天员刘洋在参加新会市举办的纪念梁思礼院士诞辰92周年图片展期间,与梁氏家族成员合影留念(右四为梁思礼长女梁红)

"80后"志愿者

爱国的人,永远心怀一片赤诚。进入21世纪,耄耋之年的梁思礼仍然孜孜以求,时刻关心着中国航天事业的创新发展。在业内,他为重大的、长远的、前瞻前沿性的技术发展方向和技术途径等问题出谋划策,提出战略思考;在业外,他关心青少年的成长,关心祖国的未来,把培养青少年立志成才、为国家繁荣富强做贡献当做自己分内的工作，努力把自己手中拿着的火炬传递给后人。

航天系统为了不断提高新员工的素质，下属的院、厂、所包括总部机关等单位每年在新入职员工到来之际都邀请梁思礼为新人授课；他也经常为新上任的年轻的型号总设计师、总指挥及干部培训班作报告。梁思礼将他自己的亲身经历以讲故事的方式分享给大家，包括艰苦创业、顽强拼搏，总结成功经验、汲取失败教训，不畏挫折、无怨无悔等人生哲理，其中贯穿着"自力更生、艰苦奋斗、大力协同、无私奉献、严谨务实、勇于攀登"的航天精神、"热爱祖国、无私奉献、自力更生、艰苦奋斗、大力协同、勇于登攀"的"两弹一星"精神和"特别能吃苦、特别能战斗、特别能攻关、特别能奉献"的载人航天精神。

深入浅出的讲授对年轻人起到了启发和激励的作用。

> 不知道为什么我那么清晰地记住了他的背影，也许是我愚笨忘记了他的容貌，也许是与他相见的时间太短，我仍心存不舍。但在我心里，至今仍能感觉到这个背影的主人灵魂的高尚。"

2009年8月，入职中国航天的新员工刘思嘉在听完报告后说出了他眼中的梁思礼。

图10-6　2003年梁思礼撰写出版的航天科普图书《向太空的长征》

图10-7　2013年6月，梁思礼向学校赠送《向太空的长征》一书

20 世纪 80 年代后，中国航天逐渐撩开了神秘的面纱，航天人可以对外介绍一些航天知识和航天人艰苦奋斗的经历和成果。梁思礼受中国宇航学会、何鸿燊航天人才培训基金会等单位的邀请，先后到大中学校、机关、企事业单位等作报告宣传航天，使外界开始了解中国航天事业的发展成就。2003 年，梁思礼把多年的科普报告编写成《向太空的长征》一书出版，产生了很大影响。

为宣传和传承中国航天精神，20 多年来他不辞辛苦在国内外几十所大学、中学作报告超过百场，深受广大学生的欢迎。他的足迹遍及东北、华北、胶东、华东、华南、东南、海南等大半个中国内地和香港、澳门特别行政区以及马来西亚、新加坡。当有人问他，在他心目中"国家"二字究竟有着什么样的意义？梁思礼沉吟片刻，答道："我们每个人都从国家索取，又向国家回馈奉献。索取，大家是为了过好自己的生活，理所当然；但是为了国家的进步和发展，我们能够回馈国家的应当远远大于我们索取的。"

图 10-8　2006 年 8 月，梁思礼在北京大学做报告

从 2006 年 3 月到 2012 年 7 月，梁思礼在中国老教授协会任副会长、顾问。中国老教授协会受教育部高教司委托，面向全国高校开展《当代中国国情与青年历史责任》课程。在 6 年的时间里，梁思礼以《中国航天精神和素质教育》为题，先后为北京邮电大学、对外经贸大学、北京理工大学、北京林业大学、北京工业大学、北京交通大学、北京航空航天大学、北京师范大学、中国农业大学、中国政法大学、清华大学、中国人民大学、首都师范大学等十几所著名高校的学生和青年教师培训讲课，直接听众 3400 多人，全国网络视频听众 57000 多人。"两弹一星""载人航天""嫦娥探月"一个个里程碑式的航天成就让学子们向往，航天"三大精神"让学子们振奋，航天人的无私奉献让学子们感动，特别是梁思礼讲的这个故事让学子们感到震撼。

我在美国有一个好朋友林桦（现在人已经去世了），当年我们都在美国留学，我回国了，他留在了美国。他是波音飞机公司的首席科学家（也就是总工程师），我曾是航天部的总工程师；他搞的是美国的洲际导弹（民兵导弹），我搞的是中国洲际导弹；他的年薪是30万美元（80年代），我的工资只有他的百分之一；他住在西雅图一个小岛上的高级别墅，回国时受到国家领导人接见，我住在很普通的单元房子里。有人曾问我对此有何想法，我的回答是："他干的民兵导弹是瞄准中国的，我干的导弹是保卫我们祖国的！"从第一颗原子弹、第一枚导弹、第一颗人造地球卫星到第一艘神舟飞船，我回国后能和第一代航天战士一起白手起家、自力更生，创建起完整、坚实的中国航天事业，使中国居世界航天强国之列，我能为此奉献一生，我感到无比的自豪和光荣。

老教授协会专门收集整理了学子们每次听梁思礼讲课后的反映，那都是由衷而发的真实心声。

清华大学的陈颖同学说：

88岁高龄的梁思礼院士悉心地向我们介绍我国航天事业发展和航天精神。中国航天从无到有、从弱到强、从小到大的发展历程，梁思礼院士的爱国、敬业、奉献、自强、奋进精神，老一辈航天人的爱国情怀与强烈的使命感以及对航天事业的孜孜执着追求，不能不让人感动。不知为何当天听得自己眼眶湿润。关于什么是"精神"的问题，答案就在梁老的一句"我无比自豪"里。

北京航空航天大学的黄亮同学说：

从他身上，我看到老一辈科学家的爱国、敬业和献身精神，为了祖国的国防事业，他毅然放弃优越的生活条件、告别妻儿，来到荒无人烟的戈壁滩沙漠，一干就是几十年，他是我学习的榜样。

对外经贸大学的颜芳同学说：

　　有人说："20世纪就开始市场经济，讲金钱、讲利益了，现在已是21世纪，还谈奉献、责任，真是太落后了。"听了梁思礼院士的课后，我深刻认识到人生价值是和祖国联系在一起的。梁思礼院士作为祖国第一代航天人，为航天奋斗了46年。他们用一生的时间，以惊人的速度使贫穷落后的祖国繁荣强大起来，使饱受凌辱的民族真正站立起来，以平等的地位居于世界民族之林。短短一堂课，使我思想豁然开朗，感到个人在历史长河中是那么微不足道，唯有将一生奉献给祖国的建设、把青春与民族复兴相联系，人生才有价值，青春才有意义。

中国林业大学的姚海良同学说：

　　梁先生告诫我们要爱国、做有骨气的中国人，我体会在不同时期，"骨气"有不同的内涵：在日寇入侵、国家处于危亡关头，骨气是不当亡国奴、抗战到底；在和平建设时期，骨气是艰苦奋斗、勇于攀登；在改革开放年代，骨气是做中流砥柱、不跟着"钱"走、不随波逐流。

华东大学的黄朝阳同学说：

　　使我感动的是他们的爱国精神，真可谓是"身怀经天纬地才，胸有拳拳爱国心"。老教授、老专家有如此的爱国情怀，我们青年人在审视自身时，情何以堪！

　　梁思礼胸怀博大、思虑长远，不仅宣传航天，他还认为老一辈科学家应该当好园丁，引导青少年发奋向上、朝气蓬勃地成长。因此，他提倡素质教育和人文关怀，宣传"真、善、美"，培养青少年的科学艺术情操。

2009年5月,梁思礼在《公民意识和公民素质》文章中写道:

今年是中华人民共和国建国60周年,又是汶川特大地震一周年。2008年以来出现了许多重大事情,从我国公民意识和素质角度来看,有一些是非常好的,有一些事则是非常糟的。

汶川大地震抗震救灾的过程彰显了全国人民万众一心共赴国难的意志。特别是80后、90后的年轻一代,年轻的解放军指战员、武警官兵、医护界的白衣战士,还有那些舍生忘死用自己的身体保护学生的教师,事迹感人。还有普通的公民,他们奋不顾身、抢救生命、献血、捐献、赶赴灾区当志愿者等,平时隐在深处的人性和公民意识自发地显现出来。以往我认为这一代青年大多是独生子女,娇生惯养被宠坏了。但是一旦出了大事,他们能挺身而出、堪当大任,充分体现出公民意识和良好素质,是可以信得过的一代青年。以后接着又在北京奥运会期间当志愿者,获得了全世界的赞扬。

这些自觉的行动都出于爱国主义精神和社会责任感。过去中国之所以孱弱是因为"愚""弱""贫""散""私"五大诟病,不讲公德、不合群。而在上述的两件大事中恰能反其道而行之。于是,我又重读父亲梁启超的《新民说》,思考是否一代新民正在成长。父亲确有前瞻性,他的《新民说》是写于清光绪廿四年(即1898年)。111年前他就提出"新民为今日中国第一急务"。我认为,他当时所谓的新民,也就是现代国家的公民意识。时至今日,培养和发扬良好的公民意识,仍旧是我们国家的当务之急。汶川地震和奥运志愿者工作激发出来的"公民意识"是非常好的苗头,我们应该通过教育和提倡,使其发扬光大、可持续发展,以实现国家的强大和民族的复兴。

遗憾的是,另一方面出现了三鹿奶粉事件和浙江大学论文造假事件,还有那不断的矿难和万民痛恨的众多贪污腐败案件。老毛病在新时代又复发了。市场经济不仅给我国带来巨大的财富,同时也带来了功利主义和金钱至上、贪得无厌。有些人可以完全置道德与良心于不顾。现在中国社会上存在着一对不可调和的矛盾：一边是功利主义、一边是社会道德。不是此涨彼消就是彼涨此消，可怕之处在于功利主义见涨，任其发展下去，后患无穷。

  从这正反两个方面的事例来看，提高我国公民素质特别是国民道德，的确是当务之急。提高的方法主要通过教育，特别是在义务教育阶段。但目前应试教育大家都认为有问题而又都很无奈。加之在教育产业化理论的影响下，功利主义也在学校师生和家长之间大行其道。从小学开始，家长就被迫让孩子们开始"竞争"。上奥数、英语等各式各样提高班、补习班，经常学习到晚上十一二点，孩子们本应享有的童趣和体育锻炼时间都被剥夺了，目标就是考上重点中学和重点大学。

  教育的本质是育人，教我们做什么样的人、怎么做人。做一个合格的人、一个高尚的人，一个有知识、有能力、有用的人，首先是对人生观的培养。人是社会的一分子。在年轻时，社会、国家、家庭、学校给你教育，当你长大以后就有责任对国家和社会做出回报。人总是要有点精神，要有所追求。我认为正确的人生观应该是热爱祖国、服务社会、为人民做贡献，有高尚的道德修养，以真、善、美为一生追求的目标。[①]

  他还认为，青少年是祖国的未来、是民族的希望，因此对青少年从小就进行科学艺术情操的培养也尤为重要。做一个可爱的中国人，必须是一个科学的中国人，要把科学精神、科学思想纳入到个人的世界观中，这是成为可爱中国人的核心所在。

  随着人类的发展，科学技术越来越受到人们的关注，并已成为当今世界人类共同的财富。今天，自然科学与人文科学正走向相互启迪、相互渗透、相互融汇的更高境界，科学家与艺术家也相互合作，

[①] 梁思礼：公民意识和公民素质。《今晚报》，2009年5月21日。

法国文学家福楼拜说过"越往前走,艺术越要科学化、科学也要艺术化",这已逐渐成为现实。已故的纳米专家吴全德院士专门研究纳米材料的晶格排列图像,他说这种晶格图像"像万花筒一样美不胜收"、是科学艺术化的典范。因此,在教育过程中,重视科学教育与艺术教育结合是培养青少年具备良好人文精神和创新能力的重要途径。作为一个全面发展的人,要有科学精神,同时也要有艺术修养,不仅要学会运用科学的方法处理问题,还要学会用艺术的眼光欣赏生活中的美。

80岁以后的梁思礼脚步并没有放慢,他曾经告诉那些80后和90后们80多岁的自己也是一个地道的"80后"。他老骥不伏枥,还自诩道:"我和80后说得来。"所以梁思礼是出了名的"好请的"大专家,他把对祖国未来的热切期许和对晚辈才俊的殷切期盼当作自己新的使命,以自己的行动践行着"人生并不是短短的一支蜡烛,而是由我们暂时拿着的一支火炬。我们一定要把它燃烧得十分光明灿烂,然后把它交给后一代人们。"

多一个视角就少一个死角

敢讲真话、爱提问题是梁思礼一贯的工作作风。

1962年东风2号导弹首飞失利后,钱学森与导弹总体部、控制所一起讨论改进方案。梁思礼当时是控制所东风2号控制系统副主任设计师,也参加了讨论会。

会上,双方汇报改进方案时发生了分歧。总体部提出,在改进的新方案中对控制系统的设计要求是静不稳定度应小于小数点后的4位数;而控制所提出这个指标不符合实际,以现有的技术手段根本达不到。双方争论异常激烈,由于责任重大,双方互不相让。钱学森听着双方陈述的理由,背着手在室内走来走去。过了一会儿,钱学森问总体部:"你们对静不稳定度的计算怎么能算得这么精确？导弹控制系统需要控制头发丝这么小的变化吗？"这时，会场鸦雀无声，只有梁思礼说道："钱副院长，就算要赖皮我还要说一句，总体应当体谅分系统，把设计余量留一些给基层。总体把设计余量全用完了，分系统、部件、元件的设计全是负数了，还怎么设计？"钱学森看着这个敢于直言的人，赞许地点了点头。

梁思礼极端痛恨那些作假的人和事，特别是学术作假。对此，他在报纸上公开发表文章说：

浙大副教授贺海波造假案，揭开了学术行为不端的盖子。知识教育界本来应该是教学子怎么做人的地方，但就是在这个"为人师表"的地方，功利主义把社会道德击倒了。更可怕的是这不是一个个别现象，有不少老师和学生认为贺海波的所作所为在其他的地方也屡见不鲜，甚至影响到了两院院士这片学术净土。院士作为学术带头人，必须高度自律并接受社会监督。目前社会上（包括有的高校）打着院士称号这个"招牌"为本单位争名夺利，有的院士也甘愿让他们这样做，而事后由于兼职过多，把自己承诺的义务置于脑后，长此以往，院士这个荣誉称号会变味的。此风不可长。

梁思礼为人正直，参加各种评审会从不走过场、人云亦云。凡是他不清楚、不放心的问题，他都会打破砂锅问到底，然后鲜明地表达自己的意见，以至于评审方在得知"考官"有梁思礼时都会神经紧张，格外做足准备。

20世纪90年代，在一次神舟飞船惯性系统的研制评审中，在方案、惯性器件的选择和生产单位定点等问题上，"评审官"梁思礼和研制方有不同意见，而研制方又非常坚持自己的方案，最后的评审结果是一个折中方案：研制方主张的系统为主方案，梁思礼等人主张的系统为备份方案。评审结束后，研制方的技术负责人陈祖贵很担心这次评审是不是得罪了梁思礼，以后的评审会不会受到"刁难"？

后来发生的事彻底让陈祖贵放心了。1995年，陈祖贵负责的飞船三大关键技术之一的"飞船返回控制技术"（GNC 系统）在部级评审时出现了一些不同意见，但是梁思礼等老院士首先站出来肯定他们在攻关中取得的成果，支持他们提出的新技术。评审在梁思礼等人的支持下获得通过。这是中国载人航天工程三大攻关项目中第一个通过评审的项目，后来飞行结果证明在连续 6 艘飞船的飞行试验中，GNC 系统都圆满地完成了飞船的返回控制任务。

在"神舟一号"飞船飞行中，GNC 系统不仅将飞船安全地控制回来，而且飞船落点精度达到国际先进水平。在任务指挥控制大厅里，梁思礼看见了陈祖贵，老远就和陈祖贵打招呼，握着他的手说："老陈，你们 GNC 系统任务完成得很不错，棒极了！"可见，梁思礼从来不计个人恩怨，满脑子惦记的都是事业的大事。

梁思礼爱提问的习惯还避免了一次船毁人亡的重大事故。

那是"神舟三号"飞船准备发射期间发生的一件事。

飞船的设计人员在"神舟二号"飞行试验中发现有一个姿态敏感器安装位置不合适，需要改变安装的位置和方向，于是决定在"神舟三号"时

图 10-9　2000 年，梁思礼（左二）与庄逢甘、谢光选、任新民、崔国良院士在酒泉卫星发射中心参加逃逸塔试验

把这个仪器的光轴方向倒180°，为此该仪器的信息处理公式中的一个"+"号要变成"-"号。如果极性反了，飞船的飞行就会南辕北辙。

在飞船出厂评审会上，评审组的专家对这一个重大修改非常重视。梁思礼反复提问："你们的那个极性修改了没有？再仔细查看一下，极性错了可要出大问题啊！"当时设计人员回答说已经下通知单修改了。

可就在评审通过的第二天，飞船GNC系统副主任设计师王南华报告：通过试验发现这个符号和"神舟二号"飞船用的完全一样，没有修改。原来她在听了梁思礼的提问后感到有点不放心，回去补做了试验。当她把仪器的信号引入控制系统时，飞船的姿态就开始发散，一查这个重要的符号确实没有修改。

对于自动控制系统来讲，这个"+"和"-"非常重要。比如对于一个锅炉的温度控制系统，如果发现锅炉温度高于给定值，就应该通过温度控制使锅炉的温度降下来，这叫做负反馈；但是如果把这个符号搞反了，锅炉温度不但不降，反而增加，这个叫做正反馈。对于飞船的姿态控制系统来说，如果符号反了，就可能使飞船姿态失控，造成飞行试验失败。

梁思礼的一句提问暴露了一个大隐患。为修改软件，整个飞船发射推迟了20天。飞船研制者再三向梁思礼表示谢意："多亏您及时提出这个问题，如果在地面上没有发现，飞船上天后不堪设想。"

梁思礼说："我这个人就是爱提问，提问也是一门学问，李政道先生就提倡'求学问，需学问，只学答，非学问'，凡事多一个视角，就少一个死角嘛。"

第十一章
七彩人生

　　梁思礼一直是个阳光男人，他的人生既平凡又不平凡，奋斗中有坎坷有喜悦，生活中有伤痛有笑容，既有轰轰烈烈的热血沸腾，又有实实在在的柴米油盐。无论悲喜还是苦甜，他面向世人的永远是和蔼的笑容、爽朗的声音、乐观的心态，他向生命敞开的永远是热爱生活的宽广胸怀。岁月的皱纹已经展现在他的额头，他的眼神里也许少了年轻时的锐气和霸气，但是却多了时间积淀的智慧与平和。对国家的热爱，对真善美的追求，使他的生活多彩而绚丽。

乐观积极的心态

　　一个人的涵养不在风平浪静时，而在人生挫折时。
　　梁思礼有着非常乐观、积极的心态，不论遇到什么颠簸和风浪。
　　1968年夏，44岁的梁思礼永远地失去了母亲。当时他在大西北参加导弹试验，回到北京后，他向军宣队请求去母亲家里祭奠，但是没有得到批准。梁思礼痛心地回忆道：

我的母亲在"文化大革命"那会儿受了很大的罪，因为是梁启超的老婆、是保皇党的臭婆娘，她已经82岁了，还让她劳动、扫街，让她住在一个窗子漏风、很破烂的小屋里。后来我被保护起来，所以我们谁也不能去看她。她后来是很悲惨的，得肠癌去世了，去世的时候，我请示当时军宣队和军管会，想去收骨灰，军管会没同意。她去世的时候，我不在她身边，她连骨灰也没留下来。

我虽然后来单独成家了，和母亲分开住了，可是那会儿我母亲家里还有很多我的东西，最使我痛心的就是我父亲去世以后，中华书局出了一套《饮冰室合集》，大概有几十本，摆了满满一书架。《饮冰室合集》是我最心爱的东西，被"破四旧"给烧了，还有一些老照片也统统不见了。其中有一张我父亲在我很小的时候抱着我照的一张合影，大概是1927年，也是在那期间烧掉了。所以现在我没有一张父亲跟我一块儿的相片。

尽管遇此悲伤经历，但是梁思礼咬牙吞下泪水，依旧没日没夜地驰骋在他的导弹世界里。也许，只有忙碌才能分散痛苦，只有工作才能化解悲伤。外人看到的梁思礼永远是那么阳光。

女儿梁旋谈起爸爸的心态，深有感触：

在青壮年时期，爸爸既要在工作一线处理很多事情，还面临许多不尽人意的事情，不管是在单位还是家里遇到坎坷，我从没听到过他唉声叹气，没有看到他怨天忧人，我永远看到他都是积极、乐观地面对困难。遇到了问题，爸爸的态度不是逃避而是积极面对、想办法解决，找这个事物的积极面，从不抱怨。比如在"文化大革命"中，

图 11-1 1984年冬，梁思礼与女儿梁旋合影

第十一章 七彩人生

他有很多苦恼和困惑,那时候他还年轻,正想热火朝天地在航天事业中大干一场,但是由于种种原因不让他干了,他内心肯定会有焦虑、困惑和苦恼,但他回家还是以一个好爸爸的姿态面对我们,从来不发脾气。他给我们讲故事、带我们去公园、教我们游泳,他内心里的苦闷、烦恼由他自己去承受和排遣,从不传染给周边的人、不给家人带来负面情绪,我们永远看到的是个快乐的爸爸。

图 11-2　1974 年,梁思礼在河南正阳"五七"干校当猪倌

1974 年,梁思礼被下放到河南正阳"五七"干校劳动,干校分配梁思礼当"猪倌",那一年梁思礼正好 50 岁。

按说一个搞导弹的知识分子被派去养猪,这是对人极大的不尊重甚至是羞辱,有点像"罪犯发配宁古塔"的味道。但是梁思礼从积极方面想,觉得这是对自己的照顾,此举正好逃离"文化大革命"是非之地,免得一天到晚担心被突然打成"反革命",他思想和精神上反倒落得轻松和愉快。

生性乐观的他养起猪来也别有一番意趣。每天梁思礼带上套袖、穿上围裙,打猪草、拌猪食、清猪圈,干得高高兴兴。梁思礼的猪一听见他"啰、啰、啰"端来猪食的呼唤,都争抢着扒上圈墙,看着肥头大耳、干干净净的"八戒"军团,梁思礼很有成就感,还特意和它们合影留念。

在梁思礼 50 岁生日那天,"五七"干校的"校友"们为了庆贺他的生日,纷纷"出手"到田地里捕捉了 29 只田鸡,大家戏虐地使用"28 个半"布尔什维克的数字,炖烧了 28 只半田鸡,吃得特别高兴。

20 多年后回忆起这段往事,梁思礼依旧饶有兴致:

都说我抓质量是全面质量管理，其实我养猪也是这样。从配种、小猪接生、催肥到最后吃肉，每个环节我都一丝不苟。当然，杀猪时我一般都不在，主要是不忍心下手。

在"五七"干校，他养了整整一年的猪，精力充沛、年富力强的他成为一名出色的猪倌。虽然养猪养的好，猪倌当的不错，但是作为科研人员没有从事科研工作，对国家来说无异于一种大的浪费。不过从过去的观点看，那叫和工农相结合改造世界观，用当下的话说叫做"接地气儿"。

1987年11月17日，63岁的梁思礼再一次遭到感情上的重创，他唯一的儿子梁左军因抑郁症跳楼自杀了。回想起儿子，梁思礼的心头涌上无尽的悲伤：

我一共有三个孩子，一个儿子，两个女儿。儿子梁左军是1957年生的……赵菁那会儿还在云岗那边（北京西南郊丰台区），我在二院（北京海淀区永定路），我们一天到晚没时间，我要么是去西北下厂，要么是去发射基地，很少有时间来管他。他很小的时候就跟着奶奶，跟我母亲一块儿生活，我母亲非常爱他，他也非常爱我母亲。

我父亲梁启超是属鸡的，我儿子也属鸡，我爱人生他的时候难产，是在我母亲家生的。由于各种原因，我母亲特别爱她的孙子，俩人的感情特别好。"文化大革命"一来，我被保护起来了，赵菁因为搞过地下党的工作，被审查了好长时间，我母亲也被"批判"，儿子没有人管。那会儿他正上小学和初中，整个我们家的遭遇使他精神上受到的打击最大。特别是我母亲去世后，他再也看不到曾经朝夕相处、十分疼爱他的奶奶了，所以受到了很大的刺激，眼睛老发直。当时到安定医院去看，认为是精神分裂症，现在看起来可能是抑郁症，给他吃了很多安定的药。

他后来也很苦，那会儿要求孩子下乡劳动改造，他也下乡去了。那一段，他的病情基本恢复，可是并没好彻底。后来他还很努力，他特别爱历史，读了一些世界历史、中国历史，考上了北方交大的分校。上学以后，由于他有精神分裂症，交女朋友很多次都不行，又给了他一定的刺激。他毕业时，赵菁正好退休，留下名额让他到赵菁所在的研究所做了一般性的资料管理工作。他30岁的时候，曾和我另外一个侄子梁从诫通信，谈到都是梁启超的孙子，自己太不争气了，撑到30岁了，现在干工作到底能不能长期干下去还是个问题，本应该继承公公的事业，干一番事业，可到三十而立之年却一事无成。所以他选择结束自己的生命，而那一天正是我跟赵菁结婚的日子。

从此，我跟我爱人很少提我们的儿子，把这种隐痛深深地埋在了我们的心底。

幼年丧父，中年丧母，老年丧子，人间不幸的苦果都让梁思礼品尝了。

图11-3　2010年，梁思礼（右一）和陆元九在航天科技集团公司举办的春节茶话会上

有时候，沉默是最好的诉说，回避是最快的解脱，放弃是最大的拥有。人生短促，还有更多的东西值得珍惜呵护。在度过一段痛苦的日子后，梁思礼从沉重的打击下坚强地站了起来。他以"人心本无累，累得是放不下的太多"的心态，将顺其自然与随遇而安结合起来，重新乐观地面对工作和生活。他认为人生就像时钟，过了子夜就是新的开始，因此也应如同型号研制，要学会"归零"。顺境时，把自己"归零"，可以消除"骄娇"二气；逆境时，勇于"归零"，才能重新面对自己，从头开始，积极奋斗。就像春节前的大扫除，把那些没用处的东西清除掉，把有用的珍品拂拭干净，就可以窗明几净、心情舒畅地迎接新春。唯此，人生才会多一分清醒、多一分淡泊，才会拥有新的周期与辉煌。

梁思礼这一辈子都童心未泯，对一切充满好奇和兴趣，还特别善于接受新鲜事物，和他同时代的老人相比，他可算得上是个"赶时髦"的人。当然，丰富多彩的生活热情源自他的"趣味"主义生活态度。

步入老年后，他仍然不落伍，对互联网、微博、微信备感兴趣。有一次听说女儿一家由于车限行在外面打车打不着，以后改用滴滴软件打车了，他就跟外孙女说："给我下载一个，我也试试'滴滴'"。他爱上网，爱看新闻，爱用新媒体捕捉国内外大事和科技发展新动态。

梁思礼还爱在网上下中国象棋。以前工作时，他忙得没有时间下棋，只是在外面开会利用休息时间，还有在"五七"干校劳动时他过了过棋瘾。退居二线后，他时常和科技委的几个老专家相约而坐，杀上几盘。后来，有的老伙伴去世了，有的年老腿脚不便，所以大家相聚的机会少了。梁思礼不甘寂寞，找到了在网上下棋的新乐趣，他劲头十足地在虚拟的棋局中纵马驰骋、拼杀楚汉，常常玩得废寝忘食。有时赵菁催他吃饭催了一遍又一遍，他嘴上答应"不玩了，不玩了"，但却屁股不挪窝，下了一盘又一盘。

福大命大

梁思礼属鼠，但是他常常自诩是属猫的人。

上天很会捉弄人、考验人，它往往会在不经意间制造一些"坎"给人经历，有些人迈过去了大难不死，有些人迈不过去殒灭其间，也许这就是人们所说的命运。梁思礼一生有六次遇险，但皆转危为安。所以他很得意，认为自己热爱生活、是个乐天派，所以命运才把"幸运"赏赐给自己，让自己福大命大。

梁思礼的第一次遇险发生在1947年。那时他在美国俄亥俄州辛辛那提大学学习，刚刚学会开车，他的朋友林桦要到田纳西州去结婚然后回国，请梁思礼同行当伴郎。出发那天下起了小雪，他俩轮流开车向南进发。梁思礼是个新手，在雪天路滑的情况下还把车开得飞快，这时前面有个大坡，梁思礼本想超车，但又怕对面来车被大坡挡住看不见，就突然减速，这样车尾开始打横，林桦看势不妙忙帮他转方向盘，结果连车带人一头撞到树上，两人全被撞昏进了医院。新郎婚期耽误了，回国也耽误了。万幸的是，虽然梁思礼满脸是血、林桦腰碰青了，但二人的主要"零件"均无大碍。

第二次是逃过一劫。那是在 1959 年，当时海军政委苏振华要率一个大的代表团去苏联谈判争取援助。订飞机票时，飞机基本被文化部的一个代表团给包了，只剩 7 张票。如果苏振华要选派 7 个先遣人员去，可能就有梁思礼。然而代表团最后决定全团一起走，所以他们没人上飞机。结果这架载有文化部代表团的图 -104 飞机因天气原因在西伯利亚失事，梁思礼幸运地躲过一劫。

第三次是飞机着陆遇险。20 世纪 60 年代，梁思礼有一次去酒泉基地执行完发射任务回北京，他先搭乘兰州军区的运输机从酒泉到兰州，再转机飞回北京。军区运输机的座位是两排面对面的，梁思礼等人和部队的同志用行李当桌子在飞机上打扑克，机上有 20 多人，兰州军区的空军参谋长也在机上，大家玩儿得好不热闹。兰州老机场离城很近，在一个山洼的空地上，跑道不长，四面环山。那天雾很大，能见度很差，飞机着陆时没有从跑道起点落下，轮子擦地时飞机已经到了跑道中间，这时飞行员才看清险情，吓得猛力刹车。还在打扑克的梁思礼他们猝不及防雾时连人带行李全滚到了机舱前面，此时的飞机冲上草坪，已经到了机场边缘，再跑 10 米就撞上电线杆了，好险呀！梁思礼下飞机一看，机翅膀是歪的，轮胎也磨坏了，恼火的参谋长大声训斥机组人员："怎么搞的，还带着客人在飞机上呢！"

第四次是差点被打成"美国特务"。"文化大革命"中，梁思礼由于在美国留学 8 年，家庭出身又不好，一直被工宣队、军宣队怀疑是"美国特务"，他们成立专案组内查外调搞了一两年。1970 年，突然有一个造反派的小头头找梁思礼谈话，通知他被"解放"了。原来专案组在天津找到了一位梁思礼在普渡大学的同学，那个同学说梁思礼在普渡大学留学期间当了一段学校电台的主持人，那个电台在小镇里相当有影响。梁思礼在电台里播放贝多芬、柴可夫斯基的名曲，有时会插播一些有关中国的风俗习惯和政治观点，读一些中文报纸上刊登的消息。专案组还查到这个中文报纸是中共党员、美共党员唐明照办的进步报纸，那时正是中国的抗战时期，梁思礼还在电台里介绍过毛主席的著作《论持久战》。有了这位同学的旁证，梁思礼"咸鱼翻身"，不但不是特务，反而是个进步人士了。梁思礼很感激这位同学，可惜他左思右想也记不起这个同学究竟是谁了。

第五次是吉普车险些落水。1978 年，担任东风 5 号导弹副总设计师的梁思礼到基地执行导弹发射任务，由于他很关注导弹飞行轨道情况，于是乘车前往电子部负责的一个雷达测量站考察。基地派了一辆吉普车，还选了一名技术比较熟练的战士开车。去雷达站的路是一条很陡很险的山路，去的时候司机很小心，回来时险路走完了，在平坦的路上行车司机有些放松。这时吉普车前有一辆开得很慢的小拖拉机，司机一踩油门就超了过去，没想到刚一超过拖拉机就发现前面有一座没有护栏的桥，路面很窄，司机看到这种情况赶快刹车。结果车的前轮卡在桥边上，一个后轮掉到桥外，车身斜歪着停了。桥有两三米高，如果车子没有及时刹住，掉到桥下去肯定车毁人亡。副驾驶员小心翼翼地打开右边车门爬出来，向回跑找到那辆被超越的拖拉机，请拖拉机帮忙把吉普车从桥边拽了回来。

第六次是跌进电缆井险些送命。1994 年 10 月，年近七旬的梁思礼参加完在以色列耶路撒冷召开的国际宇航联大会回来，听说离家不远的北京西三环道路修通了，公主坟立交桥还建得很有现代特色。他这次出国滞留的时间比较长，有一个多月，走前马路尚未修好，回来时已经车水马龙，于是他便抽空和老伴赵菁散步遛弯去看立交桥。走在新铺的便道上，看着架起的高桥，夫妇俩指点着、评说着，不知不觉赵菁走在了前面。正盯着立交桥仔细看的当口，忽然梁思礼脚下一空，只觉得头部、胸口猛遭一击，便坠入阴暗冰冷的"深渊"，人事不醒。赵菁几声问话无人应答，回头一看梁思礼不见了。她往回走了几步，看见人行道中间有一个毫无标记、没有护栏、敞着大口的电缆井，井边围着几个人。赵菁急了，连忙求人帮忙把梁思礼拉了上来。这口井有 6 米多深，分两层，幸亏上下层中间有个木梯子，梁思礼掉下去时把木梯砸断了，断梯的一个木杈挑住了他的衣领，使他下降的速度得到缓冲，捡回了一条命。赵菁叫车把他送进医院时，梁思礼满头满脸都是血，脑后磕开一个大口子，缝了12针，3根肋骨断裂，背部腿部严重挫伤。医生说要是那根木杈戳入脊椎，后果不堪设想。梁思礼落井入院之事起初无人理睬，9天后有人向有关部分反映了情况，才有领导前来慰问、处理情况。当时梁思礼是全国政协委员，又是名人之后，落井之事发生后惊动了媒体，梁思礼诙谐地对记者说：

> 政协委员每年都要到基层检查工作，我这次是真的"下基层"了。一是到了6米井下的基层；二是看到了当地官员对待老百姓的态度，一个普通老汉就不管不问，一听说是名人、院士，就马上转弯180度。

梁思礼在病榻上还对中国航天报记者石磊说：

> 作为政协委员，我来自老百姓，要为老百姓说话。北京乃至全国建桥修路的地方不计其数，不知还会有多少马路井口是敞开的，不知还会有多少无辜的行人会遇到像我一样的不幸，这种事不能再发生了！该到了市政建设部门采取有效措施彻底制止马路公害的时候了。[①]

梁思礼落井之事后来引发了关于"井盖杀手"的一系列大讨论，他以科学家的严谨和实事求是的态度对官僚主义直言不讳，对在全国范围内彻底整治井盖问题起到了推动作用。

经过3个多月的治疗，梁思礼逐渐康复，奇怪的是他感觉自己的身体和精神状态都比以前更好了。梁思礼总结道这叫"因祸得福"：

> 掉井以后原以为我完蛋了，结果没什么事，脑子也更清楚了。后来我悟出了一套理论，许多人问我你这么大年纪有什么养生之道？我

---

① 石磊：航天专家坠井之后——近访梁思礼.《中国航天报》，1995年1月27日。

说，我的养生之道你可学不来。黄帝内经说，人的13条经络都是纵向的，针灸穴位就是刺激打通经络，打通了病就好了。我这次掉下井砸断梯子，这一摔把我13条纵向经络全给震通了，起码刺激一下子，等于全身针灸了，结果身体就有了好的变化。①

梁思礼经常拿自己六次遇险开玩笑，他说凡事都有辩证的一面，祸兮福所倚，我置之死地而后生，大难不死必有后福啊！

幸福家庭

梁思礼有个幸福的家庭，夫人赵菁是他的贤内助，两人相濡以沫携手共同走过了60个春秋。"文化大革命"中，在梁思礼倒霉的时候，赵菁信任他、鼓励他；赵菁无端受怀疑被关进牛棚大半年，军管会动员梁思礼揭发她，让孩子们和妈妈划清界限，可是梁思礼带领孩子们不予理会。

梁思礼充满感激之情地说：

妻子给我的太多太多了。在我忙于导弹研制常年出差在外时，这个家常常丢给赵菁一人，她一边工作一边还要独立

图11-4　2001年，梁思礼与夫人赵菁合影

---

① 梁思礼口述，吴荔明、梁忆冰整理：《一个火箭设计师的故事》。北京：清华大学出版社，2006年，第153页。

带三个孩子、承担繁重的家务。当我写文章时，她在一旁为我查资料，她有长期整理资料的经验，加上她的聪颖和细心，她成为我离不开的"资料室主任"，遇到想不起的资料或照片，她都会准确无误地手到擒来，还不时为我提醒、补充一些细节。文章写成了，她是第一读者和修改人。在工作中，我成功了，她比我还高兴；失败了，她冷静地安慰我，鼓励我再接再厉。在家里，她是主心骨，一切家务安排得妥妥当当，从不让我操心。她默默无闻地为我和孩子们营造了一个和谐的家，使我在任何困窘的情况下都能保持微笑，拥有一颗快乐的心。①

赵菁则夸奖梁思礼是个顾家、能担当的男人。

我很赞同梁思礼的家庭观，他说把所有该回家的人都召回家，这个社会就安宁多了。现在很多人不回家，并不都在忙事业，是泡在酒吧、歌厅和赌台上。

梁思礼有两个女儿，大女儿生于1959年，适逢党号召知识分子要"又红又专"，于是他给女儿起名"梁红"；二女儿生于1962年，正值梁思礼在酒泉基地参加第一枚东风2号导弹的首飞任务，临行前他们夫妇二人商量生男起名"凯"，生女起名"旋"。

由于工作忙，夫妻两人难得有精力关心和辅导孩子的学习，女儿们基本靠自己的努力顶住"文化大革命"的冲击和干扰，健康成长考上了大学，毕业后都在航天系统出色地工作着。

说起大女儿，梁思礼乐滋滋地评价道："像我，心灵手巧、动手能力强。她十几岁时在一个工艺品展览会上看见了一个布娃娃，回家就用碎布自己做了一个，结果比那个展品还漂亮可爱。"梁红进入航天系统参加工作后，几十年坚守在卫星研制工作一线，发挥了动手能力强的特长。在卫星产品的研制过程中，她不仅钻研理论、认真设计，而且高度重视工艺过

---

① 梁思礼口述，吴荔明、梁忆冰整理：《一个火箭设计师的故事》。北京：清华大学出版社，2006年，第123页。

程及产品质量，成为新一代航天队伍中的骨干。她任中国空间技术研究院北京控制工程研究所高级工程师、研究室副主任、党支部书记等职务，负责北斗导航、天链一号、嫦娥一号等卫星及其他通信卫星推进系统重要部件的研制，先后参加过 30 余颗卫星的研制和多颗导航、通信卫星的发射任务。多次获得军队及航天部科学技术进步奖。

小女儿梁旋谦和善良、善于思考，梁思礼总是说她长得很像自己的父亲梁启超。

图 11-5　2015 年 9 月 3 日，梁思礼夫妇与女儿梁红（后排右一）、梁旋（后排左一）合影（梁思礼夫人赵菁佩戴着抗日战争胜利 70 周年纪念奖章）

图 11-6　2015 年 9 月 3 日，赵菁荣获抗战胜利 70 周年纪念章，梁思礼与赵菁合照纪念照

在小学、中学期间经历了"文化大革命"，也受到家庭历史情况的一些牵连，使她更多、更深入地思考各种人文与社会问题。参加工作后，她主动接近市场、积极了解社会、关注宏观社会发展、学习微观企业管理，在中外合资、外资、国有等不同所有制企业中努力锻炼自己的综合决策、组织协调、科学管理等能力。曾在航天内外多个企业中担任市场联盟经理、市场部经理、人力资源部部长、风险管理部部长、总裁助理等职务，在市场推广、联盟拓展、人力资源、风险管理、企业运营等业务领域均有自己的建树。

梁红非常感激父亲潜移默化的家庭教育，她说：

父亲从小就教育我们自己的事情自己做，为了培养我们的独立思考能力，他经常给我们讲他从17岁开始去美国留学，靠自己打工完成8年的学业。他也经常讲我妈妈17岁就参加革命，鼓励我们从小培养独立的品格，自强自立。

在学习方面，他基本上管得不多，但他很注重实践，跟我们讲要从实践中学习知识。我们上中学时，他强调学校实验课的重要性，比如物理、化学，他要求我们一定要重视实验，实验是掌握知识的重要途径。他平时虽然管得很少，但是如果真有问题需要请教他的时候，他也抽出时间耐心地解答。我上初中学到物理电磁场的时候，一开始不理解，我就去问他，他深入浅出地给讲了一下，我就明白了。后来考试时，我这部分内容得分挺高。

课余的活动他也很支持，不主张我们死读书。比如从小学到初中的那段时间，我比较着迷摄影，当时我们家有一个上海牌的120照相机，我就和同学拿出去照了好多黑白照片，不但照了照片，还特别喜欢拿回来自己冲洗，我把房间弄得像暗室一样，安上一个红色的灯泡，用盘子装上显影液和定影液去冲洗照片。后来有的同学的照机是135的，照片特别小根本看不清，想放大，可是没有设备，我想起我爸回国时带回一个柯达相机（大笨货），镜头特别大，我就把相机拆了，用那个镜头和一个旧暖瓶外壳自己做了一个放大机。按理说这个相机从国外带回来还挺珍贵的，但爸爸知道我把相机拆了，不仅没有埋怨，还跟我一起放大照片。刚开始放大得不好，灰灰的，后来就越放越好，还挺清楚的。其中有一张他最喜欢的他和我妈的合影，把我妈那部分单独放大了一张照片，现在还摆在我家的书柜里面。他经常这样鼓励我去实践，我的好奇心得到了充分的满足，通过自己动手的成功，我的自信心也增强了。

父亲特别注重引导我们读书，小时候他通过讲故事引导我们。记得"文化大革命"时期，我们还很小，单位工作不是特别忙时，他和我妈每天晚上吃完饭定时轮流给我们讲故事。最早讲的是《尼尔斯骑鹅旅行记》，后来我爸讲《西游记》，每天讲完他就说："欲知后事如何，且听下回分解"，所以搞得我们每天都特别期待。后来我们慢慢长大，对读书特别感兴趣，很多世界名著我们都读过。

梁思礼很注意让孩子追求真善美，后来他给学校的学生作报告、题字，给天津耀华中学题字都是"求真求善求美"。他自己是这样身体力行的，同时也是这样去教育第二代、第三代。在他90大寿的家宴上，他就专门讲了一段"求真求善求美"的问题。

九龄"老童"传家风

2014年8月24日是梁思礼的90岁大寿，他高兴地自称："我现在是'90后'了。"

从1956年10月中国航天事业创建、梁思礼调入国防部五院控制系统研究室任副主任算起，他已伴随中国航天事业的发展壮大走过了58载精彩人生。生日的前两天，梁思礼所在单位航天科技集团公司董事长雷凡培、总经理吴燕生和与梁思礼共事过的院士专家及科研人员用一幅在烫金红纸上写就的斗大"寿"字作为生日礼物聚集一堂，并以简朴热烈的座谈形式致敬梁老的丰功伟绩和传奇人生。雷凡培赞誉说：

> 梁老总是老一辈科学家的代表，他们那代人具有强烈的事业心和一流的专业知识，把献身航天事业看作党和国家对他们的无比信任和最大光荣，不计较个人得失，在任何艰难困苦的环境中都能运用自己的专业知识、积极投入到每一个新的领域，为发展中国的航天技术埋头苦干、刻苦攻关。他们不仅在技术创新、攻坚克难、培养中青年骨干等方面付出了大量心血，也在用兢兢业业、孜孜不倦、坚

韧不拔的探索精神,谦逊朴实、严于律己、认真负责的优良作风,给年轻的航天工作者以潜移默化的影响,成为新一代航天人学习、景仰的光辉典范。①

90岁高龄的梁思礼精神矍铄、神采奕奕、感触良多。他对他的航天老搭档们谈了自己最近对于"逼与被逼"的理解和感悟。结合自己年少留学美国的经历说:

"逼"是消极的,但也有积极意义,人在被逼无奈时可以激发出自己的巨大潜能,培养自己不服输的硬气,促使人竭尽所能想办法克服困难。

人是这样,事业也是这样。新中国成立初期,因西方封锁、苏联撤走专家,逼着中国人自力更生、艰苦奋斗,走出了一条独立自主的现代化发展之路,我国航天事业就是通过自主创新取得了举世瞩目的成就。

现在,我们与世界先进水平的差距还在逼我们,中国航天人决不能停步。

生日当天,梁启超的后代们在北京西山脚下为梁思礼举办了90寿辰家宴②。梁氏家族涵盖五代人,各家都派了代表,最大者86岁,最小的只有6岁;故乡江门驻北京办事处代表及梁思礼学术成长信息采集小组成员共40余人参加了这次家宴。梁氏有些亲属还专程从深圳、济南远道而来。

家宴搞得像模像样,梁思礼的两个女儿梁红、梁旋主持会务,梁旋当现场"总指挥",俨然搞航天工程的架势。

家宴主持人梁旋介绍了亲属和来宾,然后热闹的家庭文艺汇演拉开了帷幕。梁家后人多才多艺,早在10年前,梁思礼就召开过"梁氏家族第

---

① 刘淮宇,姚天宇:让人生火炬绚烂燃烧 愿航天事业薪火相传.《中国航天报》,2014年8月27日。

② 作者注:按照老辈人的习惯,老年人过生日是过九不过十,因此梁思礼的90大寿家宴办于他的89岁生日。

一届音乐会",演员是祖孙三代30多人,节目有独唱、二重唱、钢琴独奏、电子琴独奏等,比梁思礼还年长2岁的外甥、梁思顺之子周有斐和梁思礼都兴致勃勃地演唱了英文歌曲。

这一天的演员阵容依然庞大,节目依旧精彩。外甥女、梁思庄之女吴荔明夫妇均已79岁,二人用纯正的美声演唱了男女声二重唱《金发中的银发》,侄媳周玲、吴荔明之子杨念群绘声绘色地清唱了京剧沙家浜选段《智斗》,杨念群的妻子周蓓则以清脆悦耳的女声独唱拔得头筹,梁家第五代人向梁思礼献上了自己精心绘制的生日贺卡,最后男女老少全体大合唱《夕阳红》。

接下来,梁思成之女、侄女梁再冰的儿子于晓东受母亲委托代表梁氏全体亲友向寿星梁思礼致贺词:

今天,我们梁启超后代各家代表聚集在北京西山脚下,祝贺我们梁家当年的老白鼻、现在的老家长梁思礼90大寿!

我们祝福您身体健康、全家幸福!

您90大寿,这是我们梁家的大喜事,今天的梁家亲情温暖、团结和蔼,这是您最可以高兴、也是我们全家最可以自豪的事情。

今天,梁启超后代居住在海外各国、祖国各地,已经是真正的大家族。许多人因种种原因,无法来到这里,但今天这个有特别意义的聚会,代表了各家、各代亲人的共同心愿,表达了共同的喜悦。

您不仅是我们这个大家族的老家长,还是我们国家当之无愧的专家国宝,您把自己的一生奉献给了祖国的航天事业,在您老人家身上,不仅秉承了梁启超家族爱国、自立、自强的家风,也反映出我国第一代航天人坚忍不拔、科学严谨、敢于拼搏的精神风范。

中国航天事业的发展是令全世界炎黄子孙开心和扬眉吐气的伟大事业,中国航天事业集中体现了中国道路、中国精神和中国力量。前有报道"梁启超的儿子造导弹",实际上,梁启超儿子的全家几乎都在造导弹,我们家族能够为祖国的航天事业做出贡献,这令我们全家由衷地感到自豪。梁启超若地下有知,也当含笑九泉。

在向您祝寿的今天，我们也向我们家族中以及我国的航天人表达衷心的敬意。

今年是梁启超诞辰140周年，让中国走向富强，让人民安居乐业，这正是梁启超和他的子女们为之探索、奋斗一生的目的。梁启超家族后人一定会珍惜家族的荣誉，继承优良传统，继续为家族争光，为国家的发展做出我们的贡献。①

在江门办事处的余主任和采集小组代表、梁思礼的秘书、航天科技集团公司科技委办公室主任杨利伟分别致贺词后，突然屋里的灯光暗了下来，生日蛋糕"出场"了。梁思礼还清楚地记得，在自己80岁生日的时候，两个侄女梁柏有和梁忆冰别出心裁地请蛋糕师傅做了一个奶油火箭竖立在蛋糕中央，师傅没见过火箭是什么模样，她俩就找了一本梁思礼写的《向太空的长征》给师傅看，后来师傅在45厘米的特大蛋糕上做了一个火箭，不过由于奶油太软，火箭做得有点胖。梁思礼看到这个蛋糕时惊喜万分、感动至极。那么90岁的生日蛋糕是什么样？梁思礼和全场的人都充满了期待。

图11-7 2014年8月24日，梁思礼（前排中）90大寿时与家人合影

---

① 梁思礼90寿辰贺词。资料存于采集工程数据库。

烛光下，一捧99朵玫瑰组成"90"图案的鲜花被送到老寿星梁思礼的手上，一个硕大的蛋糕被推了上来。蛋糕上有一群金属小人组成的"管弦乐队"，乐队的指挥是只米老鼠。梁思礼见状顿时开怀大笑，这个蛋糕创意太"奇葩"了——梁思礼属鼠并且酷爱音乐，晚辈们是希望八老爷的晚年生活依然充满甜美和欢乐。

梁思礼手捧鲜花兴致勃勃地来了一段九十抒怀：

今天，我们梁家的亲人和来宾在这里聚会，我非常高兴和兴奋。

我从父亲梁启超那里继承的最宝贵的东西就是"爱国"，所以我喜欢林则徐的一句话："苟利国家生死以，岂因祸福避趋之"，这是我一生的座右铭。

引用萧伯纳的一句名言："人生不是一枝短短的蜡烛，而是一枝由我们暂时拿着的火炬。我们一定要把它燃烧得十分光明灿烂，然后交给下一代的人们。"我想，一个人一生对社会、对国家，应该回馈大于索取，这样社会才能前进，国家才能强盛。无论是航天精神还是我们梁家的家风，都要由我们手中交给下一代，要传下去。

另外，做人要追求真、善、美。真，就是真诚、讲真话、实事求是；善，首先是要爱国，同时"孝"也是善，要做到孝顺父母；美，梁思成有一句话"不要做半个人"，就是说不仅要注重逻辑思维，也要重视形象思维。搞科技的人经常用的是左脑，左脑主管逻辑思维，右脑主管形象思维、艺术，左右脑都要均衡发展，才是一个完整的人。总之，梁家的团结、向心力、很好的家风，一定要一代代传下去。[①]

2015年7月，中共中央纪律检查委员会宣传部下发通知，为大力弘扬中华民族优秀传统文化，请各省（区、市）纪委宣传部报送当地有影响的传统家规材料。天津市报送了梁启超家族的材料，为此天津电视台以梁启超家族家风为主题采访了梁思礼。

---

① 梁思礼90寿辰贺词。资料存于采集工程数据库。

梁思礼对天津电视台谈了他对梁启超家族家风的理解：

> 我认为梁启超家族家风首先是社会责任感；其次是平等的爱，追求一种和谐、和睦的家庭氛围；第三是趣味主义。

> 父亲梁启超曾说过"贵乎学者，淑身与济物而已。淑身之道，在其严格以自绳；济物之道，在所遇以为施，一取手之间，一介必谨……启超每劝勿太自苦，辄教以家风不可坏，而尽然以后辈流于淫佚为忧也。"

这里淑身即修身，要自修、洁身自好；济物即济民、全心全意服务社会。梁任公以精炼的语言概括了梁氏家风。

谈起家风，应从祖辈谈起。父亲的祖父梁镜泉非常喜爱长孙梁启超。父亲小时候与他同吃同住，祖父对父亲的成长影响深远。每年祖父携父亲扫墓，路过新会附近的崖门口，总要讲南宋与元军的崖门海战、宋朝最终灭亡的历史，以此激发父亲的爱国情感及对国家、民族的责任感。这一以救国、济世为己任的梁氏家风祖辈相传。父亲一生爱国，为国家、民族的强盛不懈奋斗。公车上书，戊戌变法，护国倒袁，用报章、著作鼓动、宣传民众等，都是这种家风的延续。他写的《少年中国说》《新民说》都是为了拯救积弱的中国而呼号，为使中国自立于世界民族之林而奋斗。父亲对国家、民族的强烈责任感也传给了梁氏子孙。梁思成在艰苦卓绝的抗战时期，完成了《中国建筑史》这部巨著，作出了杰出贡献；梁思永主持发掘殷墟，成为现代考古学的先驱；梁思忠作为炮兵上校，亲身参加1932年的淞沪战争……父亲有七个子女在国外学习、工作，后来都回到了祖国，九个子女个个成为各自专业领域的佼佼者。

对国家、民族的责任感，为建设富强的国家而努力，自父亲以来，已成为梁家子孙代代传承的精神。

梁思礼认为"平等的爱"和"趣味主义"是梁启超家族家风中至关重要的两个方面。

他所说的"平等的爱"即倡导家庭民主，就是要在家庭中创造一种和谐、和睦相处的环境和氛围，大家团结、相互关爱。子女孝顺父母，父母尊重子女。

在家庭教育方面，他主张尊重孩子们的个性及自主选择。他说，"在家庭中也应对子女进行德、智、体、美全面素质教育。特别是素质教育，要身教，以身作则。以说服引导方式，尽量不打骂子女，要平等相待，不要溺爱。"

梁思礼是这样说的，也是这样做的。他非常尊重孩子们，尽可能地理解他们的想法、引导他们，与他们做朋友而不是高高在上的家长。

2015年的一天，他了解到外孙不喜欢数、理、化而钟爱书法篆刻，虽然他希望孩子能学习理工科接航天事业的班，但这次他不但没有埋怨外孙，反而非常理解孩子。他说，"你能找到你感兴趣的领域，我很高兴，兴趣是最好的老师。希望你能坚持下去。"他还多次建议外孙好好临摹太外祖父梁启超的魏碑贴，外孙深受鼓舞，从此学习书法的劲头更足了，不仅书法专业得到长足进步，其他课程也取得很大的进步。

梁思礼的堂妹梁思萃的孙子李继周记载了一件梁思礼如何帮助、引导他选择专业的故事：

我叫李继周，1986年在北京出生，我奶奶梁思萃是梁启雄长女。我从北京101中学考入北京大学物理学院，毕业后在华盛顿州立大学物理学院理论物理专业攻读博士，研究方向为量子混沌理论，是该学科的前沿理论。通过近两年应邀与德国雷根斯堡大学、德累斯顿工业大学以及日本首都大学东京做交流和专场学术报告与讨论，我分别得到了德、日大学博士后研究的候任资格。

我选择这个专业，得到了舅爷梁思礼的鼎力支持。

我奶奶梁思萃是北京大学化学系毕业的，由于多年从事科技管理工作和主持国际合作项目，她比较注重科技应用。在我考上北京大学物理系后，她执意要我选择实验、材料或者应用方向。由于我从初中起就参加过一系列的中学生物理奥林匹克竞赛，也曾获得过国家级的一等奖，所以相对痴迷理论物理。为说服我，奶奶和爸爸曾几次带我到八舅爷家，希望他老人家能给我一些指点与教诲。记得那是2008年我上大四时，春节我们一家去八舅爷家拜年，奶奶和爸爸再次提起这个话头儿，请舅爷对我的专业方向提出意见。舅爷仔细询问了我在学校的学习情况（包括中学阶段参加奥林匹克各赛区的竞赛以及在大学本科所选修的科目），问我为什么喜欢理论物理、是否知道走这条学术之路不可能有很好的薪酬收入、有没有安贫乐道的思想准备？

对此，我回答说自己爱好物理是缘由初中物理老师的启蒙，特别是崇拜爱因斯坦和费曼、李政道、杨振宁等物理学家推进人类文明进步和科学发展，迷恋千奇百怪的自然科学现象、徜徉在浩瀚的知识海洋是自己最大的兴趣所在。同时我的志向也愿意像舅爷一样，将所知所会献身自己国家与民族的文明进步与科学发展。交谈中，舅爷还特别向我推荐了《费曼手札：不休止的鼓声》中所阐述的对物理兴趣的引导，费曼曾对他的学生说："就是要怎么准备才能成为理论物理学家，我猜最好的方法应该是全心全意投入你最喜欢、最感兴趣的事情。如果到最后它不是带着你成为理论物理学家，而是成为律师或电机工程师，那也很好呀，尽管朝那方向发展就是了。如果你在年轻的时候就找到一件你很喜欢做的事，而这件事情又够大，足够你一辈子去玩，那就太美妙了！因为不管那是什么事，如果你真的够高明，如果你真的热爱它，你就一定会玩出名堂的。"

与我交谈后，舅爷把奶奶和父母叫到一起说了以下几点：一是梁家的传统就是爱国，不管学习什么专业，我们的目的就是报效国家；二是人类要进步，就必须有人进行基础研究，现在世界范围内这种人都少了，我们有责任对国家、对人类做贡献，不能急功近利，你们要支持孩子有理想、有追求地把这条学术之路走下去；三是趣味主义的含义并不单纯休闲情趣，是我们美好理想和生活的追求，因此你今天的趣味恰恰就是实现自己抱负和理想的基础，是民族、国家乃至全人类文明发展所需要的，必须经过坚持不懈的努力和艰辛的付出才能收获丰硕的果实，所以你必需有长远的打算，包括甘为人梯、为后人铺路的思想准备。

舅爷不仅指导我的专业，还教我如何作人。至今，醍醐灌顶之言如犹在耳，还在激励着我的学业与专业研究。①

2016年3月，梁思礼患了感冒，因肺部不适入院治疗。但他毕竟年事已高，感冒严重影响到他的心肺功能。最终因病医治无效，于2016年4月14日10时52分在北京逝世，享年91岁。

在生命的最后时光，他仍然念念不忘他钟情的航天事业，在病重高烧出现"幻觉幻视瞻忘"症状时，他说的胡话都是在为火箭开"评审会""查找故障"。为国奉献的热情始终伴随了他的一生，航天事业已经完全融入他的生命。他这一辈子，总在问国家还需要些什么？总在问自己还能多做些什么？他一生追求的是探求科学的真理，一生多做的是铸就国家安全的基石，一生思考的是如何推进航天事业的发展，一生诠释的是科学家爱国的人格本质。

闻悉梁思礼不幸逝世，中共中央总书记、国家主席、中央军委主席习近平特地发唁电深表哀悼，并向梁思礼的亲属表示慰问。习近平在唁电中说，新中国成立之初，梁思礼同志毅然归国，为发展我国航天事业鞠躬尽瘁并做出了重要贡献，他的爱国情怀、奉献精神和严谨作风令人敬仰。

2017年7月15日，北京香山植物园梁启超墓园里的苍松翠柏格外清亮，昨夜的小雨洗去了京城连续几天的高温暑热。蓝天艳阳下，梁思礼的骨灰安葬仪式在这里举行。

梁思礼的墓碑由清华建筑设计院文保中心以"云台之上"为主题设计，通体玉白庄严肃穆，象征他以献身中国航天事业为己任的高尚情怀；碑座高度25厘米，寓意他25岁回国报效祖国；碑体高度66厘米，寓意他结缘航天66年的丰功；墓碑总高度91厘米，这是梁思礼千古之时的年寿。

安葬在父亲梁启超墓园是梁思礼的心愿。2013年4月3日清明节前，

---

① 引自李继周：《舅爷梁思礼对我的教诲与启蒙》，2016年2月。

梁思礼带领梁氏家族为父亲扫墓时，曾表示希望自己百年之后和他的四哥炮兵上校梁思忠及三姐梁思庄一样在这里陪伴父亲。如今，他的遗愿得以实现，"老白鼻"可以永远安卧在最疼爱他的父亲身边了。

图 11-8　2017 年 7 月 15 日，梁思礼夫人赵菁（中）率两个女儿、女婿及孙辈在梁思礼骨灰安葬仪式上

图 11-9　2017 年 7 月 15 日，梁思礼的两个女儿为父亲的墓碑落成揭幕

结 语
苟利国家生死以

即使不提梁启超之子的身份，梁思礼的人生也有太多的经历值得倾听。

他出生在一个特殊的家庭里，父亲梁启超是中国近代著名的政治活动家、启蒙思想家、资产阶级宣传家、教育家、史学家和文学家。在那个千疮百孔、凋零不堪的旧中国里，梁启超奋笔疾书、奔走呼号、颠沛操劳、终其一生，也没有实现他的爱国救国理想。名人的后代就是名人的后代，父亲忧国忧民的情愫影响了梁思礼的一生。他终身恪守父亲的爱国教诲，以"苟利国家生死以，岂因祸福避趋之"为座右铭。比起他的父亲，梁思礼要幸运得多，在新中国里，梁思礼以自己的奉献实现了"工业救国、科技救国"的理想。

很多人都曾经问过梁思礼，父亲梁启超究竟给予他们这一代人什么？梁思礼回答："父亲一生的思想是多变的，但他一直是忧国忧民的，他的爱国主义精神从未改变……如果说父亲遗传给了我们什么，很简单，就是两个字——'爱国'。他给了我们一颗爱国之心。"

怎样理解梁思礼对"爱国"的诠释？我们从报国之志、超然的眼光和勇敢的担当说起。

爱国要有报国之志

梁启超的《少年中国说》最先感染自己的子女,九子女中七个出国求学或工作,但都相继归国、报效祖国,他们都对祖国怀抱着一颗真挚而坚定的赤子之心。"人必真有爱国心,然后方可以用大事",梁启超生前的话语指引了梁家九子女未来的路。早在抗日战争爆发前,四哥梁思忠从美国西点军校毕业,回国参加抗击日军进犯上海的一·二八淞沪抗战,后因病早殇;二哥梁思成患重病,依然潜心研究我国古建筑;三哥梁思永是著名的考古学家,抱病拼命工作;五姐梁思懿积极参加进步学生的爱国运动,是抗日救亡运动的骨干;六姐梁思宁在抗日战争爆发后参加了新四军;梁思礼则抱着"工业救国"的理想,在美国攻读博士学位之后毅然回国参加新中国的建设。

但是梁氏兄弟姐妹中,不少人在晚年时受到不公的待遇。

"文化大革命"期间,年过七旬的梁思顺遭到批斗,1966 年老人在自己家中孤独地去世。作为建筑学家的梁思成,被定为"混进党内的右派"和"资产阶级反动学术权威",屡遭抄家和游行示众,1972 年去世前,他成了"用处不大的人",被养起来当作"反面教员"。在北京大学图书馆工作的梁思庄被关进"牛棚",直到 1978 年才正式恢复工作。梁思达从事经济领域的研究,他被派到生产队负责记账工作,1971 年返回北京后被迫退休。梁思宁 1940 年便加入了新四军,但在 1948 年被开除出党,只因为她是"梁启超的女儿",直至 1983 年,她的党籍才得以恢复。

梁思礼中年丧母、老年丧子,母亲和唯一的儿子都死于非命,甚至连母亲的骨灰也没有找到。

梁家人的命运是如此坎坷而艰难,但是从未听到过他们有关对国家的任何怨言。每每提及此事,梁思礼总讲起父亲梁启超:"他在政治上也许是个失败者,他的思想总是无法得到当权者的取信,但是他从未因此而气馁,总还是要为国家做事。"他说他的兄弟姐妹并非完全效仿父亲的做法,"我们这一代人是当过亡国奴的,我们总希望这个国家能够真正富强起来,即使自己受到委屈也在所不惜。"所以,他们深明大义,懂得父亲"天下兴亡，匹夫有责"的教诲对于自己的意义——任何革命都有曲折，国家在遭大难，比起国之大，我们个人的小家又算得了什么？

既然是这个有着爱国血统和基因家庭的成员，又在国家具有战略意义的航天领域中"铸剑"，梁思礼人生命题的确立、奋斗坐标的定位、人性天平的度量，很自然地转向了"一切为了国家利益"，这叫做大爱无疆。1956年9月，他作为技术骨干调入正在筹建的国防部第五研究院，成为第一代航天人。在聂荣臻等老一辈国家领导人和钱学森等同志的领导下，他和他的战友们从仿制导弹起步到自行设计导弹，一同主持和参与了中国近程、中近程、远程战略导弹和两弹结合以及运载火箭的研制、试验工作。可以说从"两弹一星"到载人航天，梁思礼注入了太多心血。其间失败的煎熬、攻关的艰难、征程的坎坷，当然还有成功的喜悦，梁思礼一一品尝。

报国是用永恒的执着和顽强的韧劲筑起的一道铜墙铁壁，报国是用意志的血滴和拼搏的汗水酿成的琼浆。1999年10月1日，建国50周年庆典阅兵式在北京举行，这一年正好是梁思礼返回祖国50周年。站在观礼台上，看着自己的作品——威风八面的导弹武器从眼前经过，回顾起中国航天从无到有、国家从弱到强的发展史，梁思礼感慨万千。

他曾多次提起：我在美国留学时有一个好朋友。我回国了，他留在美国。他是波音公司的首席科学家，我曾是航天部的总工程师。他搞的是美国的洲际导弹，我搞的是中国的洲际导弹。他的年薪是30万美元（80年代），我的工资只有他的1%。他住在西雅图一个小岛上的高级别墅，回国时国家领导人会接见他。可能有人会问，你对此有何想法？我的回答是：我们干的导弹是保卫我们祖国的，他干的导弹是瞄准中国的。我回国后能够和第一代航天战士一块儿在老一辈无产阶级革命家的领导下白手起家，在相对国外差得多的条件下，用仅有西方国家几十分之一的投资自力更生、艰苦奋斗，创立起一整套中国航天基业，使我国航天事业在国际上排到前几名，能在这个宏伟的事业中奉献自己的一些力量，我感觉到无尚光荣和自豪。

梁启超一生主张维新变法，为振兴中华大声疾呼。若他在天有灵，看到他的"老白鼻"虽历经坎坷而九死不悔的赤诚之心,当会何等的欣慰与骄傲!

爱国须有超然的眼光和勇敢的担当

梁思礼在航天工程领域是个不可多得的具有前瞻性思维和勇敢担当的人。他的人生也因此而出彩出众,他的报国之路也因此而别具一格。

父亲早年"放洋",东临日本、西游欧美的经历使得梁思礼很早就知晓"天外有天";8 年的美国留学更使他具备了良好的外语水平、开阔的视野和多维度思考问题的能力;爱国就要精忠报国、以身相许的信念,支撑了他的整个精神世界。

回国后,他对新技术及其发展趋势非常敏感,凡是国家需要的,他都尽力学习应用。早在 20 世纪 60 年代,作为导弹控制系统的副总设计师,梁思礼自始至终参加了东风 5 号洲际导弹的全部研制过程。1965 年在讨论东风 5 号方案时,他坚持惯性平台-计算机方案,且计算机采用集成电路。那时,中国刚刚开始搞集成电路,当时只有美国"民兵Ⅱ洲际导弹"第一次用上了集成电路弹上计算机,但元器件经常出问题;苏联也正在搞试验,还没搞出来。梁思礼决心在东风 5 号上采用惯性平台-计算机方案这项新技术,这在当时我国科技水平还较落后的情况下是一个前瞻性的大胆决定,也是一个有广阔前途的方案,它开辟了导弹惯性制导系统的新途径。东风 5 号洲际导弹的飞行试验成功,标志着我国成为世界核俱乐部中一个不可忽视的成员,极大地提高了我国在国际上的发言权和威望。为此,梁思礼成为 1985 年国家科技进步奖特等奖的七位主要获得者之一。

1982 年,梁思礼从导弹攻关一线退下来,担任航天工业部第一研究院科技委副主任,此后他先后担任航天部总工程师、航天总公司科技委常委、航空航天部科技委副主任,直到航天科技集团公司科技委顾问。在这一段时间里,他的一部分精力继续为在研航天型号出谋划策,绝大部分转向了研究技术发展方向和科研管理,正如他在《科技委应多研究技术发展方向问题》中写到的:"抓超前研究、战略性、方向性的大问题"。他潜心总结经验,寻找科研规律,撰写了很多卓有见地的著作,他写作的数量与和他同时共事的人相比是很少见的,也是从事工程研制的科技人员中少见的。

梁思礼虽然是导弹控制专家,但他的思想从不局限在控制系统,他对新鲜事物具有极强的敏感性,经常考虑很多与航天事业发展有关的全局性问题,认真调研,提出建议,推动并具体参与落实工作,有的还亲自领导完成。

比如,在上级领导提出导弹自动化测试工作要做到标准化、通用化、模块化的要求后,是他建议采用CAMAC国际标准接口作为航天系统通用测试系统,改变了过去每种型号各自研制测试系统少、乱、差、费的情况。他亲自写文章、编教材、办培训班、解疑释惑、宣传推广CAMAC系统,完成了上百种硬件模块和几十种应用软件。实践证明,与以往各单位自行研制的专用测试设备相比,使用CAMAC硬件、软件和测试系统,不仅使不同型号测试设备的继承性达到60%~70%,型号所需测试设备的套数大大减少,研制周期缩短50%,研制经费大为降低,还方便维护、修理和使用。航天系统已全部推开CAMAC系统,为我国导弹、运载火箭、卫星的测控现代化水平赶上和达到世界先进水平奠定了扎实的技术基础。

是他总结了型号研制经验教训,首先提出了航天产品可靠性工程理念。他指出:美国和日本的公司在批量生产中运用系统概率数学和各种图表来确定可靠性,这一方法对批量生产是有效的,因为可靠性确实是个概率问题。但是我们导弹和卫星的研制往往是极小批量的,在这种情况下,用概率方法很难奏效。因此,他认为应从工程技术角度去考虑和处理可靠性问题,提出了"可靠性工程"这个命题。他把国外可靠性理论与中国航天极小批量的实际结合起来,提出"预防为主,事先控制"等全面管理的十条原则。这一理论和原则的实施,使我国航天型号在质量和可靠性上得到极大的提高。

是他首先倡导在航天系统推广CAD/CAM技术。随着计算机应用的深入,梁思礼把CAD/CAM扩展为CAX,X是一个可变符号。单个的CAX孤岛式的开发使用无法大幅度提高生产力,必须将各个孤岛集成起来才能发挥大作用。航天部组织了一支有计算机技术和有型号管理经验的强有力队伍，开始研究CAX集成技术，并开发出具有自主知识产权的AVIDM（航天飞行器集成化设计制造框架）大型软件。其主要功能为：统一数据库，统一用户接口，设计工程管理，各专业、各单位之间由计算机传递数据，与外部软件接口，生成设计文件。经过多年的升级改造，AVIDM软件已在航天体系内普遍应用并逐渐向国内市场推广。

是他首先提出软件工程化问题，建议在刚刚启动的载人航天工程中进行试点，彻底改变航天型号研制中软件自编、自演的作坊模式。起初大家并不重视，梁思礼多次给型号总师系统做关于软件工程化的报告，讲其重要性，还组织编写了4大本标准供基层使用。在他不懈的推动下，载人航天工程首先在火箭和飞船两个系统开始强制推行软件工程化，后来其他3个系统——飞船应用系统、生命保障系统、测控通信系统也跟着采用了软件工程。实践证明，载人航天工程所用的软件成熟度很高，可靠性也极高，现在所有的航天型号上全部实施了软件工程，软件可靠性大为提高。

……

梁思礼的每一次建议和实施，如同一场脑力震荡引发技术、管理层面的革命，既在人们的思想上打破了旧有的坚冰，又使航天事业在生产力水平和生产关系的重大调整中取得了新的平衡和跨越式的发展。

梁思礼的影响力，造就了一种航天文化，带动了一批航天队伍，很多年轻人在他的感召下，以国为重、放眼全球、立足新高，铸就着航天事业生机勃勃的新辉煌。

在内心深处，梁思礼始终把自己的一举一动绑定在爱国报国的"责任"和"担当"上。责任承载着能力，一个充满责任感的人，才有机会充分展现自己的智慧和能力；担当是一种承受，有了担当的勇气，才有追求卓越的精神和不断超越自身的努力。

梁思礼的家中悬挂着一幅林则徐"苟利国家生死以，岂因祸福避趋之"的条幅，每每与先人对话，梁思礼总是有"心有灵犀一点通"的愉悦。

因为他用一生的努力，做到了。

附录一　梁思礼年表

1924 年

8 月 24 日，出生于北京协和医院。

1929 年

1 月 19 日，父亲梁启超因肾病在北京协和医院去世。
9 月，入天津培植小学学习。

1932 年

四哥梁思忠去世。

1935 年

6 月，从天津培植小学毕业。
8 月，考入天津南开中学。

1936 年

暑假，随在南开大学就读的六姐赴北平香山及十三陵游览。

1937 年

7 月初，随大姐、三姐、侄女及外甥女等人赴北戴河度假。

7 月 24 日，南开中学初中部被日军飞机炸毁，南开中学南迁。在天津耀华中学特班学习至 1937 年年底。

1938 年

年初，转入天津耀华中学学习。

1939 年

9 月，入天津耀华中学高中学习。

1941 年

1 月 8 日，母亲的好友丁懋英为他申请到美国明尼苏达州嘉尔顿学院的全额奖学金。

3 月，收到嘉尔顿学院的录取通知书。

7 月，从天津耀华中学高中毕业。

10 月，与母亲乘船到上海参加五姐的婚礼。

10 月，赴上海办理赴美签证。等待签证期间考上之江大学化工系，上课一个月。

11 月初，拿到签证，与五姐和姐夫一起登上克利夫兰总统号邮轮离开上海。

11 月下旬，到达明尼苏达州北部的嘉尔顿学院，开始学习。

12 月 8 日，珍珠港事件爆发，与国内亲人失去联系。从此开始节衣缩食、自力更生的海外留学生活。

1943 年

5 月 14 日，荣获"优秀学生"称号。在嘉尔顿学院教堂里举行的 1943 届毕业生毕业典礼中，作为 10 位成绩最优秀的大学二年级在校生之一，被邀请参加典礼。

6月，申请转学。因受"工业救国"思想影响，申请转入具有"工程师摇篮"之称的美国普渡大学学习。

8月底，入美国普渡大学电机工程专业。

1944 年

继续在美国普渡大学学习，并先后获得4把金钥匙。

1945 年

6月24日，从普渡大学电机系毕业，获得电气工程学士学位。

7月，入美国辛辛那提大学学习。

作为普渡大学最轻量级运动员代表，参加美国中部十所著名大学举办的摔跤联赛。普渡大学摔跤队获得冠军。

获得象征综合素质优秀的Reamer俱乐部颁发的金钥匙。

1947 年

7月，在美国辛辛那提大学获硕士学位。

9月，继续在美国辛辛那提大学学习，攻读博士学位。

1948 年

暑假，参加北美基督教中国学生会。

1949 年

8月，获得辛辛那提大学自动控制专业博士学位。

春，成为CSCA中西部执行局成员。

夏，参加留美中国科学工作者协会。

9月23日，登上克里夫兰号邮轮踏上回国的旅程。

10月1日，在邮轮上通过电台听到新中国成立的消息后，与同船的归国留学生一同在甲板上围绕自制的五星红旗举行庆祝活动。

12月，就职于邮电部电信科学技术研究所，任工程师、无线电副组长。

1950 年
任邮电部电信科学技术研究所技术员、工程组长。

1951 年
参加北京国际电台天线的设计与改造。

1952 年
任邮电部电信科学技术研究所工程师、第一研究室副主任。
赴湖南莱阳参加土地改革。

1953 年
所在的邮电部电信研究所并入总参通信兵部电信技术研究所，任总参通信部电子科学研究所天线电波组长。

1954 年
参加超短波接力站天线设计。
4 月 2 日，三哥梁思永去世。

1955 年
5 月，因援助越南北方建设"越南之声"广播电台天线设计与改造，在越南河内受到胡志明颁发的奖章。

1956 年
8 月前参与国家十二年科学规划制定，对大火箭技术进行规划，起草"喷气技术"（即导弹与火箭）专项。
10 月，任国防部第五研究院第十一室副主任。
10 月 31 日，成为中国共产党预备党员。

11月,与赵菁(麦秀琼)结婚。

1957年

7月27日,儿子梁左军出生。

12月,赴联邦德国、瑞士考察,订购仪器并参观西门子公司。

1958年

1月16日,被国防部部长授予技术少校军衔。

4月17日,任国防部第五研究院二分院第一设计部自动控制室副主任。

4月26日,正式成为中国共产党党员。

5月,任苏联P-2导弹教导大队技术副大队长。

7月28日,任西北区工作组组长。

1959年

1月15日,任国防部第五研究院二分院第一专业设计部一分队主任。

1月27日,大女儿梁红出生。

3月16日,任弹上电气设备总设计师,开始仿制P-2导弹。

1960年

3月3日,任自动控制系统及弹上仪器设备主任设计师。

11月28日,国防部第五研究院二分院决定成立型号控制系统设计师小组,任东风1号、东风2号控制系统设计师小组副组长。

12月3日,任国防部第五研究院二分院第一专业设计部副主任。

1961年

10月4日,国防部第五研究院二分院第一专业设计部党委对部领导明确职责分工:技术工作方面由黄纬禄、梁思礼负责,以黄纬禄为主。黄纬禄以无线控制为重点,梁思礼以惯性控制为重点。

11月15日,主持召开D★型号设计师会议,传达第五研究院和第五研究院二分院领导有关东风2号的指示精神。

12月19日，与设计部有关同志参加东风2号合练弹合练。

1962年

2月26日，作为领队，参加第五研究院举行的东风2号首次试射产品试验队进场动员会。

3月17日，小女儿梁旋出生。

3月21日，参加东风2号首飞，亲历首飞失利。

6月28日，被第五研究院首长授予技术中校军衔。

10月9日，任东风2号控制系统副主任设计师。

1963年

2月19日，任东风2号控制系统主任设计师。

6月8日，参加由陈德仁等15人组成的控制系统分析研究小组，在遥测、外测参数不全的情况下，查清了东风2号飞行失败的主要原因，并找到了解决问题的技术方案。

8月2日，任中共第一设计部委员会常委。

12月5日，被第五研究院政治部定为技术四级。

1964年

6月29日—7月11日，作为控制系统主任设计师，率领21人参加飞行试验。东风2号01批1组进行了3次飞行试验，均获成功。

1965年

6月1日，任第七机械工业部第一研究院12所副所长。

7月6日，任第七机械工业部第一研究院12所党委委员。

9月18日，任东风2号甲控制系统主任设计师。

1966 年

10 月 27 日，作为主任设计师，参加东风 2 号甲导弹和核弹头的"两弹结合"试验。

大姐梁思顺去逝。

1967 年

6 月 14 日，经第七机械工业部第一研究院军管会批准，参加由黄纬禄等 5 人组成的第一研究院 12 所临时生产领导班子。

7 月，参加中近程地地导弹（改进型）在首批战斗弹的批次性抽检飞行试验中的故障排除。

1968 年

夏，母亲王桂荃去世。

6 月，第七机械工业部第一研究院 703 所所长姚桐斌在"文化大革命"武斗中被打死，周总理立即指示第七机械工业部保护 6 级以上的高级工程师，梁思礼等专家被集中保护在第七机械工业部第二研究院图书馆。

1970 年

1 月 13 日，参加第七机械工业部第一研究院由屠守锷等 19 人组成的"705"会战指挥部工作。

1971 年

7 月，参加周恩来总理与研制远程运载火箭航天人的会见，并与总理亲切交谈。

9 月 10 日，参加东风 5 号试验。东风 5 号首次在二十基地低弹道飞行试验获得基本成功，虽未能模拟全程弹头再入，但控制系统方案基本得到考验。

1972 年
1月9日，二哥梁思成去世。

1973 年
4月2日，任第七机械工业部第一研究院12所党的核心小组副组长。
内部发表《对中国航天第七机械工业部规划的几点看法》文章。

1974 年
9月16日，任第七机械工业部第一研究院12所革命委员会副主任。

1976 年
9月19日，带领"331"队伍赴四川达县工作。
10月，赴联邦德国参加军用电子防御设备展览会。
任长征三号控制系统技术负责人。

1978 年
1月20日，任中共12所委员会副书记、12所所长。
1月31日，任东风5号副总设计师。
2月20日，代表第七机械工业部参加全国科学大会。12所有4项获全国大会奖。

1979 年
10月19日，参加中国宇航学会成立第一次全国宇航会员代表大会，并当选第一届理事会理事。
11月10日，任第七机械工业部第一研究院12所科技委员会主任。

1980 年
4月7日，主持召开由一、二、三、四、五、七室技术领导以及科技委员会参加的微处理机发展与应用研讨会，对第七机械工业部第一研究院

12 所现有的微机开发和应用进行讨论。

6月10日，在人民大会堂参加庆祝我国向太平洋发射运载火箭成功大会。

7月，出席第七机械工业部科技委第二次会议。

8月30日，被第七机械工业部政治部授予技术二级。

11月10日，任第七机械工业部总工程师。

11月17日，任第七机械工业部第一研究院副院长。

作为主任设计师，主持东风5号控制系统设计。

1981 年

6月1日，任中国自动化学会空间及运动体控制专业委员会副主任委员。

9月，任"125工程"（即CAMAC系统）总设计师。

内部发表《对整机演练工作的初步总结》文章。

在第七机械工业部第一研究院《建院25周年经验总结汇编》第一辑中发表《导弹控制系统研制工作的质量和可靠性管理》文章。

任自动化学会理事。

1982 年

10月27日，任航天工业部第一研究院科技委副主任。

10月27日，出席《航天控制》编辑委员会第一次会议，为编委会和编辑部成员颁发聘书并讲话祝贺《航天控制》刊物创刊。

1983 年

5月24日，赴美国参加国际学术交流会议。

6月22日，随CAD/CAM考察团赴美参加ACM、IEEE的第20届自动化设计会议，随后分别对两个CAD/CAM设备制造公司及3个用户进行考察。

12月13—24日，参加全国科技大会。

任航天工业部总工程师。

任航天工业部科技委常委。

任第三届中国航空学会理事。

1984 年

12月13—24日，传达汇报全国科技大会情况，并对航天工业部如何贯彻大会精神提出建议。

12月，获航天工业部机关委员会颁发的二等功立功证书。

任第二届中国宇航学会理事。

任第三届北京航空学会副理事长。

任中国宇航学会质量可靠性专业委员会主任委员。

1985 年

4月22日，赴日本参加国际学术交流会议。

10月，"液体地地战略武器及运载火箭"项目获国家科学技术进步特等奖。

11月7日，赴南期拉夫、法国考察，用PPS-6进行CAD工作并订货。

1986 年

3月，在国谊宾馆出席航天工业部科技委员会第二次会议。

5月20日，三姐梁思庄去世。

6月6日，作为航天专家及领导看望聂荣臻，共贺中国航天事业创建30周年。

7月，获航天工业部科技进步一等奖。

7月，赴日本参加国际学术技术交流会议。

8月19日，带团赴美国出席国际学术技术交流会议。

任国家科委信息技术交流发展政策顾问组成员。

任航天工业部质量协会副理事长。

1987 年

1月15日，出席在澳大利亚悉尼举办的由国际信息处理协会主办的计算机辅助设计系统中的专家系统会议。

5月16日，获评自动控制与计算机应用研究员职称。

7月，"卫星、导弹通用计算机自动测量控制系统项目"获国家科学技术进步奖二等奖和航天工业部科技进步奖一等奖。

9月3日，前往美国参加C.V公司CAD用户协会理事年会。

当选国际宇航科学院院士。

任国防科工委核武器与空间裁军研究组成员。

被聘为中国计算机用户协会顾问。

11月17日，长子梁左军去世。

1988 年

3月19日，赴美国执行任务。

8月13日，前往美国参加国际学术技术交流会议。

10月8日，五姐梁思懿去世。

任第四届中国航空学会理事。

任第四届北京航空学会副理事长。

任中国计算机用户协会CAD/CAM CV协会理事长。

作为国防科工委核武器与空间裁军研究组成员，进行核战略导弹和外空武器裁军的研究工作。

1989 年

1月23日，在北京签署"亚洲卫星一号"通信卫星发射服务合同。

3月6日，赴美国、新加坡考察。

3月15日，任航空航天工业部科技委副主任。

7月17日，任航空航天工业部（航天系统）部级科技进步奖评审委员会副主任。

7月20—31日，参加载人航天论证。

8月，参加航空航天工业部科技委第一次会议。

9月4日，作为中国的唯一代表，参加联合国在乌克兰基辅召开的裁军研讨会。

9月4日，任航空航天工业部科技委（航天系统）弹道式导弹系统专业组组长。

10月，出席军贸工作会。

11月，参加航空航天工业部工程系列职称评审会。

1990年

2月13日，任航空航天工业部（航天系统）专家评审委员会委员。

3月26日，赴美国、新加坡考察。

4月28日，任"842"工程顾问。

11月15日，应邀参加国防科工委科技委召开的扩大会，并在会上作题为"工作汇报和体会——在重大科技决策中当好参谋"的发言，对航天系统科技委的主要工作情况、体会及以后工作做了汇报。

1991年

1月26日，主持召开由部分常委参加的关于某型号飞行试验结果分析会，就弹上力学环境、弹上稳定系统及尾段防热等问题进行进一步研究、讨论，为设计师系统提出参考意见。

3月9日，在航空航天工业部第一届科技委全体会议的闭幕式上作题为"科技委应多研究技术发展方向问题"的报告。

3月13日，因在完成1990年"五星高照，十大试验"任务中成绩突出，荣获一等功。

4月16日，主持召开科技委常委扩大会，听取陈怀瑾汇报的海湾战争分析研究工作进展情况及主要意见，并对此进行认真研讨。

8月9—11日，主持召开由部分科技委常委及各研制单位参加的3个战术地地导弹精度攻关的阶段攻关会，听取了3个型号精度攻关情况的汇报,并对围绕影响精度的主要因素进行讨论。

8月30—31日,和庄逢甘一起主持召开由科技委常委、部机关有关司局及有关领导参加的专题会议,听取了一院14所等单位《关于开展突防技术工程研究工作》的报告,形成了评议意见。

9月17—22日,参加第41届"普格瓦什"科学与世界事务年会。

9月27日,获航空航天工业部有突出贡献专家证书。

12月4日,主持召开由航空航天工业部高级技术顾问参加的常委扩大会,就反战术弹道导弹的必要性及技术经济可行性问题交换了意见并进行讨论。

12月5—6日,参加弹道导弹专业组扩大会议并发表意见。

12月30日,获航空航天工业部颁发的从事航天事业30年证书。

1992年

1月下旬,组织对我国洲际固体战略导弹的总体技术方案进行比较选择,以寻求洲际固体战略导弹的最佳总体技术方案。

6月13日,出席《航天控制》第三届编辑委员会会议并讲话,宣布了第三届《航天控制》编辑委员会组成名单并向各位编委颁发聘书。

7月28日,被聘为何鸿燊航天科技人材培训基金会顾问。

9月9日,会同有关常委及其他专家,召开了某型号精度攻关汇报会,听取了01批飞行试验结果的精度分析与02批的改进措施汇报。

1993年

3月16日,荣获航空航天工业部一等功。

3月,当选中国人民政治协商会议第八届全国委员会委员。

6月15日,当选中国科学院院士。

6月19日,任中国宇航学会第三届理事会副理事长。

10月1日,获中国航天工业总公司颁发的在创建航天事业中作出贡献的航天创业荣誉证书。

12月,出席中国航天工业总公司2100CIG系统演示会。

1994 年

2月24日，与中国航天工业总公司领导欢聚北京京西宾馆，畅言中国航天发展前程。

8月，当选国际宇航联合会副主席。

9月7日，与中国航天工业总公司总经理刘纪原、科技委副主任庄逢甘一道，率总公司机关及第一研究院有关部门领导，就中国航天向国庆50周年献礼的设想向国务院兼国家科委主任宋健汇报。

10月17日，主持召开大型运载火箭方案研讨会。

1995 年

3月9日，出席全国政协八届三次会议，并与11位政协委员联名递交《建议国家增强航天科技工业技术改造投资力度》的提案。

3月17日，任"921-3"返回升力控制技术评审组副组长，主持召开中国航天工业总公司"921-3"返回升力控制技术评审会。

4月28日，任"嫦娥"工程技术经济可行性论证评审组评委，参加中国航天工业总公司召开的"嫦娥工程"技术经济可行性论证评审会。会议对技术方案进行认真讨论，并形成评审意见。

6月12日，任"921-4"总体方案设计评审组副组长，在一院召开中国航天工业总公司"921-4"总体方案设计评审会。对总体方案进行了认真讨论，最后对CZ-2F运载火箭总体设计方案形成评审意见。

6月28日，任"921-3"总体方案设计评审组副组长，在一院召开"921-3"总体方案评审会。会议听取了第五研究院及有关研制单位的汇报，对总体方案进行认真讨论，最后对载人飞船总体方案设计提出了评审意见。

6月，参加在北京军事博物馆召开的"八五"预先研究成果展示会。

7月12日，作为1995年度部级科技进步奖评委，参加评审会。会议的主要内容是评审部级科技进步奖一、二、三等奖项目。

7月19日，作为某导弹控制系统定型审查委员会副主任，参加定型审查会，会议审查了《某导弹控制系统研制工作总结报告》等7个报告。

9月25日，作为某导弹定型审查委员会副主任，参加定型审查会，会议审查了《某导弹研制工作总结报告》等7个技术报告。

11月15日，参加对"杀手锏"武器的技术方案及研制工作的情况汇报，同时请科技委有关专家一起听取汇报并进行技术把关。

12月中下旬，作为评委，对巡航导弹11项关键技术的攻关情况进行鉴定和评审。

1996年

2月27日，担任某型号战略导弹审查委员会成员，对弹头试验出厂质量进行评审。

3月12日，作为国际宇航联合会副主席，赴法国参加国际宇联执行局会议。

7月1日，赴美国、加拿大就设计自动化技术进行考察。

7月10日，作为1996年度部级科技进步奖评审委员会评委，参加在河北廊坊召开的1996年度部级科技进步奖评审会。

8月5日，任中国航天工业总公司科技委顾问。

8月7日，出席中国航天工业总公司在河北廊坊召开的科技委换届大会并宣读文件。

10月，第47届国际宇航联大会在北京召开，作为联合会主席为会议的召开做了一系列准备工作。

10月17日，获何梁何利基金科学与技术进步奖。

获中国老教授科教兴国奖。

1997年

3月11日，赴法国参加国际宇航联合会执行局会议。

4月1日，随庄逢甘赴法国进行卫星减灾技术考察。

4月24日，将父亲梁启超书稿捐赠给中国第一历史档案馆。

5月，作为全国政协委员赴四川考察。

6月，出席庆祝香港回归祖国庆祝大会。

7月7日，参加中国航天工业总公司科技委组织召开的研究跟踪国际空间技术发展趋势研讨会。

7月9日，参加中国航天工业总公司在京组织召开的"921-3"桌面系统联试情况汇报会。会议就可靠性、冗余设计和电磁兼容等问题提出参考意见，为"921-3"系统转阶段研制奠定了基础。

7月17日，参加中国航天工业总公司组织召开的1997年度部级科技进步奖评审会。

8月20日，参加中国航天工业总公司组织召开的某导弹武器系统总体技术方案评审会，听取某导弹武器系统总体技术方案可行性论证报告与各分系统技术方案论证报告。

8月25—27日，参加中国航天工业总公司组织召开的某导弹武器系统可行性论证评审会。会议对分总体、控制、发动机三个专题组进行讨论并通过了可行性论证。

9月8日，获得中国老教授科教兴国贡献奖。

11月13—14日，参加中国航天工业总公司召开的长征二号F运载火箭初样转试样阶段评审会。

1998年

1月13—15日，参加由二炮和中国航天工业总公司联合召开的某常规导弹立项综合论证审查会。

4月3日，担任某控制系统总体方案设想与关键技术评审委员会评委。

7月2—5日，参加由中国航天工业总公司组织召开的巡航导弹转阶段会议及转阶段评审。

7月13—17日，参加1998年度中国航天工业总公司科技进步奖评审会。

9月3日，出席由科技委在京召开的研究我国空间技术发展的思路研讨会。会议就我国空间技术发展的思路问题进行了认真研讨，与会专家提出了许多宝贵的意见和建议。

10月31日，参加中国航天工业总公司长征二号丙改运载火箭成果鉴定会。

11月16日，参观珠海航展。

1999年

1月12—13日，出席中国航天工业总公司召开的"921-3"初样转正样评审会。

1月14日，出席中国航天工业总公司召开的长征二号F逃逸系统初样转阶段评审会。

4月20日，赴香港参加何梁何利基金信托会和学术报告会。

5月11日，参加"以美国为首的北约悍然用导弹轰炸我国驻南联盟大使馆"科技委座谈会。

5月13日，参加科技委专家对《面向21世纪的中国航天》（即后来发表的《中国航天》白皮书）的讨论，并提出了修改意见。

6月3日，赴中国航天工业总公司第九研究院调研，召开座谈会并参观九院。

6月4日，参加中国航天工业总公司召开的"921-4"工作进展情况汇报会。

6月9日，参加"921-3"试验飞船阶段汇报工作会。

6月21日，参加中国航天工业总公司召开的某型号可行性论证报告评审会。

8月19日上午，参加中国航天机电集团公司召开的科技委成立大会，被聘为中国航天机电集团公司科技委顾问。

9月18日，出席国务院召开的"两弹一星"表彰大会。

10月1日，出席建国50周年大庆活动。

11月2日，在全国政协礼堂出席《中国航天腾飞之路》出版座谈会。

12月10日，赴俄罗斯执行全球卫星导航定位系统合作谈判任务。

1999年8月—2001年9月，负责组织出版《中国科学技术专家传略》，担任工程技术编航天卷2编纂委会员主编。

2000年

2月15日，被聘为中国航天科技集团公司科技委顾问。

2月22日，参加航天质量管理协会第四届理事会并做重要讲话，对质量工作的重要性和航天工业质量协会的地位与作用作了深刻阐述，并提出航天工业质量协会要成为联系两个集团公司科技、质量工作人员的桥梁。

2月22日，被聘为中国航天工业质量协会顾问。

6月1日，参加中国航天科技集团公司关键技术计划（初稿）评议会。

10月9日，参加中国航天科技集团公司计划部组织召开的新一代运载火箭总体技术方案评审会。

11月29日，出席中国航天科技集团公司科技委在廊坊召开的第一次技术座谈会。

2001年

1月8日，参加第二届月球探测技术研讨会。

3月1日，前往美国执行军控交流任务。

3月20日，出席中国航天科技集团可靠性专家组成立大会。

4月17日，作为中国航天科技集团公司科技委顾问、大会国际程序委员会主席，出席中国宇航学会举办的"航天技术创新，促进经济发展"国际研讨会。

6月，出席AVIDM工程专题工作会。

7月25日，五哥梁思达去世。

9月22日，出席为庆祝中国航天45周年举行的航天科学家与著名书画艺术家联谊笔会。

11月1日，出席中国宇航学会在浙江省平湖市召开的首届航天科普研讨会并做报告。

11月17日，赴香港参加中国航天事业新纪元介绍活动。

2002年

5月24日，被聘为中国航天科技集团公司科技委顾问。

6月25日，参加中国航天科技集团公司科技委与中国宇航学会联合召开的中国航天论坛暨学术研讨会。

7月18日，受马来西亚华校董事联合会总会新加坡新纪元学院的邀请，赴马来西亚及新加坡进行学术交流。

10月，出席"世界空间周"开幕式暨航天科普报告会。

2003年

1月10—12日，参加中国航天科技集团公司科技委元器件可靠性专家组在海南召开的2002年年会暨学术交流会。

2月12日，参加中国航天科技集团公司科技委召开的二代导航座谈会。

2月13日，出席中国航天科技集团公司科技委召开的美国"哥伦比亚"号航天飞机失事座谈会。

4月10日，作为评审组成员，参加中国航天科技集团公司召开的"921"工程二期发射空间实验室用全液氧煤油运载火箭系统方案论证报告评审会。

5月24日，任中国航天科技集团公司科技委顾问。

6月25—28日，参加中国航天科技集团公司科技委与中国宇航学会联合召开的中国航天论坛暨学术研讨会。

9月，被梁启超全集编纂委员会及天津古籍出版社聘为《梁启超全集》顾问。

10月，参加中国航天科技集团公司科技委可靠性专家组对神舟5号飞船、长征2号F遥五火箭的可靠性、安全问题的专题调研和评审，并参与编写《航天产品FMEA安全》。

10月23日，参加中国宇航学会在北京大观园酒店举办的中国首次载人航天飞行成功庆祝会。

11月27—28日，出席中国航天科技集团公司科技委可靠性专家组在西安召开的航空、航天可靠性学术交流会。

11月，应何鸿燊航天科技人才培训基金邀请，以"中国航天技术的回顾与展望"为题向澳门多所学校的400名师生演讲。

2004 年

1月16日，参加中国航天科技集团公司科技委召开的迎新春座谈会。

2月6日，参加中国航天科技集团公司武器部召开的某型号水下动力技术攻关情况汇报会。

2月10日，参加总装备部召开的"921"工程第二步前期论证汇报会。

2月26日，参加中国航天科技集团公司召开的"921"工程KM6实验舱改造方案评审会。

3月16日，出席新一代运载火箭评审会。

4月6日，将3册著作赠予中国数字图书馆有限责任公司，并被中国数字图书馆授予"中国数字图书馆荣誉馆员"。

8月20日，参加中国航天科技集团公司召开的"十一五"规划汇报会。

8月24日，获中国科学院院士奖牌和中国科学院资深院士奖牌。

10月，《梁思礼文集》出版。

12月23日，作为某型号飞行试验故障委员会的主要成员，参加飞行试验故障审查工作。

2005 年

6月15日，向家乡江门市各中小学捐赠100本图书。

7月12日，出席宇航学会太空探索创新竞赛答辩会。

8月，出席科技委组织的《梁思礼文集》赠书仪式。

9月5日，给胡锦涛主席写关于研发我国空间电站的建议信。

9月，获"感动天津人物——海河骄子"荣誉称号。

10月26日，赴香港参加世界青年论坛和世界广东同乡大会。

11月29日，赴美国参加中美科学家军控交流活动。

12月，与庄逢甘、张履谦、刘宝镛等有关院士、专家共同完成战略导弹突防重大工程研究。先后召开20余次专题会议，形成了多篇重要会议纪要。

2006 年

2月26日，六姐梁思宁去世。

3月30日，参加老教授协会组织的"当代中国国情与青年历史责任"授课活动，在北京邮电大学作《中国航天技术的回顾与展望》报告。

4月5日，参加老教授协会组织的"当代中国国情与青年历史责任"授课活动，在对外经济贸易大学作《中国航天技术的回顾与展望》报告。

4月，在2005年研究的基础上，作为课题组成员，参加脉冲星导航技术跟踪研究内部讨论会。

6月9日，被聘为空间智能控制技术国防科技重点实验室首届学术委员会顾问。

7月14日，赴中国航天科技集团公司708所调研，听取708所领导关于《全所概况、现状和能力、"十一五"发展思路、发展重点和保障措施》的汇报。

7月17日，参加中国航天科技集团公司科技委换届大会，任科技委顾问。

8月2日，到中国航天时代电子公司导航与控制设备设计制造中心和激光惯导项目分公司进行调研，实地考察光纤惯导和激光惯导研发情况。

9月22日，参加"两弹结合"试验成功40周年院士西部行活动。

9月，出版《一个火箭设计师的故事》。

10月8日，代表中国航天事业创建初期最早十个研究室主任，为中国航天事业创建五十周年纪念封签名。

11月初，作为"载荷和结构"等3个专题组组长之一，跟随王礼恒部长带领审查委员会成员到中国船舶702所现场听取并了解有关水下缩比试验数据采集、分析及处理情况。

12月，出席力学与环境专业组召开的近空间发展战略与相关技术研讨会，与会专家就中国航天科技集团公司临近空间技术发展进行了广泛交流。

12月，出席黄纬禄90寿辰庆祝活动。

2007年

6月15日，参加在北京钓鱼台国宾馆召开的庆祝长征系列运载火箭

100次发射座谈会。

9月,被聘为首届中国出版政府奖评委。

11月16日,被推选为建院50周年50位代表性人物之一,被授予纪念勋章一枚。

2008年

8月,参加"擎奥运圣火 燃航天激情"活动。

10月8日,参加由中国航天科技集团公司和北京大学共同主办的"庆祝中国航天日——专家带你走进中国航天"科普报告会。

11月17日,被聘为弹道导弹制导与控制技术国防科技重点实验室学术委员会副主任。

12月,出席航天科学技术发展与展望论坛。

2009年

1月17日,参加由中国载人航天工程办公室、中国航天科技集团公司、中国国际战略学会、安全战略研究中心联合举办的中国载人航天工程领导、专家和航天员"神舟——辉煌的记忆"迎春联谊会。

2月10日,在北京市新华书店王府井书店建店60周年之际,被授予王府井书店终身荣誉会员。

2月27日,被聘为国家某重大安全基础研究项目专家组专家。

7月,出席中寰卫星导航通信有限公司成立五周年庆典。

9月,获"感动天津人物——海河骄子"荣誉称号。

12月,其作品《感悟人生》在庆祝中华人民共和国成立60周年举办的"新中国甲子记忆"有奖征文活动中获一等奖。

2010年

4月22日,被聘为中国第二代卫星导航系统重大专项专家委员会委员。

5月31日,出席国际宇航联会在北京友谊宾馆举办的世界月球会议暨第十一届月球探测与利用大会开幕式。

7月2日,被聘为天津市南开中学理事会荣誉理事。

9月29日，为清华大学学子讲述中国航天精神。

10月22日，与航天档案馆员工参观天津耀华学校、梁启超故居。

10月，出席中国航天科技集团公司科技委换届任命大会。

10月，参加老教授协会组织的"当代中国国情与青年历史责任"课程授课。

11月12日，在八宝山革命公墓参加庄逢甘院士追悼会。

2011年

1月16日，被中国第二代卫星导航系统专项管理办公室聘为北斗卫星导航系统政府网站顾问。

4月26日，被天津市人民政府聘为天津市人民政府特聘专家。

4月，赴天津中德职业技术学院为航天运载火箭定制班作《中国航天技术的回顾与展望》专题学术报告。

9月，被中国卫星导航学术年会组委会聘为中国卫星导航学术年会科学委员会委员。

11月22日，被中国科工集团公司钱学森系统工程理论培训中心聘为钱学森系统工程理论培训中心教授。

2012年

6月，被北京广东五邑侨乡海外联谊会聘为名誉会长。

6月，参加老教授协会组织的"当代中国国情与青年历史责任"课程授课，共有58000余人听课。

2013年

4月26日、6月30日、7月4日，先后三次听取天津航天长征火箭公司"三精方略精益知识管理系统精益研发"工作汇报。

6月14日，赴家乡参加纪念梁启超诞辰140周年大会。

7月4日，参观指导天津火箭公司，与公司知识管理团队合影留念。

11月，荣获"中国侨界杰出人物"荣誉称号。

11月，荣获"中央企业归侨侨眷先进个人"称号。

12月2日，参加第九届全国归国华侨侨眷代表大会，荣获中华全国归国华侨联合会、国务院侨务办公室评选的"中国侨界杰出人物"荣誉称号，并代表"中国侨界杰出人物"参加李源潮副主席的会见与座谈。

2014年

1月16日，参加航天科技集团公司科技委2014年迎新春专家座谈会。

5月13—15日，赴南京参加第四届北斗导航年会。

6月9日，在京西宾馆出席中国科学院、中国工程院院士大会。

7月16日，应邀前往天津南开中学与优秀学生代表和教师座谈，用亲身经历讲述1937年7月30日日本侵略者炸毁南开中学事件。

8月6日，接受凤凰卫视《凤凰大视野》栏目采访。

9月6日，出席中国老教授协会主编的《大师风范》一书的首发座谈会。

9月10日，接受中央电视台七频道军事栏目专访。

10月17日，前往天津南开中学参加纪念天津南开中学建校110周年暨发行《周恩来南开中学论说文集》大会。

10月20日，提出《关于在信息网络工程中保障系统"安全性"的建议》，上书习近平总书记、李克强总理。

10月28日，回广东新会访问梁启超故居、纪念馆，并与乡亲和村委会领导座谈。

11月30日，出席江门一中梁启超铜像揭幕仪式。

2015年

12月，新会茶坑村当选为"2015年中国十大最美乡村"之一，梁思礼为农业部美丽乡村办公室和CCTV-7举办的该项活动颁奖仪式录制贺词VCR。

2016年

4月14日，因病在北京逝世，享年91岁。

附录二 梁思礼主要论著目录

[1] 梁思礼. 电磁悬浮超高速离心机的研究 [D]. 美国：辛辛那提大学，1949.

[2] 梁思礼，谌潜，张志义. 美国技术改造的主要领域——CAD 现状 [J]. 出国考察技术报告，1984（10）：1-12.

[3] 梁思礼. 在航天部内全面推广贯彻 CAMAC 系统标准 [R]. 北京：航天部 502 所，1985.

[4] 梁思礼，张成铭. Application of CAMAC System in the Measurement of Launching Rocket [R]. 北京：北京 CAMAC 国际会议组委会，1989.

[5] 梁思礼. 专用集成电路及系统集成 [J]. 计算机工程与设计，1991（1）：45-51.

[6] 梁思礼. On Arms Control and Disarmament [R]. 北京：第 41 届普格瓦什会议组委会，1991.

[7] 梁思礼. 增强 CAD/CAM 意识 [J]. 航天工业管理，1992（4）：1-4.

[8] 梁思礼. 导弹控制系统研制工作的质量和可靠性管理（一）[J]. 微电子学与计算机，1992（2）：1-4.

[9] 梁思礼. 导弹控制系统研制工作的质量和可靠性管理（二）[J]. 微电子学与计算机，1992（3）：1-7.

[10] 梁思礼. 科技委应多研究技术发展方向方面的问题［R］. 北京：航空航天部科技委，1992.

[11] 梁思礼. 容错技术在航天领域中的应用［J］. 系统工程与电子技术，1993（12）：59-61.

[12] 梁思礼. 从 CAX 到并行工程（CE）［R］. 北京：中国科学院，1994.

[13] 梁思礼. 电子系统小型化与系统集成［R］. 北京：航天部，1997.

[14] 梁思礼. 从微电子技术发展看电子系统小型化与系统集成［J］. 计算机世界，1997（7）.

[15] 梁思礼. 加强技术基础开门八件事［N］. 中国航天报，1997-12-20.

[16] 梁思礼. 论加强技术基础［J］. 航天控制，1998（1）：1-7.

[17] 梁思礼. 关于载人航天的可靠性与安全性考虑［J］. 质量与可靠性，2000（4）：3-9.

[18] 梁思礼. Some Considerations about NMD［R］. 美国 CISAC 核裁军、军控研讨会，2001-2.

[19] 梁思礼. 向太空的长征［M］. 北京：中国宇航出版社，2003.

[20] 梁思礼. 梁思礼文集［M］. 北京：中国宇航出版社，2004.

[21] 梁思礼. 远程运载火箭定型［N］. 今晚报，2009-05-31.

[22] 梁思礼. 震惊世界的两弹结合［N］. 今晚报，2009-05-28.

[23] 梁思礼. 感悟人生——什么是航天精神［N］. 今晚报，2009-06-01.

[24] 梁思礼. 系统工程来自导弹的研制实践［N］. 中国航天报，2010-11-03.

参考文献

[1] 谢玺璋. 梁启超传 [M]. 上海：上海文化出版社，2012.

[2] 梁启超. 饮冰室合集 [M]. 北京：中华书局，1989.

[3] 丁文江，赵丰田. 梁启超年谱长编 [M]. 上海：上海人民出版社，2009.

[4] 梁思礼口述，吴荔明，梁忆冰整理. 一个火箭设计师的故事 [M]. 北京：清华大学出版社，2006.

[5] 梁启超. 梁启超家书 [M]. 北京：中国友谊出版公司，2012.

[6] 石磊，王春河，张宏显，等. 钱学森的航天岁月 [M]. 北京：中国宇航出版社，2011.

[7] 航天工业部. 航天事业三十年 1956—1986 [M]. 北京：宇航出版社，1988.

[8] 中国运载火箭技术研究院. 钱学森与航天一院 [M]. 北京：中国宇航出版社，2011.

[9] 王道力. 中国航天事业创建与发展历史的回顾 1956-1985 [M]. 北京：中国宇航出版社，2005.

[10] 聂力. 山高水长 [M]. 上海：上海文艺出版社，2006.

[11] 梁思礼. 梁思礼文集 [M]. 北京：中国宇航出版社，2004.

[12] 何建明，天泉. 天歌——走进中国火箭的摇篮 [M]. 北京：作家出版社，2012.

[13] 当代中国编委会. 当代中国的航天事业 [M]. 北京：中国社会科学出版社，

1986.

[14] 梁思礼. 航天发展的顶层设计问题[H]. 北京：中国航天科技集团公司科技委，2006.

[15] 刘淮宇. 天津火箭公司管理创新研究取得重要成果[N]. 北京：中国航天报，2014.

[16] 梁思礼. 公民意识和公民素质[N]. 天津：今晚报，2009.

[17] 新会市史志办公室. 新会地方史志丛书第二辑——梁启超史话[M]. 新会：新会市史志办公室，1999.

[18] 南开中学. 南开校史研究丛书第十辑[M]. 天津：南开校史，1936.

后 记

梁思礼是著名导弹火箭控制系统专家、中国导弹火箭控制系统研制领域的创始人之一。他出生在一个特殊的家庭里，父亲梁启超是中国近代著名的政治活动家、启蒙思想家。父亲忧国忧民的情愫影响了梁思礼的一生。他终身恪守父亲的爱国教诲，以"苟利国家生死以，岂因祸福避趋之"为座右铭，以自己平生的奉献实现了"工业救国、科技救国"的理想。他的人生经历非常丰富，他的成长历程也从某个侧面反映了中国航天事业的成长、发展和壮大。对他的学术成长资料进行采集和研究，能够为中国科学史的研究提供珍贵史料，并为中国航天科学技术研究和工程实践的进一步发展提供可资借鉴的资料。

2013年7月，梁思礼的采集工程项目正式启动。在采集工作中，我们尽可能全面收集梁思礼现有的著作、传记、自述、档案等各类文献，并通过对梁思礼本人以及同事、同学、家人及亲友的采访，获取了大量的原始资料。在传记撰写方面，我们力求全面展现和如实反映梁思礼的学术成长经历，勾勒出其学术思想观点产生、形成和发展的轨迹。

梁思礼院士虽已90高龄，但身体健康、性格开朗、精神状态良好又比较健谈，非常支持采集小组工作。他亲自带我们去新会——梁启超的家乡、天津梁启超的故居，并且带领采集小组走访他所就读的南开中学和耀华中学，亲自给我们讲解他儿时的经历和当时上学的情况。他的大女儿梁红作为采集小组的骨干成员，利用各种渠道收集了大量的证书、证件、手稿、照片、报道、实物，包括与海外亲属和朋友联系寻找梁思礼在美国嘉尔顿学院、普渡大学、辛辛那提大学的成绩单和硕士学位、博士学位证书、博士论文。根据家属提供的梁家 1996 年年初向中国第一历史档案馆捐赠梁启超 300 封亲笔书信的线索，我们多次与该档案馆联系协商，复制了部分与梁思礼院士相关的梁启超家书。同时，从梁思礼院士家获得院士本人与同学陆孝颐等人 1947—1949 年的信件以及从江门华侨博物馆获得 2013 年首次披露的梁启超珍贵手稿等，并采集到台湾友人赠送的梁启超早年在台湾活动的照片。

在采访过程中，梁思礼院士不顾年事已高，精心准备，一丝不苟。由于很多往事早已湮没于历史进程中，很多事情无法得到完整的回忆，但他依然尽量去回忆。他几乎参加了所有访谈，为的是与访谈者一起共同追溯，使往事更加完整、清晰。与梁思礼院士曾经一起共事的同事宗绍录、徐永强、张慕津、王盛水、贺锋、林金、何羡松、黎力行、李炳尉、邵照海、吴瑞群、谌潜、车玫、李锋、孟汉城、张成铭、吕槐根、毛进、张泰、孙思礼、崔鑫水、孙凝生、管润东、徐庚保、刘敬才、杨德生、杨寿礼、冯惠生、张西方、宋征宇、林金永、曹炬都以各种方式接受了采集小组的采访，为我们全面地描述了梁院士与他们一起共事的往事，这些采访为传记的写作提供了大量详实、珍贵的资料。王永志、沈绪榜、童志鹏院士在百忙之中接受访谈，他们客观、公正地评价了梁思礼院士的学术影响。还有梁思礼院士的老同学陈秀霞、亲友吴荔明、梁忆冰都为采集小组提供了当时共事的经历及相关的资料和信息。

传记初稿完成后，中国科学院自然科学史研究所张藜老师、中国科学院科技政策与管理科学研究所樊洪业先生对书稿的写作提出了诸多宝贵意见并多次给予悉心指导，令采集小组获益匪浅。

中国航天科技集团公司科技委对采集工作给予了大力支持，立项之初就成立了采集小组，在人力、物力和时间上给予充分保障；航天档案馆在资料、图片、数字化处理等方面提供了大力的支持和帮助；梁思礼院士家属提供了大量的实物、信件、证书、报道和照片等珍贵资料；组长徐睿在组织协调方面做了大量工作；梁红、杨利伟参与了传记的写作，中国宇航出版社副社长石磊执笔撰写了传记的主要章节，完成了全书的统稿；杨利伟、孙梅、梁红、李圣成组织并参与了采集访谈工作；徐睿、果越等人编写了梁思礼院士大事年表和资料长编；李圣成承担了采集项目中所有的音频、视频资料的采集和整理工作；果越负责了采集项目中资料的编目整理工作；航天科技集团公司科技委原秘书长周晓飞、科技委原副主任郭宝柱、科技委副秘书长王晓军参与了传记的审阅及保密审查。

  本传记凝聚着梁思礼院士采集工程小组全体成员的共同心血，在此，我们对上述给予支持和帮助的组织和人员表示衷心感谢！

老科学家学术成长资料采集工程丛书
已出版（76种）

《卷舒开合任天真：何泽慧传》　　　　《此生情怀寄树草：张宏达传》
《从红壤到黄土：朱显谟传》　　　　　《梦里麦田是金黄：庄巧生传》
《山水人生：陈梦熊传》　　　　　　　《大音希声：应崇福传》
《做一辈子研究生：林为干传》　　　　《寻找地层深处的光：田在艺传》
《剑指苍穹：陈士橹传》　　　　　　　《举重若重：徐光宪传》

《情系山河：张光斗传》　　　　　　　《魂牵心系原子梦：钱三强传》
《金霉素·牛棚·生物固氮：沈善炯传》《往事皆烟：朱尊权传》
《胸怀大气：陶诗言传》　　　　　　　《智者乐水：林秉南传》
《本然化成：谢毓元传》　　　　　　　《远望情怀：许学彦传》
《一个共产党员的数学人生：谷超豪传》《没有盲区的天空：王越传》

《含章可贞：秦含章传》　　　　　　　《行有则　知无涯：罗沛霖传》
《精业济群：彭司勋传》　　　　　　　《为了孩子的明天：张金哲传》
《肝胆相照：吴孟超传》　　　　　　　《梦想成真：张树政传》
《新青胜蓝惟所盼：陆婉珍传》　　　　《情系粱菽：卢良恕传》
《核动力道路上的垦荒牛：彭士禄传》　《笺草释木六十年：王文采传》

《探赜索隐　止于至善：蔡启瑞传》　　《妙手生花：张涤生传》
《碧空丹心：李敏华传》　　　　　　　《硅芯筑梦：王守武传》
《仁术宏愿：盛志勇传》　　　　　　　《云卷云舒：黄士松传》
《踏遍青山矿业新：裴荣富传》　　　　《让核技术接地气：陈子元传》
《求索军事医学之路：程天民传》　　　《论文写在大地上：徐锦堂传》

《一心向学：陈清如传》　　　　　　　《铃记：张兴铃传》
《许身为国最难忘：陈能宽》　　　　　《寻找沃土：赵其国传》
《钢锁苍龙　霸贯九州：方秦汉传》　　《虚怀若谷：黄维垣传》
《一丝一世界：郁铭芳传》　　　　　　《乐在图书山水间：常印佛传》
《宏才大略：严东生传》　　　　　　　《碧水丹心：刘建康传》

《我的气象生涯：陈学溶百岁自述》　《我的教育人生：申泮文百岁自述》
《赤子丹心　中华之光：王大珩传》　《阡陌舞者：曾德超传》
《根深方叶茂：唐有祺传》　《妙手握奇珠：张丽珠传》
《大爱化作田间行：余松烈传》　《追求卓越：郭慕孙传》
《格致桃李伴公卿：沈克琦传》　《走向奥维耶多：谢学锦传》
《躬行出真知：王守觉传》　《绚丽多彩的光谱人生：黄本立传》
《草原之子：李博传》

《宏才大略　科学人生：严东生传》　《探究河口　巡研海岸：陈吉余传》
《航空报国　杏坛追梦：范绪箕传》　《胰岛素探秘者：张友尚传》
《聚变情怀终不改：李正武传》　《一个人与一个系科：于同隐传》
《真善合美：蒋锡夔传》　《究脑穷源探细胞：陈宜张传》
《治水殆与禹同功：文伏波传》　《星剑光芒射斗牛：赵伊君传》
《用生命谱写蓝色梦想：张炳炎传》　《蓝天事业的垦荒人：屠基达传》
《远古生命的守望者：李星学传》